SOMMAIRE

BLOC 4 Réaliser des actions d'éducation à la santé pour un public ciblé, dans un contexte donné

LES RESSOURCES NUMÉRIQUES

28 VIDÉOS

Vidéo
Lavage des vitres
www.lienmini.fr/9664-video3

► **D'autres ressources : sites web pour la réalisation d'activités numériques.**

À LA FIN DE CHAQUE THÈME

1 QCM — Les indications alimentaires www.lienmini.fr/9664-qcm1

1 synthèse rédigée — L'hygiène professionnelle www/lienmini.fr/9664-syn2

RESSOURCES ENSEIGNANTS À TÉLÉCHARGER

- 37 synthèses modifiables
- 2 fiches de co-intervention en mathématiques
- Les corrigés des questions à rédiger

ACTIVITÉS EN CO-INTERVENTION

Inscrit dans la grille horaire du baccalauréat professionnel, l'**ECI (enseignement en co-intervention)** consiste en des séquences au cours desquelles deux enseignants interviennent ensemble dans une même salle (ou un même lieu) et au même moment. Un professeur d'**enseignement professionnel** et un professeur d'**enseignement général** (mathématiques/physique-chimie ou français) abordent en classe de 2de ou de 1re, une situation professionnelle issue du référentiel des activités professionnelles (en terminale, ces heures peuvent être utilisées à l'identique ou élargies à d'autres disciplines générales, ou à des ateliers de philosophie ou à la préparation de l'après-bac).

En mobilisant des compétences et des connaissances des deux domaines autour d'une situation, l'ECI donne tout leur sens aux différents enseignements, favorisant ainsi votre motivation d'élève et votre engagement dans la formation.

Il est proposé ci-dessous des pistes de séquences d'ECI s'appuyant sur des situations mobilisant des activités professionnelles relevant de l'enseignement de biologie santé environnement.

Thème 27 : L'alimentation rationnelle du nourrisson

Situation : distribuer des repas
Support : étiquette de petit pot pour jeune enfant

Fiche activité à télécharger

Maths/Sciences

Maths : automatismes

Bloc 4

La diversification alimentaire

Thème 21 : Les produits d'entretien

Situation : entretenir un lieu et notamment le sol
Support : étiquettes de plusieurs produits d'entretien, plan d'un multi-accueil précisant les mesures.

Fiche activité à télécharger

Maths/Sciences

Sciences : pictogramme sur l'étiquette d'un produit chimique, équipements de protection individuelle
Maths : automatismes

Bloc 2

Le lavage manuel du sol

Bloc 3

Le choix d'un produit en fonction de la situation professionnelle

Thème 23 : La santé au travail

Situation : observer une étiquette de produit d'entretien
Support : plusieurs produits chimiques (utilisés en TP entretien des locaux et en TP sciences)

Maths/Sciences

Sciences : pictogramme sur l'étiquette d'un produit chimique, équipements de protection individuelle

Bloc 3

Les mesures de protection pour éviter le risque lié à l'utilisation des produits d'entretien

Thème 27 : L'alimentation rationnelle du nourrisson

Situation : définir la ration lactée d'un nourrisson
Supports : 5 courbes de croissance différentes, ordinateur équipé d'un logiciel tableur

Maths/Sciences

Maths : fonctions - Modes de représentation d'une fonction et passer de l'un à l'autre

Bloc 4

L'alimentation lactée

Thème 21 : Les produits d'entretien

Situation : choisir un détergent selon ses caractéristiques et l'entretien à réaliser
Supports : document relation pH détergent et rôle, ordinateur équipé d'un logiciel de programmation

Maths/Sciences

Sciences : introduction des pH (mesure en TP)
Maths : programmation

Bloc 3

Les détergents

Thème 19 : Le confort des locaux

Situation : résoudre le problème d'un inconfort thermique

Maths/Sciences

Sciences : distinguer les trois modes de transfert thermique

Bloc 3

Le confort thermique et hygrométrique

Thème 16 : La qualité sanitaire des aliments

Situation : gérer une intoxication alimentaire dans une restauration collective
Support : bilan des données des TIAC (santé publique France)

Maths/Sciences

Maths : statistiques et probabilités, algèbre et analyse

Bloc 2

Les toxi-infections alimentaires

PROPOSITIONS DE CONTEXTES ET SITUATIONS PROFESSIONNELLES

Ce tableau destiné aux enseignant est une **proposition** de plan de formation à partir de la collection « Les parcours pros » en bac pro ASSP, qui mobilise les 4 blocs du référentiel autour de **contextes professionnels communs**. Il s'agit uniquement d'une proposition, chaque ouvrage de la collection s'adapte à tout contexte et tout plan de formation.

Ce tableau permet de voir d'un seul coup d'œil les contenus développés par bloc autour d'un contexte professionnel.

Tableau en format A3 à télécharger

Légende : ● Thème de la situation professionnelle Compétences TP techniques professionnelles
Savoirs associés : SMS Biologie Nutrition
En italique : enseignements relevant du PLP BSE

USAGER/ **Contexte**	BLOC 1	BLOC 2	BLOC 3	BLOC 4
NOURRISSON : **La maison de l'enfance** avec un accueil collectif et un accueil *individuel*	● Découverte du multi-accueil -Attentes et besoins de la personne -L'animation dans l'accompagnement C1, 1.2.1, 1.2.2,1.3.1 ● Activités d'éveil -Développement moteur de l'enfant -Activités d'éveil C12.2, 13.1, 1.3.2	● Les débuts à la crèche -Hygiène professionnelle -Concept de soin -Organisation du corps humain C2.1 ● Soin d'un bébé de 3 mois -Portage et installation -Transmissions -Habillage déshabillage C2.1.6, 2.1.7, 3.2.3 ● *Distribution des repas* *-Installation, aide à la prise des repas* C2.4.3, 2.4.4 ● *Entretien de l'environnement* *-Tenue pro, impact environnemental* *-Technique de bionettoyage* C2.3.1, 2.3	● Découverte du secteur SS -Le contexte et les obligations professionnelles dans le secteur sanitaire et social C1.0, C.3.1.1, C.3.2.2 ● Communication pro -Communication interprofessionnelle (formes, situations, fonctions, facteurs de communication) C.3.2 ● Hygiène de la structure -Diversité du monde microbien C3.3.5 ● *Entretien de l'environnement* *-Contrôles* *-Produits de désinfection* C3.3, 3.4	● Accueil et protection de l'enfant avant 3 ans -Services et structures du jeune enfant -Protection de la famille ● Posture professionnelle -Mort inattendue du nourrisson -Cellule -Maladies infectieuses C4.2 ● *Sources nutritionnelles* *-Groupe, constituants alimentaires* ● *Alimentation rationnelle* *-Alimentation du nourrisson, de l'enfant* C4.1
JEUNE ENFANT ÉVENTUELLEMENT EN SITUATION DE HANDICAP : **L'école maternelle avec le dispositif ULIS**	● Activités pour une rencontre intergénérationnelle -Développement cognitif, affectif, langagier et social de l'enfant -Activités de loisir C122, 1.3.1, 1.3.2 ● Accompagnement d'un enfant en tant qu'AESH -Handicap, scolarisation et supports d'apprentissage C1, 1.1.2 ● *Indications alimentaires* *-Allergie et intolérance* C1, C1.2	● La santé à l'école Surveillance de l'état de santé du jeune enfant C2.2.5 ● *Entretien de l'environnement* *-Technique d'entretien du sol* *-Matériels et appareils d'entretien du sol* C2.3.1, 2.3.2	● Entretien, cas d'impétigo -Bactéries C3.3.5 ● Contamination par VHB -Virus C3.3.5 ● *Concept de propreté et hygiène* *-Facteurs et méthodes dans les opérations de nettoyage* *-Produits de nettoyage et de désinfection* C3.1, 3.3, 3.2, 3.4	● Accueil et protection de l'enfant après 3 ans -L'école et l'accueil collectif des mineurs -La famille -Le développement social de l'enfant ● Hygiène en collectivité -Appareil digestif -Parasitoses -Apprentissage de l'hygiène C4.1, C4.2 ● *Alimentation rationnelle* *-Besoins nutritionnels* *-Équilibre alimentaire* ● *Sources nutritionnelles* *-Constituants alimentaires* C4.1
ENFANTS ET ADOLESCENTS : **Le foyer de l'enfance**		● Les soins du nourrisson -La peau -La prise en soin ● L'hygiène au quotidien -Change et toilette du visage -Bain et toilette complète sans le bain -Réfection d'un lit C2.1.4, 2.1.5, 2.2.1, 2.2.3		● Protection sanitaire et sociale de l'enfant et de l'adolescent -Législation sociale -Enfance en danger -Adolescent -Service promotion santé -Système nerveux -Appareils génitaux -Reproduction -Contraception et IST C4.1 C4.2
PERSONNE ÂGÉE EN PERTE D'AUTONOMIE : **LA MARPA**	● Réunion de mise en place d'un projet d'accompagnement -La personne âgée -La communication orale C1.1, 1.2.2, 1.2.4 ● Accompagnement d'un résident -L'œil -Les activités de maintien de la vie sociale C1.2, 1.3.1, 1.3.2	● Entretien de l'environnement -Techniques d'entretien des vitres ● Comportement et indication alimentaire -Qualité organoleptique -Textures adaptées C2.2, 2.4, 2.3.1, 2.3.2	● Entretien de l'environnement de la personne *-Produits de nettoyage* *-Facteurs de confort, hygiène* *-Éléments de connaissance commune aux différentes techniques d'entretien* C3.1, 3.3, 3.2	● Accueil des personnes âgées -Structures d'accueil -Politique de santé publique ● Prévention déficiences auditives -L'oreille -L'analyse des besoins en éducation à la santé C4.1, C4.2 ● Adaptation environnement *-Aménagements des espaces* *-Aménagements pour la sécurité et l'accessibilité* C4.1

PERSONNE ÂGÉE AU DOMICILE : **L'ADMR**	• Intervention chez un bénéficiaire de 92 ans -Maintien à domicile -Activités de la vie quotidienne C1.1.3, 1.3.1, 1.3.2 • Intervention chez une bénéficiaire de 68 ans atteinte de diabète -Glycémie et diabète -Outils numériques et domotiques du quotidien C1, 1.2., 1.3.3	• L'adulte semi-autonome -La personne âgée -L'appareil circulatoire • Aide aux soins de l'adulte -Accompagnement à la mobilité -Aide à l' habillage et au déshabillage -Pédiluve C2.1.1, 2.1.2, 2.1.6, 2.1.7 • *Indications alimentaires* *Régimes hypoglucidiques-lipidiques, hyposodés* • *Entretien de l'environnement* *-Techniques d'entretien des surfaces* • *Distribution des repas* *-Matériel de remise en t°* *-Aide à la prise des repas* *-Services des repas* C2.4.2, 2.3.1, 2.3.2, 2.4.1, 2.4.2, 2.4.3, 2.4.4	• Communication d'équipe -Transmission des informations, communication numérique C.3.2 • *Gestion des activités* *-Matériels et équipements à entretenir* C3.1.1, 3.1.3, 3.3, 3.4.2	• Promotion de la vaccination contre la grippe -Conception d'une action d'éducation à la santé -Le système immunitaire • Prévention du cancer -Conception d'une action d'éducation à la santé -La cellule C42 • *Groupe d'aliments* *-Équivalences alimentaires* • *Alimentation rationnelle* *-Équilibre alimentaire* C4.1
PERSONNE ÂGÉE DÉPENDANTE EN STRUCTURE : **L'EHPAD**	• Intervention chez un résident de 92 ans -Différents projets (personnalisé, individualisé, de vie, d'accompagnement) -Relation personne aidante/ personne aidée -Conception et évaluation des projets ci-dessus C1.2 • Accompagnement d'un résident ayant eu un AVC à l'activité mémoire -Relation personne aidante/ personne aidée -Pathologies de l'appareil cardio-vasculaire C2, 1.2. 1.3	• Adulte en perte d'autonomie -Appareil excréteur -Vieillissement biologique -Raisonnement clinique -Transmissions ciblées • Soins d'hygiène de l'adulte semi-autonome -Aide à l'élimination -Change de la protection -Toilette au lit -Risques biologiques C2.1.1, 2.1.2, 2.1.3, 2.1.5 • *Qualité sanitaire* *-Toxi-infections alimentaires* • *Distribution des repas et entretien du matériel* *-Formes de distribution* *-Matériels et appareils de remise en température* • *Décontamination de la chambre* *-Précautions S et C* *-Techniques d'entretien et de bionettoyage* *-Matériels d'entretien* C2.4.1, 2.4.2, 2.3.5, 2.3.1, 2.3.2, 2.3.3	• Certification d'un EHPAD -Évaluation en EHPAD C.3.3 • Lombalgies du personnel -Système locomoteur -Pathologies du système locomoteur -Santé au travail, ergonomie C.3.3, C3.5 • *Entretien de l'environnement* *-Éléments communs aux techniques d'entretien* C.3.3	• Accueil des personnes âgées en perte d'autonomie -Établissements en faveur des personnes âgées • Prévention des chutes et des troubles de l'équilibre -Mise en œuvre et évaluation d'une action d'éducation à la santé -Système nerveux C.4.3 • *Alimentation rationnelle* *-Influences* C.4.1
PERSONNE ATTEINTE DE DÉMENCE : **Les unités d'hébergement renforcé (UHR)**	• Intervention auprès d'une résidente atteinte d'Alzheimer -Bientraitance/maltraitance -Approche professionnelle de la personne atteinte de démences C1, 1.1.2, 1.1.5 • Atelier thérapeutique et activité physique adaptée pour un résident au stade intermédiaire -Activités de loisir dans un but thérapeutique C1, 1.3.2	• L'adulte non autonome -La personne âgée • Soins d'hygiène de l'adulte non autonome -Toilette au lavabo -Réfection d'un lit inoccupé -Observation de la personne (signes cliniques ; douleur) C2.1.1, 2.1.2, 2.1.3, 2.1.5 • *Gestion du linge* *-Les circuits* *-Tri du linge* • *Indication alimentaire* *-Régime hyperprotidique* *C2.4.2, 2.3, 2.3.4*	• *Équipe de bionettoyage* *-Fonctionnement* *-Conduite de réunion* • *Entretien de l'environnement* *-Stockage, rangement des produits d'entretien* • *Santé au travail* *-Risques pros liés aux produits d'entretien* C3.2.2, 3.2.4, 3.3.6,3.4, 3.4.2	• *Alimentation rationnelle* *-Influences sur l'alimentation des personnes âgées* C4.1
PERSONNE EN SITUATION DE HANDICAP : **ESAT et foyer d'hébergement**	• Suivi d'un jeune trisomique -Personne en situation de handicap -Communication écrite dans le secteur sanitaire et social C1.1.4, 1.2.2 • Suivi d'un adulte atteint d'un handicap psychique -Personne majeure vulnérable C1, 1.2.2	• L'adulte en situation de handicap -Observation de la personne en situation de handicap -Aide à la toilette C2.1.3, 2.2.2 • *Entretien de l'environnement de la personne* *-Matériels et appareils d'entretien des locaux et des équipements* *-Technique d'entretien mécanisée des sols* C3.2.1	• Réunion d'équipe -Travail en équipe, gestion d'équipe C.3.4, 3.4.1 • Encadrement d'un stagiaire -Tutorat C.3.5	• Accueil des personnes en situation de handicap -Établissements et hébergements -Appareil respiratoire • Action de prévention du tabagisme et de l'asphyxie -Conception d'une action d'éducation à la santé C4.2, 4.3 • *Comportement alimentaire* *-Éducation alimentaire* *-Troubles de l'alimentation* • *Alimentation rationnelle* *-Alimentation des adultes* C4.1
LA PERSONNE MALADE : **L'hôpital**	• Information d'une personne venant pour un bilan de santé -Politique de santé publique et législation sociale -La personne malade C1.1.3, 1.2.2	• La personne malade -Caractéristiques et comportements -Établissements de soin, droits -Fin de vie et mort -La peau (escarres) C2.1.5, 2.1.8, 2.2.1, 2.2.4, 2.2.5, 2.2.6, 2.2.7, 2.3.4 • Soins à la personne malade -Surveillance de l'état de santé -Observation de la personne -Change de la protection -Aide à la prise des médicaments -Réfection du lit occupé -Gestion des déchets C 2.1.5, 2.1.8, 2.2.1, 2.2.4, 2.2.5, 2.2.6, 2.2.7, 2.3.4 • *Indication alimentaire* *-Régimes sans résidus* • *Entretien de l'environnement* *-Techniques de stérilisation* *-Élimination* *-DASRI, DAOM* C2.3.5, 2.3.4	• Évaluation par la HAS -Certification des établissements de santé C.3.3 • Réunion d'analyse de pratiques -Recommandations de bonnes pratiques professionnelles -Analyse des pratiques professionnelles C.3.3 • Infection nosocomiale après fracture -IAS, infections nosocomiales -Accidents du système locomoteur C.3.3.5, 3.3.6, 3.4.3 • *Entretien de l'environnement* *-Classification des locaux selon le risque infectieux* C3.3	• Éducation à la santé -Épilepsie -Système nerveux -Examens par endoscopie • Éducation à la santé : Les examens d'endoscopie -Exploration et moyens de diagnostics C4.3 • *Alimentation rationnelle* *-Alimentation de l'adolescent* C4.1

PROPOSITIONS DE CONTEXTES ET SITUATIONS PROFESSIONNELLES

L'enseignement qui vous est dispensé durant les trois années de préparation au bac pro ASSP s'appuie sur des **contextes professionnels** dans lesquels s'inscrivent des **situations professionnelles**. Ces situations d'apprentissage permettent de développer plusieurs **compétences.**

Pour chaque situation, sont clairement indiquées les compétences mobilisées et les savoirs associés travaillés et les fiches de l'ouvrage qui s'y rapportent, ce qui facilite largement son utilisation.

L'enseignant de Biotechnologie Santé Environnement intervient sur les 4 blocs, il utilise un même contexte professionnel pour développer des compétences des 4 blocs.

Les **contextes proposés**, communs à la plupart des blocs, sont volontairement succincts et se veulent seulement des pistes autour d'un type d'usager. Ils permettent néanmoins d'aborder **chaque type de public ou de bénéficiaire** dans une **chronologie logique** et avec des **niveaux de difficultés croissants** dans l'acquisition des techniques professionnelles et des savoirs associés.

Les recommandations officielles préconisent comme support d'enseignement des **contextes locaux**. Ainsi votre professeur pourra enrichir les contextes proposés dans l'ouvrage ou choisir des contextes locaux qui seront complétés par :

- l'organigramme de la structure ;
- la qualification et le rôle de chaque personnel ;
- le plan de la structure ;
- le projet d'établissement ;
- le projet éducatif ;
- le projet pédagogique ;
- le règlement intérieur ;
- le cahier de transmissions ;
- les protocoles ;
- etc.

La lecture des contextes qui suivent va vous éclairer sur le contenu de votre formation au fil des 3 ans.

À télécharger : une fiche pour aider à analyser les contextes et les situations
www.lienmini.fr/9664-doc-methode

CONTEXTE autour du nourrisson : la Maison de l'enfance

La Maison de l'Enfance « Bambino » est **divisée en 2 entités : un accueil collectif et un accueil individuel :**

*** Le multi-accueil**

C'est un accueil collectif, ouvert tous les jours de la semaine de 7 h à 18 h 30.

La structure a un agrément de 52 places, réparties sur 4 groupes : un groupe de bébés et 3 groupes d'enfants « moyens grands ». Les enfants sont âgés de 3 mois à 4 ans.

Ils sont pris en charge par une équipe pluridisciplinaire : directrice puéricultrice, éducatrices de jeunes enfants, auxiliaires de puériculture, accompagnants éducatifs petite enfance, un cuisinier et des agents d'entretien.

*** Le relais Petite enfance**

Le relais Petite enfance (REP) est un lieu d'information et d'orientation petite enfance pour les parents, les professionnels et les futurs parents. Il est animé par 2 éducatrices de jeunes enfants. 56 assistantes maternelles agréées du secteur peuvent se rendre au relais 2 à 3 fois par semaine selon un planning, avec les enfants dont elles ont la charge pour participer à des ateliers d'éveil.

Situation professionnelle 1

C'est votre premier jour au multi-accueil. L'éducatrice de jeunes enfants vous demande d'observer et de repérer les besoins et les attentes des enfants afin d'assurer une prise en charge de qualité. Elle vous demande également d'effectuer des recherches sur l'alimentation des enfants et le début de la diversification alimentaire car le moment du déjeuner venu, vous aidez les enfants à prendre leur repas.

Compétences	Savoirs associés		Fiches
4.1 Analyser les besoins d'un public	**Nutrition-alimentation**	Groupe aliment, différents constituants alimentaires et leurs rôles Alimentation du nourrisson, de l'enfant	115 à 119 127,128 130, 131
2.4.3 Installer l'enfant, la ou les personnes pour le repas 2.4.4 Accompagner la prise des repas	**Techniques pro.**	Installation et aide à la prise des repas	62

Situation professionnelle 2

Vous devez réaliser l'entretien de plusieurs équipements dont les jouets, les chaises hautes et les plans de change. À la fin de votre travail, il vous est demandé de contrôler le résultat.

Compétences	Savoirs associés		Fiches
2.3.1 Entretenir les locaux collectifs 2.3.2 Entretenir l'environnement proche de la personne, à domicile ou en structure, y compris dans une situation d'isolement 3.1 Gérer ses activités en interagissant avec l'équipe pluriprofessionnelle dans une posture professionnelle adaptée 3.3 Participer à la démarche qualité et à la prévention des risques professionnels 3.4 Coordonner et conduire une équipe de bionettoyage	**Techniques pro.**	Tenue professionnelle, impact environnemental Technique d'entretien et de bionettoyage Contrôle des opérations et des résultats Produits de nettoyage et de désinfection	4, 5 24 à 29 97, 101, 102

CONTEXTE autour du jeune enfant dont en situation de handicap : l'école maternelle avec le dispositif ULIS

L'école primaire publique « Les Crayons », située dans la banlieue d'une grande ville, accueille 80 enfants inscrits en maternelle et 84 élèves inscrits à l'école élémentaire.

L'école maternelle est composée de 4 sections : la toute petite section (accueil des enfants moins de 3 ans) ; la petite section (accueil des enfants de 3 à 4 ans) ; la moyenne section (accueil des enfants de 4 à 5 ans) ; la grande section (de 5 à 6 ans). Un dispositif ULIS est mis en place pour l'accueil des enfants en situation de handicap.

L'équipe professionnelle se compose de : 1 directrice (professeur des écoles), 8 professeurs des écoles (4 en école maternelle et 4 en école élémentaire), 4 ATSEM (Agent Territoriaux Spécialisés des Écoles Maternelles) et 3 agents de restauration.

Situation professionnelle 1

En tant qu'ATSEM, vous devez surveiller la prise alimentaire des enfants de petite section à la cantine. Parmi eux, deux enfants présentent une allergie alimentaire pour laquelle ils ont un projet d'accueil individualisé. Vous veillez à la mise en place de ce PAI et vérifiez que leur besoin nutritionnel soit respecté.

Compétences	Savoirs associés		Fiches
1.0 Adopter une posture professionnelle adaptée 1.2 Participer à la conception, au suivi, à la mise en œuvre du projet individualisé	**Nutrition-alimentation**	Allergie et intolérance alimentaire	1, 2
4.1 Analyser les besoins d'un public		Besoin nutritionnel et apport recommandé	124, 125
		Différents constituants alimentaires et leurs rôles	121, 122

Situation professionnelle 2

En fin de journée, avec le reste de l'équipe, vous réalisez l'entretien des salles de classe de la maternelle. C'est la veille des vacances, vous nettoyez en profondeur le hall d'accueil de l'école.

Compétences	Savoirs associés		Fiches
3.1 Gérer ses activités en interagissant avec l'équipe pluriprofessionnelle dans une posture professionnelle adaptée 3.3 Participer à la démarche qualité et à la prévention des risques professionnels 3.2 Traiter et transmettre des informations en intégrant les différents outils numériques 3.4 Coordonner et conduire une équipe de bionettoyage	**Techniques pro.**	Concept de propreté et d'hygiène Facteurs et méthodes intervenant dans les opérations de nettoyage	94 à 96
		Produits de nettoyage et de désinfection	101
2.3.1 Entretenir les locaux collectifs 2.3.2 Entretenir l'environnement proche de la personne, à domicile ou en structure (pendant son séjour et après son départ), y compris dans une situation d'isolement		Technique d'entretien et de bionettoyage	12 à 15
		Matériels et appareils d'entretien, des locaux et équipement	17, 18, 20

CONTEXTE autour de l'autonomie des personnes âgées : la MARPA

La structure : Située au cœur du village de Boé, la MARPA (Maisons d'Accueil et de Résidence pour l'Autonomie) associative « Les Colchiques » est proche des commerces et services divers. La MARPA accueille 7 j/7 et 24 h/24, 22 résidents dans 17 logements individuels regroupés autour de locaux communs : salon avec cheminée et télévision, salle de séjour avec terrasse, jardin d'agrément. Les logements sont des T1 ou T2 avec kitchenette équipée. Ils sont de plain-pied avec un accès extérieur direct, ils sont meublés et décorés par le résident.

Le personnel : Le personnel encadrant et un personnel formé. Il est composé de la directrice (diplôme d'encadrant de petites unités de vie), de 2 auxiliaires de vie et de 4 agents de service.

L'équipe mobilise autour d'elle des intervenants extérieurs compétents : médecins, infirmiers, kinésithérapeutes, mais aussi le coiffeur qui vient une fois tous les 15 jours.

La MARPA propose des services collectifs : repas, animation, entretien des appartements, entretien du linge.

Situation professionnelle 1

Vous intervenez dans l'appartement de Mme Nora pour l'entretien de son domicile. Elle vous demande de nettoyer sa salle de bain. Vous remarquez la présence de moisissures au plafond et que la température ne semble pas adaptée pour cette partie du logement. Tombée il y a deux jours, elle vous demande de réfléchir à l'aménagement de son logement pour plus de sécurité.

Compétences	Savoirs associés		Fiches
4.1 Analyser les besoins d'un public	Techniques pro.	Aménagement des locaux et des espaces Aménagement des locaux, des espaces. Agencement des locaux pour la sécurité et l'accessibilité	111 à 113
3.1 Gérer ses activités en interagissant avec l'équipe pluriprofessionnelle dans une posture professionnelle adaptée 3.3 Participer à la démarche qualité et à la prévention des risques professionnels 3.2 Traiter et transmettre des informations en intégrant les différents outils numériques	Techniques pro.	Produits de nettoyage et de désinfection Matériel et équipement à entretenir Facteurs d'hygiène, de confort des locaux pour le bien-être de la personne Éléments de connaissance commune aux différentes techniques d'entretien	100, 103 105 88 à 91

Situation professionnelle 2

Une majorité de résidents prennent leur repas dans la salle de restauration qui n'est pas très lumineuse. On vous demande de nettoyer les vitres pour faciliter l'entrée de la lumière du soleil et ainsi améliorer les conditions de prise des repas.

Certaines personnes présentent des difficultés pour mâcher : vous veillez à ce que les textures des repas soient adaptées à leur besoin.

Compétences	Savoirs associés		Fiches
2.2 Surveiller l'état de santé de la personne et intervenir en conséquence 2.4 Distribuer des repas équilibrés et conformes aux besoins de la personne, installer la personne et accompagner la prise des repas	Nutrition-alimentation	Qualité organoleptique Textures adaptées aux besoins	68, 69 76
2.3.1 Entretenir les locaux collectifs 2.3.2 Entretenir l'environnement proche de la personne, à domicile ou en structure (pendant son séjour et après son départ), y compris dans une situation d'isolement	Techniques pro.	Techniques d'entretien et de bionettoyage	8, 10

CONTEXTE autour de la personne âgée dépendante en structure : l'EHPAD

Située au cœur du village, l'EHPAD (Établissement d'hébergement pour personnes âgées dépendantes) « Les Tilleuls » a une capacité d'accueil de 142 lits dont 26 lits en unité sécurisée ainsi que 14 places au Pôle d'Activités et de Soins Adaptés (PASA). L'EHPAD possède un espace Snoezelen.

La surveillance médicale est assurée par 3 médecins. Les soins sont assurés par des personnels infirmiers, aides-soignants, kinésithérapeutes, psychologue, diététicienne, assistant de soin en gérontologie, aide médico-psychologique, qui ont pour rôle de maintenir l'autonomie. Lors de l'admission, un référent soignant est nommé afin d'accueillir et d'accompagner le résident. Dans les 3 mois qui suivent l'admission, ce référent réunit l'équipe pluridisciplinaire, le résident et/ou la famille afin de co-construire le projet personnalisé du résident qui doit répondre au plus près aux attentes et besoins de la personne accueillie. Ce projet est révisé régulièrement.

Des animations sont proposées plusieurs fois par semaine (chant, activités manuelles, jeu).

Situation professionnelle 1

Les repas sont préparés dans une cuisine centrale. Au sein de l'EHPAD, vous réceptionnez les repas. Vous vérifiez la conformité des repas dont la prise des températures, afin d'éviter les TIAC. Pour la remise en température et la distribution des repas, vous utilisez un chariot multifonction. Vous veillez à ce que la distribution des repas se fasse dans les meilleures conditions de sécurité sanitaire. Une enquête de satisfaction est proposée régulièrement au résident sur la qualité des repas.

Compétences	Savoirs associés		Fiches
2.4.2. Organiser et distribuer des collations ou des repas	**Nutrition-alimentation**	Toxi-infections alimentaires (TIA)	78
2.4.1. Maintenir ou remettre en température des préparations alimentaires 2.3.5 Entretenir et surveiller les équipements et les dispositifs médicaux	**Techniques pro.**	Formes de distribution des repas et collations Matériels et appareils de remise en température Modes de distribution des repas et collations	54 à 56 65

Situation professionnelle 2

Suite à une épidémie, M. Réno a été isolé dans sa chambre. Maintenant qu'il est guéri, vous intervenez pour décontaminer la chambre selon les protocoles en vigueur de la structure. M. Réno est sorti affaibli de cet épisode et a perdu du poids. Il présente des carences selon le médecin. Vous vous inquiétez de son état de santé et vous mettez tout en œuvre pour qu'il reprenne vite ses forces.

Compétences	Savoirs associés		Fiches
4.1 Analyser les besoins d'un public	**Nutrition-alimentation**	Influence de l'âge, du mode de vie, de l'activité, de l'état physiologique ou pathologique	135
2.3.1 Entretenir les locaux collectifs 2.3.2 Entretenir l'environnement proche de la personne, à domicile ou en structure (pendant son séjour et après son départ), y compris dans une situation d'isolement 2.3.3 Entretenir et décontaminer la chambre après le départ d'un patient infecté 3.3 Participer à la démarche qualité et à la prévention des risques professionnels	**Techniques pro.**	Précautions standard et complémentaires Techniques d'entretien et de bionettoyage Matériels et appareils d'entretien des locaux et des équipements Éléments de connaissances communs aux différentes techniques d'entretien	49 à 52 23 98

CONTEXTE autour de la personne âgée à domicile : l'ADMR

L'ADMR (Aide à domicile en milieu rural) est un réseau associatif de services à la personne. Les salariés des associations interviennent auprès des personnes et des familles, de la naissance à la fin de vie, et couvrent tous les champs des services à la personne : autonomie, services de confort à domicile, famille et santé. L'ADMR emploie 22 salariés. Sandra assure le travail administratif et Alexia coordonne le travail des équipes et gère les plannings des intervenants en lien avec les familles.

Situation professionnelle 1

Alexia vous demande d'intervenir au domicile de M. Lenoir. Il revient d'une hospitalisation suite à une maladie cardiovasculaire. Elle vous demande de remettre en état son logement et de bien réaliser le dépoussiérage des surfaces hautes et basses. M. Lenoir doit suivre une alimentation thérapeutique adaptée à sa pathologie. On vous demande de vérifier ses menus.

Compétences	Savoirs associés		Fiches
2.4.2 Organiser et distribuer des collations ou des repas	**Nutrition-alimentation**	Différents régimes prescrits	71
4.1 Analyser les besoins d'un public		Groupes d'aliments	133
		Équilibre alimentaire	125
2.3.1 Entretenir les locaux collectifs 2.3.2 Entretenir l'environnement proche de la personne, à domicile ou en structure (pendant son séjour et après son départ), y compris dans une situation d'isolement	**Techniques pro.**	Techniques d'entretien et de bio-nettoyage	7, 9
3.1.1 : Planifier et organiser son travail en lien avec l'équipe, dans le cadre de son champ d'intervention		Matériels et équipements à entretenir	106
3.1.3 : Évaluer son activité et ajuster si besoin			
3.3 : Participer à la démarche qualité et à la prévention des risques professionnels			
3.4.2 : Planifier et organiser des activités et prévoir les équipements de protection associées			

Situation professionnelle 2

Mme Fenouil suit une corticothérapie depuis quelque temps. Elle ne peut plus cuisiner seule alors ses enfants ont mis en place le portage des repas à domicile. Vous vérifiez que le menu est adapté à sa pathologie, vous remettez en température les repas réceptionnés le matin, et vous l'aidez dans la prise de ses repas.

Compétences	Savoirs associés		Fiches
2.4.1 Maintenir ou remettre en température des préparations alimentaires	**Nutrition-alimentation**	Différents régimes prescrits	73
2.4.2 Organiser et distribuer des collations ou des repas	**Techniques pro.**	Matériels et appareils de remise en température	57, 58
2.4.3 Installer l'enfant, la ou les personnes pour le repas		Installation et aide à la prise des repas	63, 66
2.4.4 Accompagner la prise des repas		Modes de distribution des repas et collations : service à table, service au lit	61, 64
		Matériels d'aide aux repas	

CONTEXTE autour des personnes atteintes de démence : l'UHR

L'**unité d'hébergement renforcé** (UHR) est implantée au sein de l'EHPAD « Les Mimosas » qui accueille 30 résidents. D'une capacité de 12 places, elle propose, sur un même lieu un hébergement, des soins, des activités sociales et thérapeutiques pour des résidents atteints de la maladie d'Alzheimer ou d'une maladie apparentée et ayant des troubles sévères du comportement qui altèrent la sécurité et la qualité de vie de la personne et celle des autres résidents.

L'UHR dispose de personnels soignants dont certains sont partagés avec l'EHPAD : un médecin, un infirmier, un psychomotricien ou un ergothérapeute, un aide-soignant, un accompagnant éducatif et social, un assistant de soins en gérontologie, un psychologue pour les résidents et les aidants.

L'UHR dispose d'espaces privés et collectifs et notamment d'une ouverture sur l'extérieur par un prolongement sur un jardin ou sur une terrasse sécurisée. Les services généraux sont communs avec l'EHPAD : buanderie, service d'entretien et cuisine où les repas sont préparés avec l'aide d'une diététicienne.

Situation professionnelle 1

Vous intervenez auprès de Mme Morisset, 84 ans. Cette dernière est dénutrie. Vous prenez connaissance auprès de la diététicienne des spécificités de l'alimentation d'une personne âgée dépendante et en particulier des mesures à prendre dans le cas d'une dénutrition. Vous devez être vigilante sur la gestion de son linge et le respect des circuits car Mme Morisset sort d'une parasitose.

Compétences	Savoirs associés		Fiches
2.4.2 Organiser et distribuer des collations ou des repas 4.1 Analyser les besoins d'un public	**Nutrition-alimentation**	Différents régimes prescrits Alimentation des personnes âgées	72 139
2. 3 Assurer l'hygiène de l'environnement proche de la personne et veiller au bon état de fonctionnement du lit, des aides techniques, des dispositifs médicaux 2.3.4 Trier et acheminer le linge et les déchets	**Techniques pro.**	Principes d'organisation des circuits dans les locaux Tri du linge	31 à 33 35 à 38

Situation professionnelle 2

Vous constatez qu'il y a un dysfonctionnement dans le rangement et le stockage des produits d'entretien de la structure. En prévention et pour éviter tout accident, vous décidez de réunir l'équipe de bionettoyage pour une information sur le risque chimique.

Compétences	Savoirs associés		Fiches
3.4 Coordonner et conduire une équipe de bionettoyage 3.4.2 Planifier et organiser des activités, des postes de travail et prévoir les équipements de protection associés 3.2.2 Formaliser des données, les informations recueillies 3.2.4 Renseigner des documents assurant la traçabilité des activités 3.3.6 Participer à la démarche qualité et à la prévention des risques professionnels	**Techniques pro.**	Fonctionnement d'une équipe Conduite de réunion Stockage et rangement des produits et matériels d'entretien Adaptation de l'environnement de travail et enjeux de la prévention des risques professionnels	80 à 83 85, 86 108, 109

CONTEXTE autour de la personne en situation de handicap : l'ESAT et le foyer d'hébergement

L'association l'AROMAC accompagne des personnes en situation de handicap. Elle comprend plusieurs structures sur un même site.

***Un ESAT (Établissement et Services d'Aide par le Travail) « L'Oiseau »,** accueille 90 **travailleurs en situation de handicap.** Il **propose les services** suivants : mise sous film, fabrication d'emballages, savonnerie, nettoyage de véhicules, repassage. Les personnes en situation de handicap sont encadrées par des éducateurs techniques spécialisés, des moniteurs d'ateliers.

***Un foyer d'hébergement « Le Nid »,** qui assure l'hébergement et les soins des personnes adultes handicapées qui exercent une activité pendant la journée, en milieu ordinaire, ou dans l'ESAT « L'Oiseau ». Il est placé sous la compétence du conseil départemental et c'est l'aide sociale départementale qui prend en charge les dépenses d'exploitation du foyer. Il propose un accompagnement pour la vie quotidienne, un accompagnement aux loisirs, aux démarches administratives et l'aide psychologique. Il a une capacité de 30 personnes qui sont encadrées par des éducateurs spécialisés et des moniteurs éducateurs.

Situation professionnelle 1

Le public accueilli dans le foyer d'hébergement est issu de cultures différentes. Vous élaborez avec eux les menus des différents repas pour tenir compte des choix culturels variés de chaque résident.

Vous êtes le référent de Mathieu, 26 ans, atteint de trisomie 21 et obèse qui vient d'intégrer l'ESAT « L'Oiseau », et le soir il est accueilli au foyer d'hébergement de travailleurs handicapés « Le Nid ». Vous surveillez particulièrement son alimentation et lui donnez des conseils d'éducation alimentaire. En fin de service vous participez à l'entretien de la cuisine collective.

Compétences	Savoirs associés		Fiches
4.1 Analyser les besoins d'un public	Nutrition-alimentation	Éducation alimentaire Troubles de l'alimentation Alimentation des adultes	143 145 141
2.3.1 Entretenir les locaux collectifs	Techniques pro.	Matériels et appareils d'entretien des locaux et des équipements Technique d'entretien et de bionettoyage	19, 21

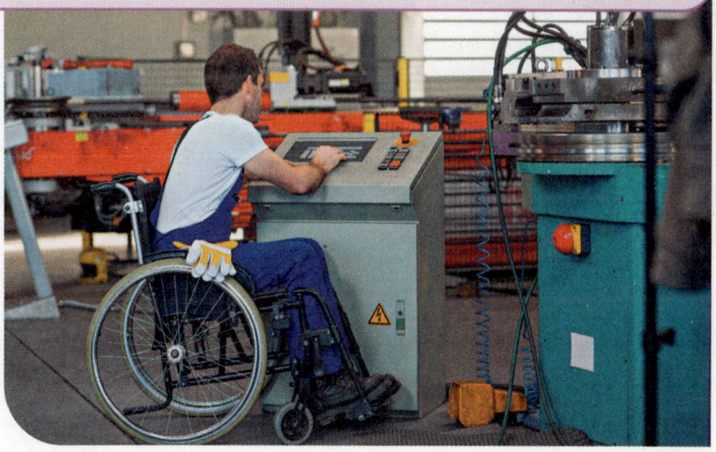

CONTEXTE autour de la personne malade : l'hôpital

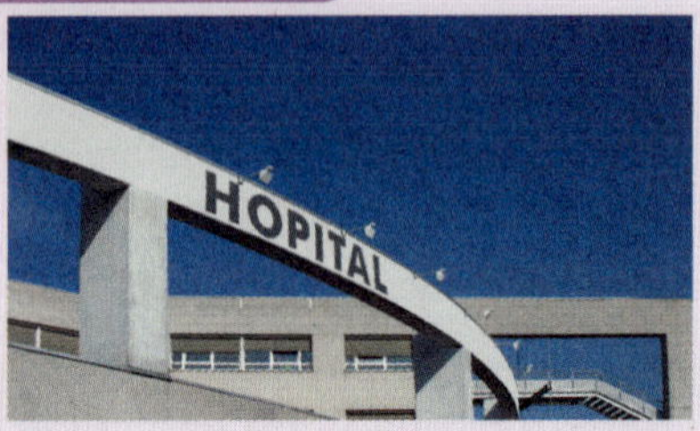

Le centre hospitalier, implanté au cœur d'une grande ville, a une capacité de 838 lits.

Les activités se répartissent au sein de quatre sites d'accueil :
– le centre François Mitterrand accueillant les services de médecine, chirurgie et obstétrique, ainsi que les plateaux techniques dont le service de stérilisation et les services administratifs ;
– le centre Beaurivage qui regroupe le service de rééducation fonctionnelle, l'unité de soins de suite et de réadaptation, l'unité de soins palliatifs, l'unité de soins en addictologie ;
– le centre « La Villa » qui accueille les structures dédiées à la prise en charge des patients âgés (médecine gériatrique, soins de longue durée) ;
– les instituts en soins Infirmiers (IFSI) et d'aides-soignants (IFAS).

L'hôpital a pour mission principale d'assurer les examens de diagnostic, la surveillance et le traitement des malades, des blessés et de participer à des actions de santé publique et notamment à des actions d'éducation pour la santé et de prévention.

La prise en charge est réalisée par une équipe médicale et paramédicale pluridisciplinaire constituée d'infirmiers, d'aides-soignants, de kinésithérapeutes, de diététiciennes, d'assistantes sociales…

Situation professionnelle 1

Au centre François Mitterrand, vous participez à l'accueil de Flora, 16 ans, hospitalisée pour une exploration de l'appareil digestif. Flora est très inquiète pour l'examen qu'elle va subir et se demande si l'origine de son problème n'est pas liée à son alimentation. Vous lui expliquez les spécificités de l'alimentation de l'adolescent et vous veillez à ce que le contenu de ses plateaux-repas corresponde bien aux attendus d'un tel examen.

Compétences	Savoirs associés		Fiches
2.4.2 Organiser et distribuer des collations ou des repas	Nutrition-alimentation	Différents régimes prescrits	75
4.1 Analyser les besoins d'un public		Alimentation des adolescents	137

Situation professionnelle 2

Dans le service de stérilisation sont traités les dispositifs médicaux des différents services du centre hospitalier. Le respect des circuits est essentiel. Pour assurer l'approvisionnement des services et éviter la rupture de stock, la cadre de santé vous demande d'aller en renfort dans le service de stérilisation et de participer aux activités.

Compétences	Savoirs associés		Fiches
3.3 Participer à la démarche qualité et à la prévention des risques professionnels	Techniques pro.	Classification des locaux selon le risque infectieux	93
2.3.5 Entretenir et surveiller les équipements et les dispositifs médicaux		Techniques de stérilisation	40 à 43
2.3.4 Trier et acheminer le linge et les déchets		Élimination des déchets d'activités de soins à risques infectieux (DASRI) et des déchets assimilables aux ordures ménagères (DAOM)	45 à 47

FICHE 1 ACTIVITÉS

Les allergies alimentaires

Vidéo
Allergies alimentaires
www.lienmini.fr/9664-video1-1

COMPÉTENCES
- **C1.2** Participer à la conception, au suivi, à la mise en œuvre et à l'évaluation du projet individualisé, du projet de vie, en lien avec l'équipe pluri-professionnelle

Activité 1 Les allergies alimentaires

OBJECTIFS : Définir une allergie alimentaire • Lister les principaux allergènes

L'allergie alimentaire fait suite à la consommation d'un aliment qui active, à tort, le système immunitaire. Un allergène (le plus souvent, une protéine dans l'aliment incriminé) provoque une réaction en chaîne dans le système immunitaire, aboutissant à la libération d'anticorps. Ces anticorps entraînent à leur tour la libération d'autres molécules, provoquant des symptômes variés :

- respiratoires : nez qui coule, toux, éternuements;
- cutanées : démangeaison, eczéma, gonflement des lèvres;
- digestifs : crampes, diarrhée, vomissement;
- choc anaphylactique : sensation de malaise, pâleur, chute de la pression artérielle.

Les allergènes les plus fréquents sont : le lait de vache, les œufs, le soja, le blé, les poissons et crustacés, les fruits et légumes crus, les cacahuètes, les fruits à coques, l'arachide.

La seule manière de prévenir l'allergie est d'éliminer l'aliment de l'alimentation ou de l'environnement.

Doc. 1 Qu'est-ce qu'une allergie alimentaire ?

1. **Définir** une allergie alimentaire.

....

2. **Souligner** les symptômes de l'allergie.

3. **Repérer** les aliments les plus susceptibles de déclencher une allergie alimentaire en cochant la case correspondante.

☐

☐

☐

☐

☐

☐

☐

☐

Activité 2 Les mesures à respecter en cas d'allergies alimentaires

OBJECTIF : Indiquer les mesures à respecter en cas d'allergie aux composants alimentaires (arachique, protéines du lait de vache)

- Lire attentivement toutes les étiquettes des produits alimentaires : les allergènes sont écrits en gras dans la liste.
- Connaître les différents noms d'un produit, par exemple arachide et cacahuète.
- Porter attention aux sources potentielles de contamination croisée (partage d'ustensiles au restaurant, etc.).
- Éviter les produits sans emballage ou ceux en vracs : il se peut qu'un acheteur ait utilisé un ustensile pour se servir dans d'autres contenants, provoquant des contaminations croisées.

Pour les enfants :

- Leur apprendre à ne manger que des aliments qui proviennent de la maison, ou à demander à un adulte responsable si l'aliment est sécuritaire.
- Informer vos parents, vos amis, votre école et le personnel des restaurants de l'allergie de l'enfant.
- Mettre en place un Projet d'accueil individualisé (PAI) à l'école. ▶ Fiche 2 • Activités

Doc. 2 Comment éviter l'aliment auquel vous êtes allergique ?

4 **Donner** deux conseils à suivre lors de l'achat d'un aliment destiné à un individu allergique.

....

....

Ingrédients du gâteau

Yaourt	1	Levure	1 sachet
Sucre	1 pot	Sucre vanillé	1 sachet
Farine de blé	1,5 pot	Huile	1 pot
Œuf	1	Pâte à tartiner	5 cuillerées à soupe

Ingrédients de la pâte à tartiner

- Sucre
- Huile végétale
- **Noisettes** : 13 %
- Cacao maigre : 7,5 %
- **Lait** écrémé en poudre : 6,6 %
- **Lactosérum en poudre**
- Émulsifiant : lécithine (**soja**), vanilline

Huiles à disposition

Doc. 3 Ingrédients du gâteau au yaourt fourré à la pâte à tartiner

5 Marie est allergique aux fruits à coque et aux cacahuètes. **Entourer** dans le Doc. 3 l'huile qu'il faudra choisir pour confectionner un gâteau que Marie pourra manger, puis **justifier** la réponse.

....

....

6 **Expliquer** si Marie peut fourrer sa part de gâteau avec de la pâte à tartiner.

....

....

Les intolérances alimentaires

Vidéo
Allergie ou intolérance ?
www.lienmini.fr/9664-video1-2

COMPÉTENCES
- **C1.2** Participer à la conception, au suivi, à la mise en œuvre et à l'évaluation du projet individualisé, du projet de vie, en lien avec l'équipe pluri-professionnelle

Activité 1 L'intolérance alimentaire

OBJECTIF : Définir une intolérance alimentaire

On distingue plusieurs types d'intolérances alimentaires :
– celles dues à la présence de composés chimiques contenus dans certains aliments qui entraînent des irritations au niveau de l'intestin;
– celles dues à l'absence d'enzymes digestives habituellement présentes dans l'intestin, c'est le cas de l'intolérance au gluten ou au lactose (sucre du lait).
Les personnes intolérantes peuvent supporter des petites doses sans manifester de symptômes, excepté pour celles présentant des intolérances au gluten et aux sulfites (conservateurs à base de soufre que l'on trouve dans les aliments).

Doc. 1 Qu'est-ce que l'intolérance alimentaire ?

1 **Repérer** la définition d'une intolérance alimentaire en cochant les bonnes affirmations.

Le système digestif est irrité par les composés chimiques dans l'aliment.	
La présence de l'aliment dans le système digestif entraîne une réaction du système immunitaire.	
Le système digestif ne peut pas digérer l'aliment.	

L'intolérance au gluten se caractérise par l'incapacité à digérer une protéine, le gluten, présente dans l'enveloppe des graines de certaines céréales (blé, orge, seigle, avoine). Elle peut entraîner la maladie cœliaque, qui est une maladie chronique caractérisée par la destruction des villosités intestinales : l'absorption devient difficile.
Les symptômes de l'intolérance au gluten sont différents selon les individus, les plus courants étant digestifs (diarrhée, vomissement, perte d'appétit), mais il en existe d'autres : dermatite, neuropathie, arthrite inflammatoire. Les effets de la maladie cœliaque sont divers : mauvaise absorption de nombreux éléments nutritifs (fer, vitamine B9, calcium, vitamines liposolubles, protéines) à cause de la réduction de la surface d'échange au niveau des villosités intestinales, retard de croissance chez l'enfant, risque d'ostéoporose chez l'adulte.

Doc. 2 L'intolérance au gluten et la maladie cœliaque

2 **Expliquer** d'où vient le gluten.

....

....

3 **Encadrer** les symptômes de l'intolérance au gluten (Doc. 2).

4 **Souligner** les conséquences de la maladie cœliaque (Doc. 2).

Activité 2 Les mesures à prendre en cas d'intolérance au gluten

OBJECTIF : Indiquer les mesures à respecter en cas d'intolérance au gluten

La seule mesure possible est l'éviction stricte et totale du gluten du régime alimentaire. La farine de blé et le gluten sont présents dans la plupart des produits alimentaires (pain, biscuits, gâteaux, viandes, saucisses, soupes, plats cuisinés) comme agents texturants, rétenteurs d'eau, ou substituts aux protéines animales. Des aliments spéciaux sans gluten sont proposés par l'industrie alimentaire et peuvent être remboursés par l'assurance maladie.

Enfant ou adolescent :

Un Projet d'accueil individualisé (PAI) peut être mis en place en concertation avec le directeur de la structure, le médecin responsable, le médecin traitant, les parents, la municipalité (suivant la structure) et le personnel. Ce projet permet d'organiser les modalités de la vie quotidienne de l'enfant en collectivité et fixe les conditions d'interventions : prise de repas (adapté, porté par les parents...), intervention médicale... L'enfant pourra ainsi être en collectivité, tout en bénéficiant de son régime alimentaire, en assurant sa sécurité et en compensant les inconvénients liés à son état de santé.

Doc. 3 Que faire en cas d'intolérance au gluten ?

1 **Nommer** la mesure à prendre en cas d'intolérance au gluten.

....

2 **Préciser** comment mettre en place la mesure identifiée en question 1.

....

3 **Souligner** l'intérêt d'un PAI pour les enfants et adolescents scolarisés (Doc. 3).

Composition chipolatas Viande de porc* (94 %) (origine UE), eau, sel, arômes naturels, sucre de canne*, épices* et plantes aromatiques*, dextrose, antioxydant : e300, conservateur : e325, boyau naturel de mouton. Traces de **lait, gluten** et **soja**.	**Fusilli sauce bolognaise** Ingrédients : Pâtes de maïs précuites 42 %, tomate 25 %, viande bovine 22 %, carotte 7 %, farine de maïs, huile d'olive vierge extra, sel, basilic, thym, sucre, poivre.	**Fromages blancs aromatisés** Ingrédients : Lait écrémé pasteurisé 79 % (origine : France), sucre 9 %, crème pasteurisée (origine : France), protéines de lait, amidon de maïs, ingrédients à propriété colorante (jus concentré de carotte pourpre, jus concentré de carotte, concentré de carotte), arômes naturels, phosphates de calcium, épaississants (gomme guar, gomme xanthane), ferments lactiques, vitamine D.
Composition du gâteau Napolitain Farine de blé 24,5 %, sucre, huile de palme, sirop de glucose-fructose, chocolat en poudre 6,7 % (sucre, cacao en poudre), œufs, stabilisant (glycérol), lactosérum en poudre (de lait), margarine [huile de palme, eau, huile de colza, émulsifiant (E471), correcteur d'acidité (citrate de sodium), acidifiant (acide citrique), colorant (bêta-carotène)], sirop de glucose, arômes (contient alcool), cacao maigre en poudre, poudre à lever (carbonate acide d'ammonium), beurre de karité, sel, émulsifiants (E472b, E472a, lécithine de soja), lait écrémé en poudre, beurre pâtissier, conservateur (sorbate de potassium), huile de tournesol, colorant (E160a).		**Pâtisseries sans étiquette** 

Doc. 4 Quelques aliments du commerce

4 **Souligner** les aliments qu'une personne intolérante au gluten peut consommer (Doc. 4).

FICHE 3 BILAN

Les allergies et intolérances alimentaires

Synthèse
www.lienmini.fr/9664-syn1

ALLERGIE ALIMENTAIRE

Système immunitaire réagit contre un aliment

Symptômes

Respiratoires, cutanés, digestifs

Choc anaphylactique

Allergènes les plus rencontrés :

Lait de vache, œufs, soja, blé, poisson et crustacés, fruits à coques (cacahuètes, arachides, noix)

INTOLÉRANCE ALIMENTAIRE

Incapacité à digérer un aliment ou un composant de l'aliment

Symptômes

Digestifs

Pour l'intolérance au gluten : dermatite, neuropathie, arthrite inflammatoire en plus

Intolérances rencontrées :

Au lactose, au gluten, aux sulfites

L'intolérance au gluten entraîne une malabsorption des autres nutriments

QUE FAIRE ?

- → Connaître l'aliment incriminé et ses dérivés
- → Éviction de l'aliment et des dérivés de ses repas
- → Lire les étiquettes alimentaires
- → Informer l'entourage de l'enfant
- → Mettre en place un PAI
- → Attention aux contaminations croisées lors des repas
- → Pour l'intolérance au gluten : remplacer la farine de blé par la farine de maïs, de riz

Analyse de situation

QCM
www.lienmini.fr/9664-qcm1

Situation professionnelle

Mme Fatoua a 89 ans et habite une maison de plain-pied avec un jardin à 10 min du centre du village dans un endroit un peu isolé. Elle est en forme, se déplace aisément, assure seule sa toilette. Elle a sollicité depuis peu les services d'une aide à domicile pour l'entretien de son logement, l'achat des denrées alimentaires et la préparation des repas car cela la fatigue. Mme Fatoua présente une intolérance au gluten depuis plusieurs années.

L'aide à domicile intervient 2 h deux fois par semaine pour l'entretien du logement et la réalisation des achats alimentaires et 1 h par jour pour la préparation des repas.

Mme Fatoua connaît les aliments qui lui sont interdits, elle détaille oralement les menus des jours à venir à l'aide à domicile qui établit la liste des courses en fonction. Dans la liste des courses figure « gaufrettes au chocolat ». L'aide à domicile a trouvé ces biscuits qui présentent deux logos.

Ingrédients

Farine de maïs*, graisse de palme*, sucre de canne*, amidon de pomme de terre*, cacao* maigre en poudre 7%, lait* écrémé en poudre, émulsifiant : lécithines de soja*, sel de mer, épaississant : gomme guar*, poudre à lever : carbonates d'ammonium.

* Ingrédients issus de l'agriculture biologique

Fabriqué dans un atelier qui utilise : fruits à coque – œuf.

Répondre sur une feuille à part en respectant l'ordre des questions et en soignant la rédaction

1. **Relever** dans la situation les besoins et attentes de Mme Fatoua et les présenter sous forme d'un tableau.

Questions de savoirs associés

2. **Définir** l'intolérance au gluten.
3. **Citer** au moins quatre aliments contenant du gluten.
4. **Préciser** les symptômes de l'intolérance au gluten.
5. **Indiquer** une mesure que devra prendre l'aide à domicile lors de l'achat des gaufrettes.
6. **Préciser** en justifiant, si les gaufrettes pourront être consommées par Mme Fatoua.
7. **Identifier** les deux logos présents sur l'étiquette et leur signification.

FICHE 4 ACTIVITÉS

L'écoresponsabilité dans l'entretien des locaux

COMPÉTENCES
- **C2.3.2** Entretenir l'environnement proche de la personne à domicile ou en structure
- **C2.3.1** Entretenir les locaux collectifs

Activité 1 L'écoresponsabilité dans sa pratique professionnelle

OBJECTIFS : Définir et justifier la notion d'écoresponsabilité dans sa pratique professionnelle • Indiquer les impacts des activités de services sur l'environnement et repérer les mesures individuelles et collectives

L'écoresponsabilité désigne l'ensemble des actions visant à limiter les impacts sur l'environnement de son activité quotidienne. Elle passe par de nouveaux choix de gestion, d'achats, d'organisation du travail, par des investissements et par la sensibilisation du personnel.

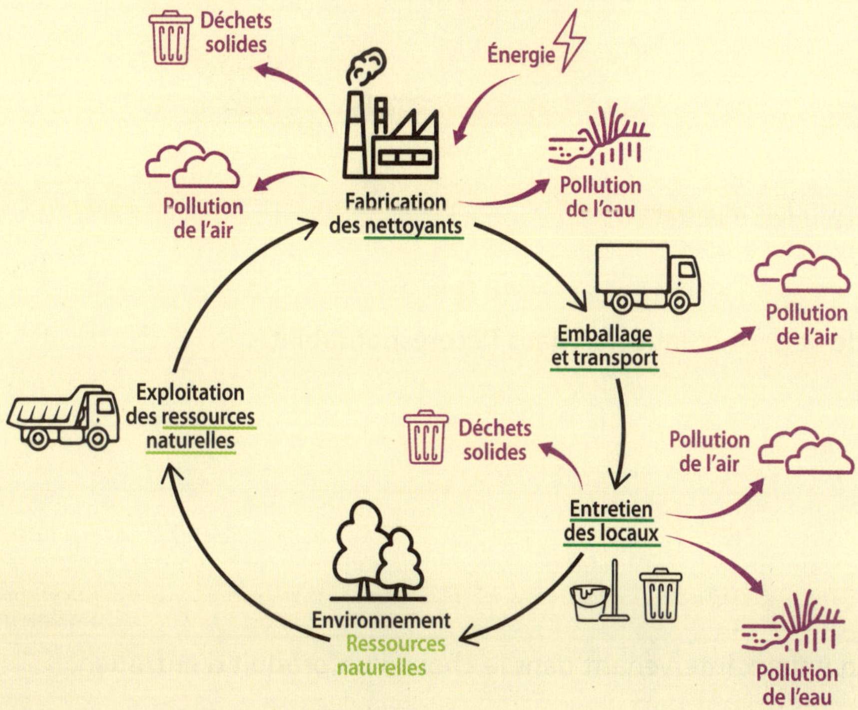

Doc. 1 Pourquoi être écoresponsable dans son travail ?

1 **Définir** l'écoresponsabilité.

....

....

2 **Indiquer** les impacts des activités d'entretien des locaux sur l'environnement en **précisant** à quels niveaux on peut les observer.
Les impacts sont :

....

Niveaux : ....

....

....

L'agent responsable de l'entretien utilise des produits qui ne sont pas anodins.
De ce fait, pour ne pas causer de nuisance et être efficaces, ces produits doivent être choisis et utilisés en adoptant les bons réflexes professionnels. Il existe cinq enjeux majeurs lors du choix :

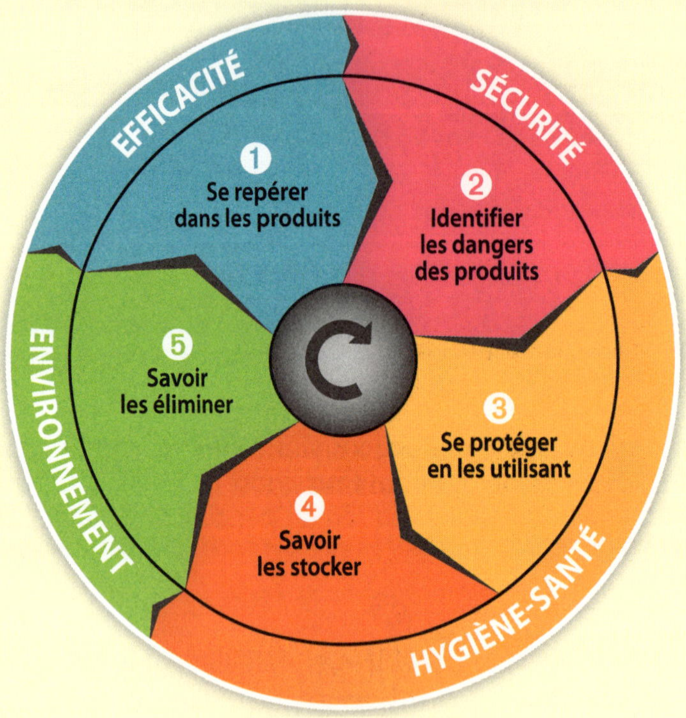

Doc. 2 Le choix d'un produit d'entretien

3 **Justifier** le rôle de l'agent d'entretien dans l'écoresponsabilité.

....

....

....

....

....

4 **Identifier** les cinq enjeux intervenant dans le choix d'un produit d'entretien.

....

....

5 **Relier** les mesures à mettre en place à leurs enjeux (un enjeu peut avoir plusieurs mesures).

Mesures	Enjeux	Mesures
Savoir lire une étiquette de produit •	• Efficacité •	• Connaître le rôle des différents produits
Respecter le mode d'emploi •	• Sécurité •	• Utiliser des produits écologiques
Connaître les dangers d'utilisation •	• Hygiène – santé •	• Protéger l'environnement lors de l'utilisation
Utiliser correctement les protections mises à disposition •	• Environnement •	• Connaître les règles de rangement

Activité 2 Des produits d'entretien plus respectueux

OBJECTIF : Indiquer les impacts des activités de services sur l'environnement et repérer les mesures individuelles et collectives

Il existe plusieurs labels environnementaux qui sont recommandés par l'ADEME pour les produits pour lave-vaisselle, liquide vaisselle, lessive, nettoyant multi-usage, nettoyant WC, nettoyant vitres, nettoyant pour le sol. Ces labels signalent les produits qui limitent leurs impacts sur l'environnement (moins de rejets toxiques, plus facilement biodégradables...).
L'Écolabel européen permet de distinguer les produits présentant des impacts moindres sur l'environnement tout en garantissant des performances identiques aux produits analogues. C'est le seul logo écologique européen officiel utilisable dans tous les pays membres de l'Union européenne, qui présente la spécificité de tenir compte des impacts environnementaux sur l'ensemble du cycle de vie des produits.

EU Ecolabel www.ecolabel.eu

NATURE & PROGRES

ECO CERT ®

A.I.S.E. voluntary sustainability initiative - www.cleanright.eu

Doc. 3 Les produits d'entretien labellisés

1 Expliquer l'intérêt d'utiliser un produit d'entretien labellisé.

....

....

2 Entourer le label reconnu au niveau européen.

Des solutions existent pour maintenir une maison propre avec des produits moins toxiques pour votre santé et l'environnement. Mais ces produits basiques ou acides doivent aussi être utilisés avec précaution. Ne les surdosez pas et lisez bien les consignes ! Et si vous utilisez des huiles essentielles, sachez qu'elles peuvent être irritantes pour les voies respiratoires. Le bicarbonate de soude absorbe les odeurs, nettoie les surfaces, permet de déboucher les canalisations... ; le savon noir nettoie et dégraisse : une cuillère à soupe de savon noir dans un seau d'eau nettoie parfaitement les sols ; le vinaigre blanc permet de nettoyer casseroles, cafetière, argenterie, micro-ondes, salle de bain, etc. Cependant, ce produit étant acide, ne le versez pas en grande quantité dans vos toilettes ou éviers. Ne le mélangez jamais avec de l'eau de Javel ; le citron nettoie, désinfecte, désodorise : si vous placez un demi-citron dans la porte de votre réfrigérateur, il absorbera les mauvaises odeurs.

Achats : Moins de produits toxiques, Édition décembre 2019, © ADEME

Doc. 4 Nettoyer sa maison autrement

3 Retrouver, pour chaque action de nettoyage, une solution de remplacement moins toxique pour la santé et l'environnement.

Action d'entretien	Solution de remplacement
Dégraisser un évier	....
Nettoyer le sol	....
Désinfecter un plan de travail	....
Nettoyer le micro-ondes	....

FICHE 5 ACTIVITÉS

La tenue professionnelle et les EPI

COMPÉTENCES
- **C2.3.2** Entretenir l'environnement proche de la personne à domicile ou en structure
- **C2.3.1** Entretenir les locaux collectifs

Vidéo
Équipements de protection
www.lienmini.fr/9664-video2-1

Activité 1 Le port de la tenue professionnelle

OBJECTIFS : Justifier l'importance de la tenue professionnelle et l'usage des équipements de protection individuelle • Caractériser les éléments de la tenue professionnelle et en justifier l'usage en fonction de la situation

La tenue professionnelle est un élément majeur qui participe à la prévention du risque infectieux. En effet, elle a pour but de remplacer la tenue de ville afin de limiter le risque lié à la transmission des micro-organismes présents dans l'environnement.

La tenue est adaptée à l'activité pratiquée : blouse ou tunique/pantalon ou tenue dédiée.

La tenue est complétée par des chaussures spécifiques à l'activité, silencieuses, antidérapantes, facilement nettoyables, fermées sur le dessus, confortables et ergonomiques.

La tenue est revêtue tous les jours à la prise de poste et changée chaque jour, ou chaque fois qu'elle est souillée. Le plus souvent de couleur claire, elle est composée d'un mélange de polyester et de coton pour faciliter l'entretien et le lavage à haute température (60 °C).

Un lavage des mains est réalisé avant d'enfiler la tenue et après l'avoir retirée. Les cheveux sont propres et attachés s'ils sont longs, les ongles courts, propres et sans vernis, les mains et les poignets sans bijoux.

Doc. 1 La tenue professionnelle

1 **Souligner** l'objectif du port de la tenue professionnelle.

2 **Indiquer** les différents éléments d'une tenue professionnelle et ses caractéristiques.

Éléments de la tenue professionnelle	Caractéristiques
	....
	....

3 **Donner** les étapes préalables nécessaires avant le port de la tenue professionnelle et **justifier**.

....

....

Activité 2 L'utilisation des EPI

OBJECTIF : Caractériser les éléments de la tenue professionnelle et en justifier l'usage en fonction de la situation

La tenue professionnelle peut être complétée, selon les situations, par un ou plusieurs équipements de protection individuelle.

Surblouse à usage unique à manches longues : en cas d'exposition à des patients très infectieux.

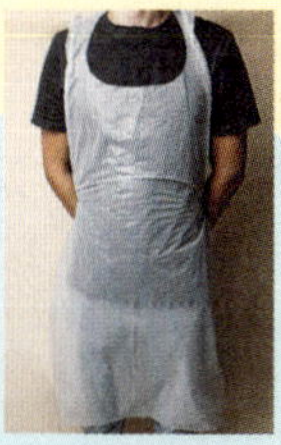

Tablier plastique à usage unique : pour toute tâche exposant à des risques de projections de produits chimiques ou liquides biologiques, il est également recommandé lors des tâches hôtelières : distribution et aide au repas.

Charlotte : obligatoire en cuisine collective et pour le service des repas. Elle permet d'éviter les contaminations et la chute des cheveux dans les préparations.

Les gants sont choisis en fonction du produit utilisé et de la durée de contact entre le gant et le produit chimique.

Les gants jetables

Les gants latex ou **vinyles** (peu allergénique, contrairement au latex) : pour la manipulation de produits chimiques comme les détergents-désinfectants.

Gants nitrile : pour la manipulation de produits agressifs de type acide fort.

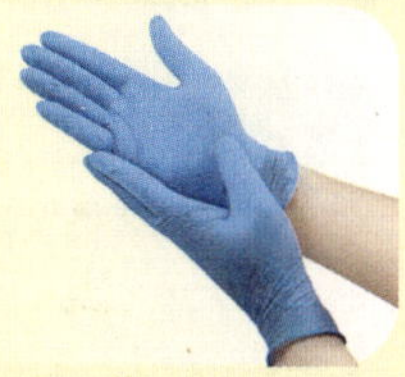

Gants réutilisables

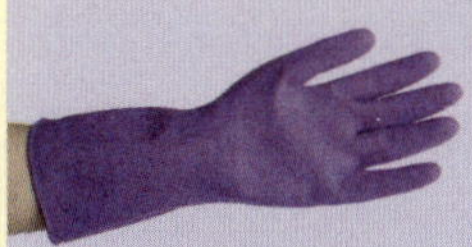

Gants de ménage : pour la manipulation des produits d'entretien, à réserver au domicile, déconseillés en milieu médical. Ils doivent être nettoyés à l'eau et au savon tous les jours et/ou désinfectés avec un détergent-désinfectant.

Lunettes de protection : en cas de projection de liquides biologiques ou chimiques, ou lors de la préparation des produits.

Doc. 2 Les équipements de protection individuelle (EPI)

1 **Donner** la signification de « EPI » et leur rôle.

....

....

2 **Indiquer** les EPI les plus adaptés à chaque situation.

Situation	EPI adaptés
Bionettoyage d'une chambre en EHPAD avec un détergent-désinfectant.	
Dilution d'une solution détartrante concentrée.	
Entretien d'une chambre à l'hôpital hébergeant un patient surinfecté par une bactérie multi-résistante.	
Nettoyage et utilisation de produits d'entretien à domicile.	
Distribution des repas dans un service de long séjour.	

Activité 3 Les précautions standard et complémentaires

OBJECTIF : Préciser l'objectif des précautions standards et complémentaires • Repérer les précautions standards et les précautions complémentaires

Les précautions standards (PS) constituent la base de la prévention de la transmission des micro-organismes. Elles doivent être appliquées par tous les professionnels de santé pour tout soin, en tout lieu et pour tout patient quel que soit son statut infectieux.

1. Hygiène des main
Désinfection hydroalcoolique des mains avant et après tout geste de soin. Lavage des mains au savon doux pour les mains visiblement souillées.

2. Gants
Si risque de contact avec du sang, des liquides biologiques, muqueuses, peau lésée. Une paire pour un soin pour un patient. Soin ou patient différent = changement de gants.

3. Masque et lunettes/visière
Si risque de projections de liquides biologiques. Lors de symptômes respiratoires (toux, rhinite…)

4. Surblouse et/ou tablier
Si risque de projection de liquides biologiques. Usage unique par patient.

5. Dispositifs médicaux et matériel
Privilégier le matériel à usage unique. Le matériel à usage multiple doit être retraité après chaque utilisation et en fonction du niveau de risque.

6. Linge
Planifier, séparer et respecter le circuit du linge sale et propre. Se désinfecter les mains avant de manipuler du linge propre et après avoir manipulé du linge sale.

7. Déchets
Utilisation des safe box pour les piquants/coupants/tranchants. Éliminer les autres déchets en respectant les filières d'élimination (excepté en ambulatoire et EMS, à jeter aux déchets urbains)

8. Environnement
Entretenir les locaux suivant leur classification en utilisant des produits détergents/désinfectants. Porter des gants et se désinfecter les mains au retrait.

9. Protection du personnel
Vaccination hépathite B. Couverture vaccinale conforme aux recommandations de l'OFSP. Procédure lors d'un accident avec exposition au sang (AES).

10. Protection des patients
Isoler les patients avec des signes d'infection dans les lieux d'accueil. Port de masque par le soignant et le patient si symptômes respiratoires.

Doc. 1 Les précautions standards

Les précautions complémentaires désignent les mesures d'hygiène à réaliser en complément des précautions standard afin de prévenir la transmission de certains micro-organismes pathogènes.

	Précautions complémentaires « contact »	Précautions complémentaires « gouttelettes »	Précautions complémentaires « air »
Quand ?	Pour tout patient suspect ou atteint d'une pathologie transmissible par contact liée à certains micro-organismes	Pour tout patient suspect ou atteint d'une infection contagieuse transmissible par gouttelettes (grippe)	Pour tout patient suspect ou atteint d'une pathologie transmissible par aérosols (tuberculose, rougeole, varicelle)
Comment ?	Protéger la tenue par un tablier à usage unique en cas de contact direct	Port du masque chirurgical dès l'entrée de la chambre par le soignant ou toute personne extérieure (visiteur, agent de nettoyage) et dès l'entrée à l'hôpital par le patient.	Port du masque respiratoire FFP2 dès l'entrée de la chambre par le soignant ou toute personne extérieure (visiteur, agent de nettoyage) et port du masque chirurgical dès l'entrée à l'hôpital par le patient.

Doc. 2 Les précautions complémentaires

1. **Souligner** l'objectif des précautions standard.
2. **Justifier** la mise œuvre des précautions complémentaires.

....

....

3. **Indiquer** un équipement de protection à porter par le personnel en complément des précautions standard dans le cas d'un patient atteint de symptômes respiratoires (grippe) et **justifier**.

....

....

FICHE 6 BILAN

L'hygiène professionnelle

Synthèse
www.lienmini.fr/9664-syn2

Entretien des locaux → Pollution de l'eau, de l'air, production de déchets, consommation d'énergie

Écoresponsabilité

Actions visant à limiter les impacts de son activité quotidienne sur l'environnement.

Écoresponsabilité dans sa pratique professionnelle

Choix des produits d'entretien

- Efficacité – sécurité – environnement – hygiène – santé
- Produits labellisés : impacts moindres sur l'environnement
- **À domicile :** nettoyer autrement avec des produits naturels (citron, savon noir, vinaigre…)

Caractéristiques de la tenue professionnelle

- Adaptée à l'activité pratiquée
- Tenue lavable à 60 °C
- Changée tous les jours, et lorsqu'elle est souillée
- Lavage des mains, avant, et après l'enfilage
- Cheveux propres et attachés
- Ongles courts, sans vernis
- Mains et poignets sans bijoux

Précautions standard et complémentaires

À appliquer par tous les personnels de santé afin d'éviter la transmission des micro-organismes

Tenue professionnelle

- Tunique et pantalon ou blouse
- Chaussures

EPI en complément

- Tablier à usage unique
- Surblouse manches longues à usage unique

En fonction du mode de transmission des micro-organismes : **précautions complémentaires** contact, gouttelettes et air

QCM
www.lienmini.fr/9664-qcm2

Situation professionnelle

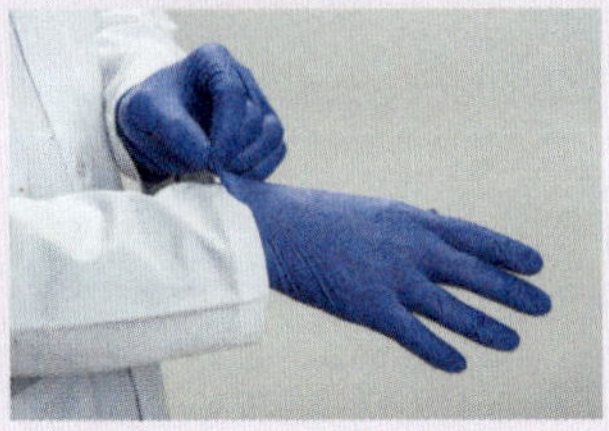

Vous venez d'être accepté en lycée professionnel en Bac pro ASSP. Vous allez réaliser plusieurs techniques professionnelles en entretien des locaux et service des repas.

Votre tenue professionnelle se compose d'une blouse en coton de couleur blanche et de sabots lavables et dédiés aux techniques professionnelles.

Pour découvrir les recommandations en matière d'hygiène et de respect de l'environnement que vous devez appliquer, votre professeur vous demande de vous mettre en tenue et de vous laver les mains selon la technique apprise en cours.

Vous visitez les locaux où vous allez effectuer les différents travaux pratiques et découvrez les produits d'entretien que vous utiliserez.

Répondre sur une feuille à part en respectant l'ordre des questions et en soignant la rédaction.

Questions de savoirs associés

1. **Indiquer** l'objectif du port de la tenue professionnelle.
2. **Expliquer** le choix du lycée d'une blouse en coton et de couleur blanche et de chaussures adaptées aux activités.
3. **Rappeler** les deux étapes préalables nécessaires avant le port de la tenue professionnelle et justifier.
4. **Indiquer** la signification de EPI et donner un exemple.
5. **Définir** l'écoresponsabilité.
6. **Observer** l'étiquette du produit d'entretien et expliquer en quoi ce produit est respectueux de l'environnement.
7. **Définir** « précautions standards » et « précautions complémentaires ».

FICHE 7 ACTIVITÉS

Le dépoussiérage manuel des surfaces

COMPÉTENCES
- **C2.3.2** Entretenir l'environnement proche de la personne, à domicile ou en structure
- **C2.3.1** Entretenir les locaux collectifs

Activité 1 Les techniques de dépoussiérage

OBJECTIFS : Expliquer le principe de la technique de dépoussiérage • Indiquer les critères de qualité du résultat • Justifier les règles d'hygiène, d'économie et d'écoresponsabilité

Dépoussiérage à sec
Il permet de capter simplement les salissures non adhérentes sur un chiffon doux sans utilisation de produit, idéal pour les surfaces délicates, mais moins efficace que le dépoussiérage humide.

Dépoussiérage humide
Il permet d'enlever la poussière grâce à des gazes pré-imprégnées d'agglutinant (huile minérale) ou simplement des lavettes humidifiées.

Dépoussiérage électrostatique
Il permet d'éliminer les salissures non adhérentes grâce à la force électrostatique. Ces lingettes dépoussiérantes sont composées de minuscules fibres torsadées et entremêlées qui attirent et retiennent les particules de poussières. Elles sont deux fois plus efficaces qu'un simple chiffon de dépoussiérage.

Doc. 1 Les différentes techniques de dépoussiérage

1 **Souligner** le type de salissures que le dépoussiérage permet d'éliminer.

2 **Relier** le matériel à la technique de dépoussiérage correspondante.

Dépoussiérage humide •

Dépoussiérage électrostatique •

Dépoussiérage à sec •

• 

• 

• 

3 **Choisir** et **justifier** la technique la plus efficace et la plus écoresponsable pour dépoussiérer le mobilier.

....

....

4 **Justifier** les étapes de la technique indiquées dans le tableau ci-après ▶ Fiche 9 • Technique.

Étapes	Justifications
1	....
2	....
4	....

Activité 2 Le dépoussiérage à domicile

OBJECTIFS : Expliquer le principe de la technique du dépoussiérage à domicile • Justifier les différentes étapes • Justifier les règles d'hygiène, de sécurité et d'économie

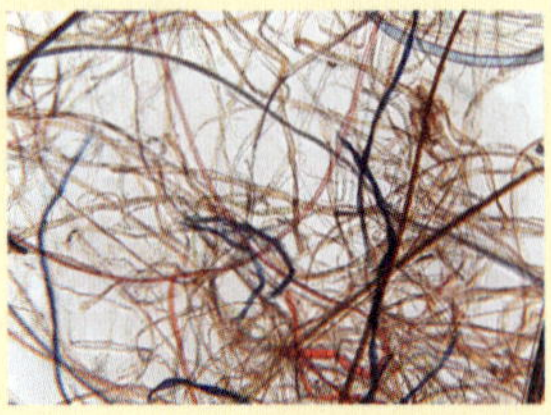

La poussière est présente en grande quantité dans les maisons. Ces particules de très petit diamètre sont mises en suspension dans l'air de nos habitations et peuvent provoquer de nombreuses allergies et difficultés respiratoires. Elles peuvent aussi être le support de micro-organismes et autres agents pathogènes. Leur composition varie en fonction des foyers mais on y trouve généralement : des fibres textiles, des poils et phanères humains et d'animaux, des spores et moisissures, des corps d'insectes morts ainsi que des déchets alimentaires.

Lors du dépoussiérage à domicile, il est important d'aérer au début et en fin de travail car pendant l'opération les particules seront seulement déplacées.

Le dépoussiérage peut s'effectuer avec un tissu d'essuyage, des lavettes microfibres ou des lingettes jetables, en procédant toujours du haut vers le bas et en déplaçant mobilier et objets afin d'éliminer la majorité des salissures non adhérentes. Il existe également des produits agglutinants à pulvériser qui évitent une redéposition immédiate des particules non adhérentes sur les meubles.

Doc. 1 Le dépoussiérage à domicile

1 **Justifier** l'intérêt du dépoussiérage à domicile.

....

....

....

2 **Souligner** les étapes essentielles pour réaliser un dépoussiérage efficace à domicile (doc. 1).

Il nettoie et donne un éclat durable à vos meubles. Il élimine les salissures et retarde la fixation des poussières sur toutes vos surfaces.

Avec sa formule à base d'agents nettoyants et antistatiques, il élimine 98 % des allergènes contenus dans la poussière. Il convient également aux surfaces modernes comme le plexiglas, le bois (vernis, mélaminé), le formica et l'émail.

Bien agiter. Vaporiser à 20 cm de la surface à dépoussiérer et essuyer avec un chiffon doux.

Précautions d'emploi

Aérosol extrêmement inflammable

Récipient sous pression : peut éclater sous l'effet de la chaleur. Tenir hors de portée des enfants.

Doc. 2 Un dépoussiérant antistatique

3 **Souligner** le mode d'emploi du produit (doc. 2).

4 **Compléter** le tableau en donnant deux avantages et deux inconvénients du produit dépoussiérant antistatique.

Avantages	Inconvénients
....	....
....	....

FICHE 8 ACTIVITÉS

Le lavage des vitres

Vidéo
Lavage des vitres
www.lienmini.fr/9664-video3

COMPÉTENCES
- **C2.3.2** Entretenir l'environnement proche de la personne, à domicile ou en structure
- **C2.3.1** Entretenir les locaux collectifs

Activité 1 Utiliser un produit naturel pour nettoyer les vitres

OBJECTIFS : Expliquer le principe de la technique de lavage des vitres à domicile • Justifier les règles d'économie et d'écoresponsabilité pour le lavage des vitres à domicile

Le vinaigre blanc est un produit naturel et efficace (antibactérien, économique et anticalcaire) qui permet de nettoyer les vitres sans laisser de traces.
Mélangez 750 mL d'eau tiède et 250 mL de vinaigre blanc. L'idéal est de faire ce mélange dans un spray ou un vaporisateur. Appliquez ce mélange eau/vinaigre blanc sur un chiffon microfibre et frottez vos vitres. Attention cependant à l'odeur du vinaigre blanc, qui peut incommoder certaines personnes.

Doc. 1 Nettoyer ses vitres de façon écologique

1 **Justifier** l'affirmation suivante : Pour entretenir le verre, il est conseillé d'utiliser des chiffons microfibres plutôt que des chiffons en coton qui peluchent ▶ Fiche 10 • Technique.

....

....

2 **Citer les avantages** du vinaigre blanc pour nettoyer les vitres.

....

....

Activité 2 Le lavage des vitres ▶ Fiche 10 • Technique

OBJECTIFS : Expliquer le principe de la technique de lavage des vitres • Expliquer les critères de qualité du résultat • Justifier les règles d'hygiène, de sécurité et les principes d'ergonomie, d'économie et d'écoresponsabilité pour le lavage des vitres

1 **Justifier** les règles de sécurité concernant le lavage des vitres.

Règles de sécurité	Justifications
Protéger le sol à l'aide d'une serpillière.	....
Utiliser une perche télescopique.	....
Le racloir à vitre doit être protégé dans un étui.	....

2 **Donner** une règle d'économie à respecter lors de la préparation de la solution de lavage des vitres.

....

....

3 **Identifier** les différents matériels de lavage des vitres à l'aide de la description avec les termes proposés.

Raclette – Seau à vitres – Mouilleur – Perche télescopique – Racloir (ou grattoir)

Matériel de lavage des vitres		Description
1 	....	Housse amovible en coton ou en microfibres sur un support cylindrique en T, sert à laver la surface vitrée.
2 	....	Lame de rasoir adaptée sur un support en plastique, permet d'éliminer les salissures très adhérentes.
3 	....	Lame de caoutchouc insérée dans une armature métallique munie d'une poignée, permet de sécher la surface en éliminant la solution de lavage.
4 	....	Composée de deux tubes encastrables fixés sur un manchon de serrage, permet d'atteindre les vitres en hauteur.
5 	....	Seau spécifique de forme rectangulaire avec grille d'essorage du mouilleur, contient la solution détergente.

4 **Relier** les conseils pour le lavage des vitres à la justification correspondante.

Conseils

- Éviter de nettoyer les vitres par temps ensoleillé et chaud. •
- Essuyer la raclette entre chaque passage. •
- Toujours utiliser le racloir sur une surface préalablement mouillée. •
- La pression sur la raclette doit être légère et régulière. •

Justifications

- • Pour éviter toute rayure.
- • Pour éviter de tordre la lame et de laisser des traces sur la vitre.
- • Pour éviter que le produit ne sèche trop vite et laisse des traces.
- • Pour éviter de faire des traces d'eau savonneuse sur la vitre.

5 **Retrouver** trois critères de qualité du résultat concernant le lavage des vitres.

....

....

....

....

FICHE 9 TECHNIQUE

Le dépoussiérage des surfaces

COMPÉTENCES
- **C2.3.2** Entretenir l'environnement proche de la personne, à domicile ou en structure
- **C2.3.1** Entretenir les locaux collectifs

MATÉRIEL

- Chiffons, lavette, lavette microfibre
  OU tout autre tissu spécifique au dépoussiérage
- Gants
- Pulvérisateur

PRODUITS

- Eau

OU

- Produit dépoussiérant adapté au matériau

ÉTAPES PRÉALABLES

- Se mettre en tenue professionnelle.
- Se laver les mains, mettre les gants en cas d'allergie.
- Si possible, ouvrir les fenêtres pour aérer la pièce.

Autocontrôles

- Contrôler la propreté visuelle du matériel nécessaire à l'entretien.
- Contrôler la conformité du produit utilisé pour le dépoussiérage.

TECHNIQUE

☐ **1** Ouvrir les fenêtres pour aérer la pièce avant d'effectuer le dépoussiérage.

☐ **2** Plier la lavette ou le tissu d'essuyage en quatre.

☐ **3** Vaporiser le produit dépoussiérant adapté sur la lavette.

☐ **4** Dépoussiérer.

– Pour les surfaces planes : travailler en bandes parallèles.

– Pour les bordures : placer la main en crochet.

– Pour le piétement : essuyer de haut en bas.

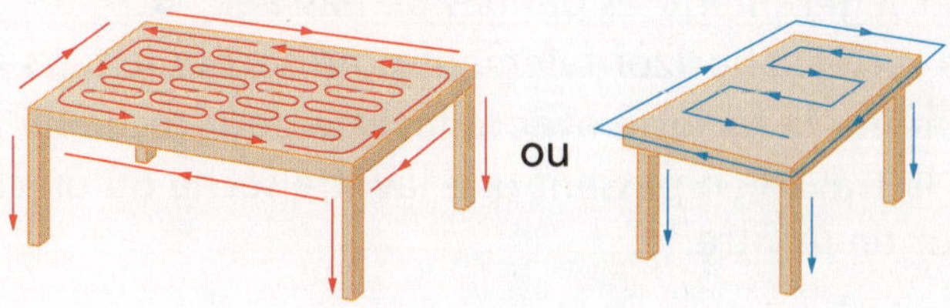

– Pour les surfaces verticales : travailler en bandes parallèles et toujours du haut vers le bas.

☐ **5** Se laver les mains.

CRITÈRES DE QUALITÉ

- Contrôler la propreté visuelle : absence de salissures non adhérentes sur la surface, de traces de produit.
- Contrôler la propreté du matériel avant rangement.

FICHE 10 TECHNIQUE

Le lavage des vitres

COMPÉTENCES
- **C2.3.2** Entretenir l'environnement proche de la personne, à domicile ou en structure
- **C2.3.1** Entretenir les locaux collectifs

MATÉRIEL

- Mouilleur ou éponge
- Racloir (grattoir) à vitres
- Seau à vitres
- Perche télescopique ou escabeau
- Lavette en microfibres ou chiffon non pelucheux

PRODUITS

- Produit spécial vitres
OU détergent vaisselle
OU mélange vinaigre blanc et eau

ÉTAPES PRÉALABLES

- Se mettre en tenue professionnelle.
- Rassembler le matériel nécessaire.
- Préparer la solution détergente dans le seau.
- Préparer le poste de travail : protéger le sol à l'aide d'une serpillière.

Autocontrôles

- Contrôler la propreté visuelle du matériel nécessaire à l'entretien.
- Contrôler l'état de la lame en caoutchouc de la raclette et de la lame de rasoir du racloir.

TECHNIQUE

☐ **1** Réaliser le dépoussiérage de l'encadrement, ou le lavage si nécessaire, avec la lavette humide.

☐ **2** Laver la totalité de la surface vitrée au mouilleur ou à l'éponge :
– Détourer la surface en insistant bien dans les angles. ❶
– Frotter en décrivant des spirales, en insistant sur les saletés adhérentes (utiliser le racloir si nécessaire). ❷

☐ **3** Essuyer à la raclette.
– Tirer la raclette de haut en bas sur les ¾ supérieurs de la vitre en faisant chevaucher légèrement les bandes de passage. ❸
– Passer la raclette horizontalement pour sécher le tiers inférieur de la vitre. ❹
– Accompagner la raclette avec la lavette pour recueillir les gouttes d'eau. ❺
– Parfaire le travail en passant une lavette sèche ou un chiffon non pelucheux sur le pourtour de la vitre.

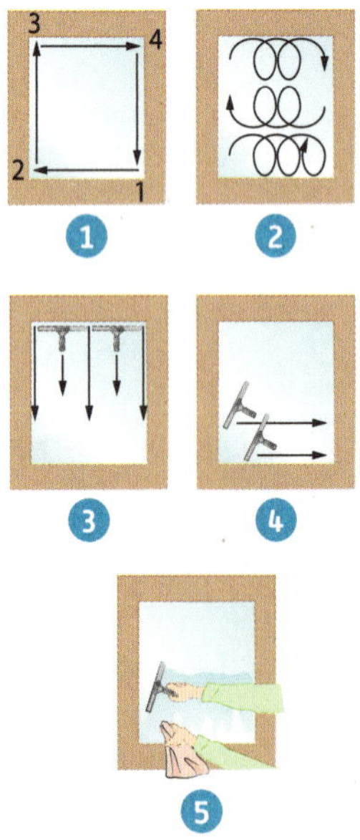

Recommandations :
– Essuyer la lame de la raclette entre chaque passage.
– Éviter de laisser sécher la solution de lavage sur la vitre.
– Utiliser la perche ou l'escabeau pour les vitres en hauteur.

☐ **4** Nettoyer et ranger le matériel utilisé.

CRITÈRES DE QUALITÉ

- Contrôler la propreté visuelle : absence de salissures, de traces de produit et de traces de passage de la raclette sur la surface vitrée, absence de coulures sur l'encadrement et les murs, absence de traces d'eau au sol.
- Contrôler la propreté du matériel avant rangement.

FICHE 11 BILAN

L'entretien des surfaces

Synthèse
www.lienmini.fr/9664-syn3

DÉPOUSSIÉRAGE MANUEL DES SURFACES

Différentes techniques à choisir en fonction de la surface à dépoussiérer et de l'efficacité recherchée :

Dépoussiérage à sec

Dépoussiérage humide

Dépoussiérage électrostatique

OBJECTIF

Éliminer les salissures non adhérentes

ACTION

Dépoussiérer toute la surface en respectant la règle du **moins sale au plus sale** et du **haut vers le bas** avec des produits spécifiques pour les meubles en bois par exemple

NETTOYAGE DES SURFACES VITRÉES

Entretien avec du matériel spécifique : mouilleur, racloir, raclette, perche télescopique, seau et grille, produit spécial vitre ou détergent

PRODUITS

- **Produit adapté pour les vitres**
- **Produit vaisselle**
- **Mélange vinaigre blanc et eau**

VINAIGRE BLANC

Produit naturel et efficace :
- Antibactérien
- Anticalcaire
- Économique

Analyse de situation

QCM
www.lienmini.fr/9664-qcm3

Situation professionnelle

Agent de service hospitalier, vous devez effectuer l'entretien hebdomadaire des bureaux du service administratif de la clinique de soins de suites où vous travaillez depuis quelques semaines.

Vous devez réaliser le dépoussiérage du mobilier. Vous vous apercevez également que les portes en verre des bureaux sont tachées suite à leur récente réparation. Vous décidez de les nettoyer après le dépoussiérage. Vous avez à votre disposition votre chariot de ménage équipé de plusieurs seaux, lavettes microfibres, raclettes, d'une perche télescopique, d'un racloir et d'un produit adapté pour les vitres.

Vous remarquez des traces d'adhésif sur la porte vitrée. Vous commencez à frotter avec une lavette microfibre sans succès. Vous vous demandez comment les enlever sans faire de traces ni de rayures.

Répondre sur une feuille à part en respectant l'ordre des questions de savoirs associés et en soignant la rédaction.

1. **Indiquer** l'objectif du dépoussiérage des surfaces.
2. **Préciser** la technique de dépoussiérage la plus écoresponsable en justifiant votre réponse.
3. **Citer** les avantages du vinaigre blanc pour le lavage des vitres.
4. **Donner** trois règles de sécurité à respecter lors du lavage des vitres en collectivité.
5. **Retrouver** les trois critères de qualité attendus lors du lavage des vitres.
6. **Relever** le dysfonctionnement observé dans la situation.
7. **Proposer** une action corrective.

FICHE 12 ACTIVITÉS

Le dépoussiérage manuel des sols

Vidéo
Balayage humide
www.lienmini.fr/9664-video4

COMPÉTENCES
- **C2.3.2** Entretenir l'environnement proche de la personne, à domicile ou en structure
- **C2.3.1** Entretenir les locaux collectifs

Activité 1 Le balayage humide des sols

OBJECTIFS : Expliquer le principe du balayage humide des sols • Indiquer les critères de qualité du résultat • Justifier les règles d'hygiène, de sécurité, les principes d'ergonomie, d'économie et d'écoresponsabilité

• Le balayage humide est une technique utilisée en milieu hospitalier ou dans les locaux de collectivités, qui permet de retenir et d'éliminer 90 % des poussières présentes sur un sol lisse et sec. Efficace et hygiénique, cette méthode abaisse le niveau de contamination et facilite le lavage des sols en piégeant la majorité des salissures non adhérentes contrairement au balayage à sec qui peut remettre en suspension jusqu'à 35 % des poussières présentes au sol (1 gramme de poussière peut contenir jusqu'à 1,5 million de bactéries).

• Le balayage humide se réalise grâce à un balai trapèze. Ce balai est constitué **d'un manche en aluminium** terminé par **une rotule d'articulation** fixée à **une semelle** dont la forme particulière permet d'accéder à tous les recoins d'une pièce. Sur la semelle est fixée une **gaze pré-imprégnée d'agglutinant**, d'où le terme de balayage humide.

Doc. 1 Le balayage humide, c'est quoi ?

1 **Indiquer** l'objectif du balayage humide.

....

....

2 **Souligner** les avantages du balayage humide.

• Composition : 100 % viscose, 15 % d'imprégnation d'huile minérale.

• Alternative pratique, notamment en milieu hospitalier, permettant d'utiliser une gaze par chambre en évitant tout risque de contaminations croisées, conditionnée en sachet à refermer hermétiquement pour éviter la perte des propriétés agglutinantes.

Doc. 2 Les gazes pré-imprégnées pour le balayage humide

3 **Expliquer** pourquoi le balayage humide est la méthode de balayage obligatoire en milieu hospitalier et conseillée en structure collective.

....

....

....

4 **Souligner** une précaution d'emploi des gazes pré-imprégnées et **justifier** votre réponse.

....

5 Compléter le tableau en indiquant soit le nom des organes du balai trapèze, soit la fonction des différentes parties qui le constituent.

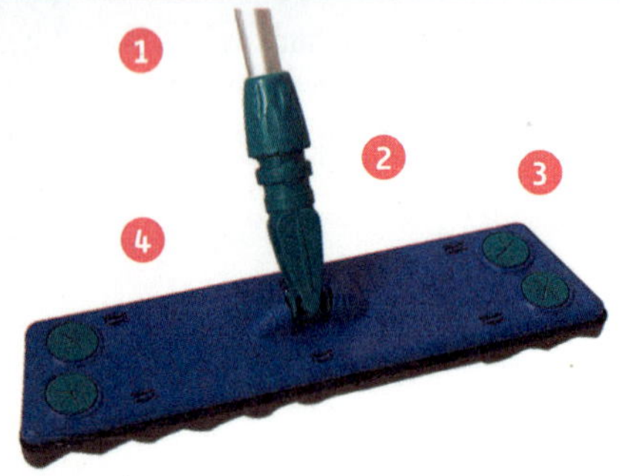

	Organes	Fonctions
1	Manche en aluminium	▸ ....
2	....	▸ Permet la rotation du balai.
3	Clips de fixation	▸ ....
4	....	▸ Support de la gaze, sa forme trapézoïdale permet d'aller dans tous les recoins.

Activité 2 L'utilisation du balai trapèze ▸ Fiche 14 • Technique

OBJECTIFS : Expliquer la fonction globale du balai trapèze • Identifier les consignes d'utilisation, de nettoyage et de maintien en état

1 Justifier les différentes étapes de la technique indiquées dans le tableau ci-dessous.

Étapes	Justifications
1	....
2	....
3	....
4	....
5	....

2 Expliquer pourquoi il est important d'effectuer le détourage pour la technique à la godille.

....

....

....

3 Relier chaque situation présentée à la technique la plus appropriée.

Situations	Techniques
Le couloir d'un EHPAD •	
Une salle de classe en maternelle •	• Technique au poussé
Hall d'accueil d'une clinique •	• Technique à la godille
Chambre en milieu hospitalier •	

4 Relever deux critères de qualité de résultat après le balayage humide d'une pièce.

....

....

5 Justifier le nettoyage et la désinfection du balai trapèze après utilisation.

....

....

6 **Compléter** le tableau suivant en indiquant s'il s'agit du maintien en état, de l'entretien quotidien ou hebdomadaire du balai trapèze.

	Utilisation	Entretien	Maintenance
Ne jamais soulever le balai une fois la gaze en place.	....	....	....
Bionettoyer les différentes parties du balai trapèze.	....	....	....
Vérifier les points d'ancrage.	....	....	....
Vérifier l'état de la semelle.	....	....	....
Détacher la gaze du balai trapèze en la maintenant au sol.	....	....	....
Vérifier l'articulation mobile du manche sur le balai trapèze.	....	....	....

• Une microfibre est constituée de fibres, mélange de polyester et de polyamide, extrêmement fines. Les fibres « splitées », ou en forme d'étoile, ont un diamètre de l'ordre du micromètre. Plus une microfibre est fine et plus son pouvoir nettoyant est fort. Une microfibre agit avec une forte action mécanique pour racler et décrocher les salissures du support et une forte capacité d'absorption à l'intérieur du réseau dense de ses filaments.

Utilisées à sec, les microfibres enlèvent la poussière, car elles sont naturellement électrostatiques.

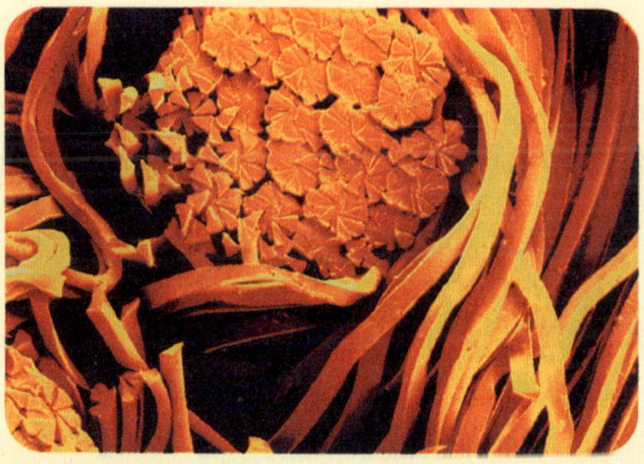

Action mécanique d'une microfibre

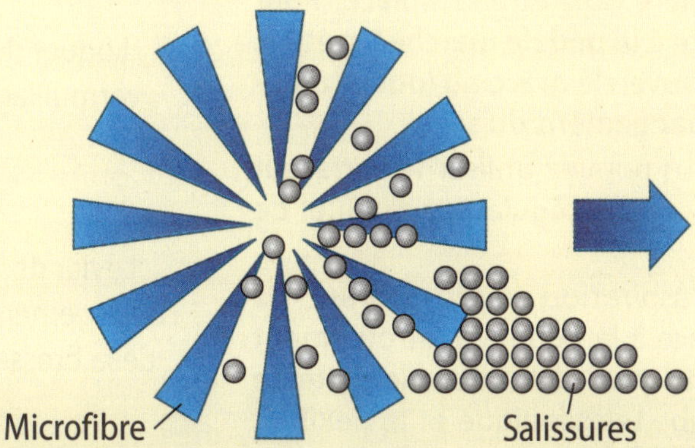

• De nombreux fabricants utilisent cette technologie pour proposer des lavettes en microfibres pour le balayage humide ou le lavage. L'avantage est de permettre un dépoussiérage écologique et économique, deux fois plus performant qu'une gaze pré-imprégnée. Les lavettes sont ensuite lavées et réutilisées.

Doc. 3 L'utilisation des microfibres pour le dépoussiérage

7 **Souligner** les caractéristiques des lavettes en microfibres pour le dépoussiérage à sec et humide.

8 **Justifier** l'utilisation de ces lavettes microfibres pour le dépoussiérage d'un point de vue économique et écologique.

....

....

....

FICHE 13 ACTIVITÉS

Le dépoussiérage mécanique des sols

COMPÉTENCES
- C2.3.2 Entretenir l'environnement proche de la personne, à domicile ou en structure
- C2.3.1 Entretenir les locaux collectifs

Activité 1 Le dépoussiérage mécanique des sols

▶ Fiche 14 • Technique

OBJECTIFS : Expliquer la fonction globale de l'aspirateur • Identifier les consignes d'utilisation, de nettoyage et de maintien en état • Justifier les fréquences des opérations d'entretien • Énumérer les règles de sécurité à respecter lors de l'utilisation et l'entretien de l'aspirateur

Le fonctionnement de l'aspirateur est simple : **un suceur brosse** 3 redresse les fibres et retient la poussière. Le moteur crée un flux d'air qui aspire les salissures non adhérentes de petite dimension et les entraîne à l'intérieur de l'appareil.

Le flexible 1 et **le tube télescopique** 2 permettent d'orienter l'aspiration et assurent la fluidité des mouvements.

Les déchets sont collectés dans un sac à poussières. Si **le témoin du niveau de remplissage du sac** 5 est entièrement rouge alors que la puissance d'aspiration est réglée au maximum, le sac à poussière doit être remplacé. Pour cela, éteignez l'appareil grâce à **la pédale marche/arrêt** 7, débranchez-le et ouvrez le couvercle grâce **au loquet d'ouverture** 4 et procédez au changement du sac.

Pour régler le débit d'air, vous pouvez utiliser **le variateur électronique de puissance** 6 ou **le régulateur manuel de débit** 10 .

Lorsque vous avez terminé l'aspiration du sol, débranchez l'appareil, enroulez le fil grâce à **la pédale d'enroulement automatique du cordon électrique** 8 et utilisez **le système parking** 9 pour ranger le tube télescopique et le flexible.

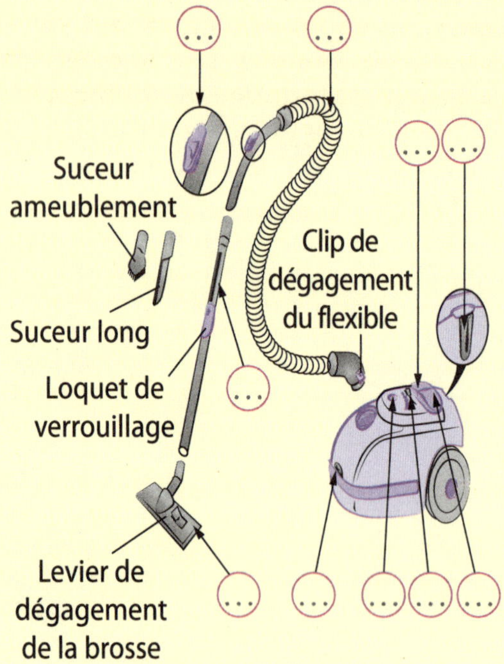

Doc. 1 Le fonctionnement de l'aspirateur

1 **Indiquer** la fonction globale de l'aspirateur à poussière.

....

....

....

2 **Replacer** les organes de l'appareil, en gras dans le texte, en reportant les numéros sur le schéma.

3 **Indiquer** les opérations à effectuer lorsque le témoin de niveau de remplissage du sac s'allume.

....

....

....

4 **Repérer** si chaque consigne est une consigne d'utilisation, d'entretien ou de sécurité de l'aspirateur en cochant dans le tableau.

	Consignes d'utilisation	Consignes d'entretien	Consignes de sécurité
Ne pas utiliser l'appareil si le câble est endommagé ou défectueux.	....	....	....
Régler la hauteur du tube télescopique.	....	....	....
Ne pas aspirer d'eau ou autres liquides.	....	....	....
Vérifier régulièrement l'état du sac à poussière.	....	....	....
Nettoyer et dépoussiérer l'appareil après utilisation	....	....	....

5 **Justifier** les étapes de la technique indiquée dans le tableau ci-contre.

1	....
3	....
6	....

6 **Relier** le type de sol à l'action mécanique correspondante : brosse rentrée ou sortie.

Revêtement en bois •	• Brosse rentrée
Revêtement textile •	• Brosse sortie
Carrelage •	

L'aspirateur sans sac se distingue des autres modèles parce qu'il contient un bac à poussières à la place du sac en papier. Plus besoin d'acheter de sacs, il suffit de vider le bac à poussières après utilisation. La technologie de ce type d'appareil offre une grande efficacité (l'air est projeté dans la cuve où un filtre est chargé de retenir les particules). Ces aspirateurs sont écologiques et permettent d'économiser des sacs et de lutter contre le gaspillage. Il est cependant important de bien l'entretenir (vider et nettoyer le bac et le filtre) sous peine de perdre en qualité d'aspiration. Ces modèles sont souvent plus lourds, plus bruyants et plus chers que les aspirateurs classiques.

Doc. 2 **L'aspirateur sans sac**

7 **Souligner** les avantages de l'aspirateur sans sac par rapport à un aspirateur classique.

8 **Indiquer** la consigne à respecter pour garder une bonne qualité d'aspiration.

....

....

Activité 2 L'aspirateur eau et poussières

OBJECTIFS : Expliquer la fonction globale d'un aspirateur eau/poussières • Identifier les consignes d'utilisation, de nettoyage et de maintien en état • Énumérer les règles de sécurité à respecter lors de l'entretien de l'appareil

Les aspirateurs eau et poussières sont très utilisés par les entreprises de nettoyage. Suivant l'accessoire utilisé (filtre et sac poussières ou filtre mousse), cet appareil peut aspirer des salissures non adhérentes ou des liquides. Le principe de fonctionnement est le même que celui de l'aspirateur à poussières.

Lors de l'aspiration des liquides, l'appareil est équipé d'un flotteur qui bloque l'aspiration lorsque la cuve est pleine pour protéger le bloc moteur.

Entretien

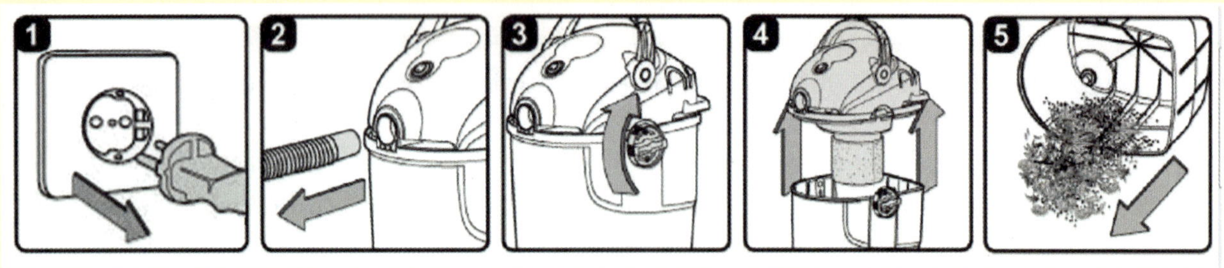

1- Assurez-vous que l'appareil n'est pas branché sur le secteur

2- Retirez le flexible de la cuve

3 et 4 - Relevez les attaches de la cuve et retirez la partie supérieure

5- Vérifiez les tuyaux et raccords et le câble d'alimentation quant à d'éventuels dommages

6- Vérifiez et changez si besoin les filtres pour conserver l'efficacité de l'aspiration

7- Vérifiez le flotteur : prenez la partie supérieure de l'appareil par la poignée et retournez-la avec précaution de façon à ce que le logement du filtre soit tourné vers le haut. Le flotteur doit pouvoir se déplacer librement vers le haut et vers le bas.

Doc. 3 Aspirateur eau/poussières

1 **Indiquer** la fonction globale d'un aspirateur eau/poussières.

....

....

2 **Relever** l'organe qui permet de protéger le moteur lors du remplissage de la cuve par des liquides.

....

....

3 **Justifier** la première consigne d'entretien.

....

....

....

4 **Souligner** trois opérations d'entretien qui permettent de garantir l'efficacité de l'aspiration.

FICHE 14 TECHNIQUE

Le balayage humide des sols

COMPÉTENCES
- **C2.3.2** Entretenir l'environnement proche de la personne, à domicile ou en structure
- **C2.3.1** Entretenir les locaux collectifs

MATÉRIEL

- Balai trapèze
- Pelle et balayette
- Gants
- Sac poubelle

PRODUITS

- Gaze pré-imprégnée d'agglutinant

ÉTAPES PRÉALABLES

- Se mettre en tenue professionnelle.
- Se laver les mains, mettre les gants.
- Si possible, ouvrir les fenêtres pour aérer la pièce.

Autocontrôles

- Contrôler la propreté visuelle du matériel nécessaire à l'entretien.

TECHNIQUE

☐ **1** Se mettre en position pour fixer la gaze : plier les jambes, un genou au sol en gardant le dos droit. Poser le balai trapèze sur la gaze au sol, et le manche du balai contre l'épaule.

☐ **2** Une fois la gaze en place, ne jamais soulever le balai ni revenir en arrière.

☐ **3** Le grand côté du trapèze est positionné dans le sens du déplacement du balai.

☐ **4** Suivant l'encombrement de la pièce, deux techniques sont préconisées :

- **Technique au poussé** pour les pièces dégagées ou les couloirs : pousser le balai devant soi en commençant par les bords de la pièce et en terminant par la partie centrale.
- **Technique à la godille** pour les pièces encombrées : commencer en effectuant un détourage le long des plinthes. Puis procéder en reculant en dessinant des S, en chevauchant légèrement les bandes.

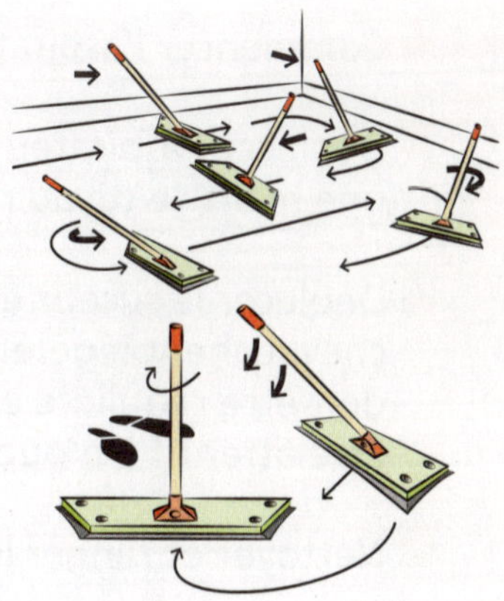

☐ **5** À la fin du travail, détacher la gaze du balai trapèze en la maintenant au sol. Enfermer les salissures à l'intérieur en repliant la gaze, puis l'évacuer en utilisant la pelle et la balayette.

☐ **6** Nettoyer et ranger le matériel utilisé.

CRITÈRES DE QUALITÉ

- Absence de salissures non adhérentes.
- Absence de traces d'agglutinant au sol.

FICHE 15 TECHNIQUE

Le dépoussiérage mécanique des sols

COMPÉTENCES
- **C2.3.2** Entretenir l'environnement proche de la personne, à domicile ou en structure
- **C2.3.1** Entretenir les locaux collectifs

MATÉRIEL

- Aspirateur et ses accessoires : tuyau flexible, tuyau télescopique rigide, le ou les suceurs
- Poubelle, pelle, balayette (pour les gros déchets), lavette

ÉTAPES PRÉALABLES

- Se mettre en tenue professionnelle.
- Se laver les mains, mettre les gants.
- Si possible, ouvrir les fenêtres pour aérer la pièce.

Autocontrôles

- Contrôler la propreté visuelle du matériel nécessaire à l'entretien.

TECHNIQUE

☐ **1** Préparer le matériel : régler la hauteur du tuyau télescopique de façon à garder le dos droit.

☐ **2** Régler le suceur en fonction de la nature du sol :
– Sol lisse : brosse sortie 1.
– Sol textile : brosse rentrée 2.

☐ **3** Ramasser les déchets trop gros pour être aspirés.

1

2

☐ **4** Commencer l'aspiration au fond de la pièce 1.

☐ **5** Déplacer l'aspirateur en tenant le flexible dans une main, le tuyau rigide de l'autre.

☐ **6** Déplacer le suceur en bandes parallèles qui se chevauchent légèrement, la vitesse de déplacement doit être régulière et assez lente.
Être attentif à n'oublier aucune zone 2.

☐ **7** Nettoyer et ranger le matériel.

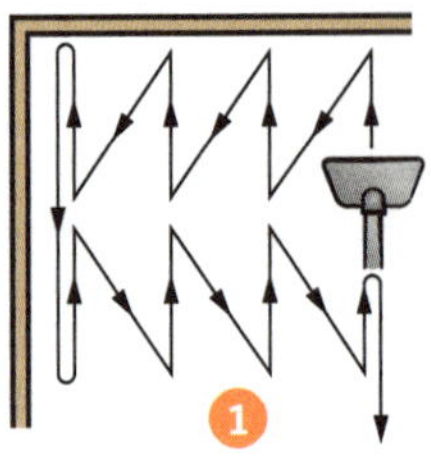
1

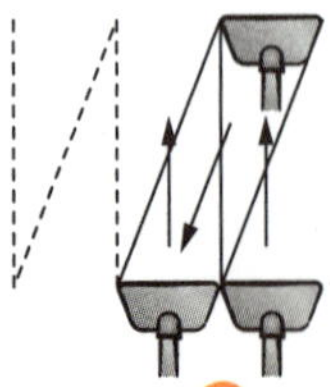
2

CRITÈRES DE QUALITÉ

- Absence de poussières et de salissures non adhérentes.
- Sol uniformément propre.

FICHE 16 BILAN

Le dépoussiérage des sols

Synthèse
www.lienmini.fr/9664-syn4

DÉPOUSSIÉRAGE DES SOLS → Élimine les salissures non adhérentes des surfaces.

DÉPOUSSIÉRAGE MANUEL

Balai trapèze et gaze pré-imprégnée

- Efficace et hygiénique.
- Matériel extra-plat et léger.
- Permet d'accéder à tous les recoins d'une pièce.

Technique au poussé pour les espaces dégagés.

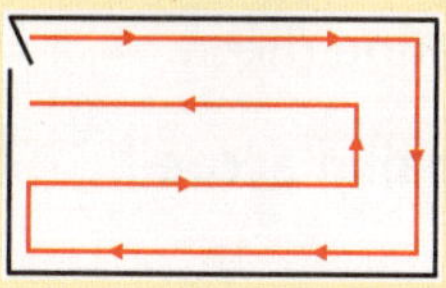

Technique à la godille pour les espaces encombrés.

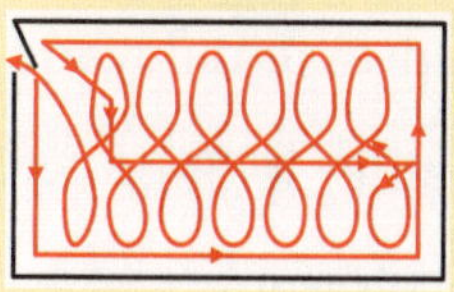

DÉPOUSSIÉRAGE MÉCANIQUE

Aspirateur à poussière

Élimine par aspiration les poussières et les salissures présentes au sol.

⚠ **Sécurité**

- Ne pas utiliser l'appareil si le câble est endommagé.
- Ne pas aspirer d'eau ou d'autres liquides.

Aspirateur eau/poussières

Élimine par aspiration les poussières ou les liquides.

Aspirateur sans sac

- Efficace.
- Écologique.
- Entretien rigoureux pour garder une bonne efficacité.

Analyse de situation

QCM
www.lienmini.fr/9664-qcm4

Situation professionnelle

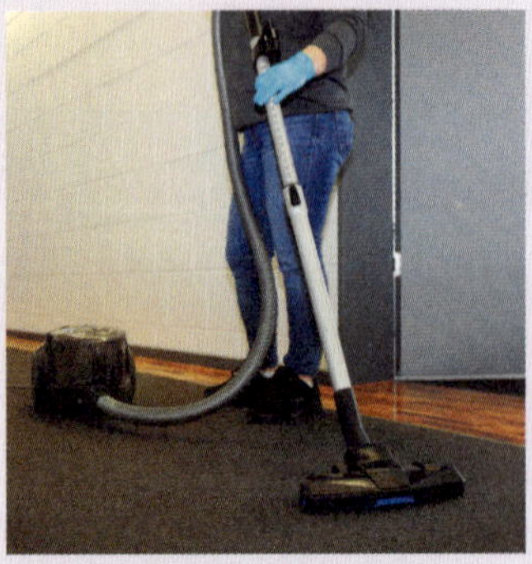

Vous travaillez dans un établissement pour personnes âgées. Vous êtes chargé de l'entretien quotidien du sol des parties communes. Vous procédez au dépoussiérage manuel des sols souples du hall d'accueil et de la salle commune à l'aide d'un balai trapèze et de gazes pré-imprégnées. Le sol de la bibliothèque doit être dépoussiéré mécaniquement (c'est un revêtement textile) avec l'aspirateur à disposition dans la structure.

Vous vous apercevez que l'aspiration est de moins en moins efficace lorsque vous dépoussiérez le revêtement textile de la bibliothèque.

Extrait notice aspirateur

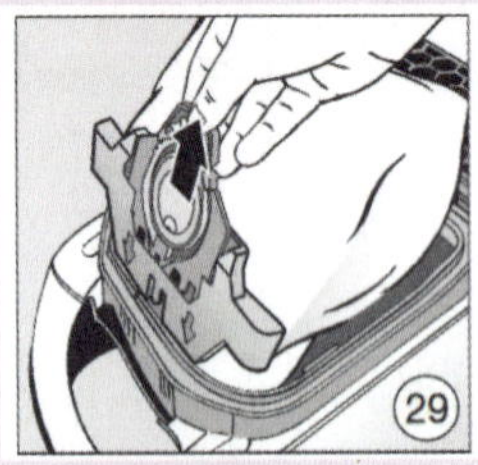

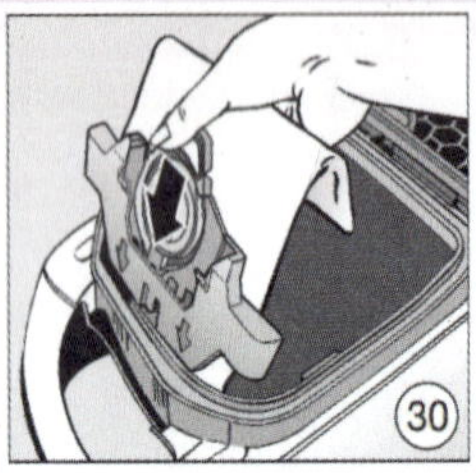

L'aspirateur est équipé d'un triple système de filtrage :
- Sac à poussières
- Filtre moteur
- Filtre d'évacuation

Pour que l'aspiration fonctionne avec la puissance d'aspiration maximale, ces filtres doivent être remplacés régulièrement.

Comment remplacer le filtre moteur ?

- Ouvrez le compartiment à poussière
- Sortez le sac de son logement en le tenant par la poignée
- Ouvrez la grille du filtre et retirez le filtre moteur
- Refermez la grille
- Placez le nouveau sac à poussières et enfoncez-le jusqu'à la butée jusqu'au clic en faisant attention à ne pas coincer le sac.

©Miele

Répondre sur une feuille à part en respectant l'ordre des questions et en soignant la rédaction.

1. **Indiquer** l'objectif du dépoussiérage manuel des sols.
2. **Rappeler** les avantages du balayage humide et justifier son utilisation en milieu hospitalier.
3. **Donner** les deux critères de qualité de résultat après le balayage humide d'une pièce.
4. **Indiquer** la méthode la plus appropriée pour réaliser le dépoussiérage du hall d'accueil.
5. **Expliquer** le principe de fonctionnement d'un aspirateur.
6. **Relever** le dysfonctionnement observé dans la situation.
7. **Proposer** une action corrective.

FICHE 17 ACTIVITÉS

Le lavage manuel des sols

Vidéo
Nettoyage écologique
www.lienmini.fr/9664-video5-1

COMPÉTENCES
- **C2.3.1** Entretenir l'environnement proche de la personne, à domicile ou en structure
- **C2.3.2** Entretenir les locaux collectifs

Activité 1 Le lavage des sols

OBJECTIFS : Expliquer le principe du lavage manuel des sols • Justifier les règles d'économie et d'écoresponsabilité dans l'entretien des sols

Le lavage manuel des sols permet de décoller et dissoudre les salissures adhérentes présentes sur un sol lavable. Cette technique agit par action chimique de la solution de lavage et action mécanique du balai rasant et de l'opérateur, complétées éventuellement par l'action de la température de l'eau. Elle permet d'obtenir une propreté visuelle et une propreté hygiénique ou microbiologique en réduisant le nombre de micro-organismes présents sur le sol.

Doc. 1 Définition

1 **Souligner** les objectifs du lavage manuel des sols (doc. 1).

2 **Compléter** le tableau en expliquant les actions mécanique et chimique mises en œuvre lors du lavage du sol.

Action mécanique	....
Action chimique	....

L'usage raisonné des détergents et des désinfectants doit être pris en compte dans le choix des techniques d'entretien intégrant une démarche de développement durable. Pour le lavage des sols, la tendance évolue vers l'utilisation des détergents et non plus des détergents-désinfectants, ou vers un nettoyage sans produits. En effet, les produits détergents-désinfectants ont l'inconvénient d'être faiblement détergents et de former un film favorisant l'encrassement, notamment en l'absence de rinçage. En remplacement des produits, le lavage des sols peut se faire avec des procédés eau/microfibres. Grâce à leur texture, les bandeaux en microfibres augmentent l'action mécanique et permettent de désincruster et de retenir les impuretés contenant également les micro-organismes.

Doc. 2 L'entretien écologique des sols

3 **Souligner** l'inconvénient des détergents-désinfectant utilisés pour le lavage des sols (doc. 2).

4 **Indiquer** une solution écoresponsable utilisée pour l'entretien des sols en milieu hospitalier.

....
....
....
....

Activité 2 Le lavage des sols par la méthode des deux seaux

▸ Fiche 20 • Technique

OBJECTIFS : Expliquer le principe du lavage des sols par la méthode des deux seaux • Indiquer les critères de qualité du résultat • Justifier les règles d'hygiène, de sécurité, les principes d'ergonomie et d'économie

Le lavage du sol peut s'effectuer en utilisant un chariot de lavage à deux seaux et un balai rasant ou un balai de lavage à plat.
Un chariot est équipé d'un seau bleu contenant la solution de lavage et d'un seau rouge contenant l'eau de rinçage. Le seau rouge est équipé d'une presse pour essorer le balai de lavage à plat. C'est la méthode la plus utilisée, elle permet de laver une grande surface de façon hygiénique et ergonomique.

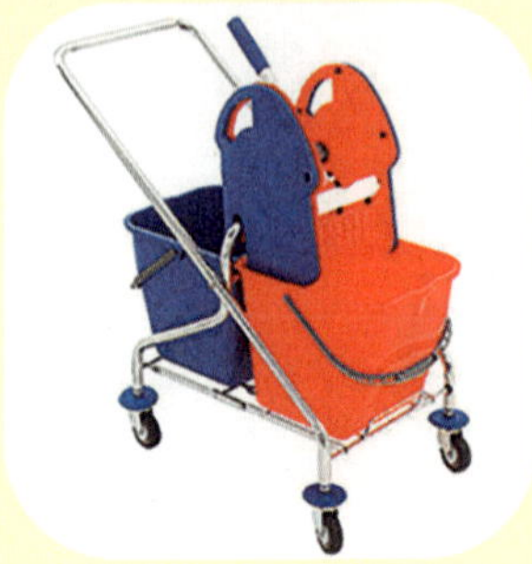

Doc. 3 Le chariot de lavage à deux seaux

1 **Souligner** les avantages de la méthode de lavage à deux seaux.

2 **Rappeler** l'étape préalable au lavage des sols et son objectif.

....

....

3 **Justifier** les étapes de la technique indiquées dans le tableau suivant.

Étapes	Justifications
1	....
2	....
5	....
6	....

4 **Retrouver** deux règles de sécurité à respecter lors du lavage des sols.

....

....

– Nettoyer le balai avec une lavette imprégnée de détergent-désinfectant, du manche vers la semelle, une fois par jour.
– Réaliser un nettoyage approfondi par trempage et brossage de la semelle périodiquement.
– Envoyer les bandeaux de lavage à la blanchisserie.

Doc. 4 L'entretien du matériel de lavage

5 **Justifier** les règles d'entretien du matériel de lavage.

....

....

....

Activité 3 Le matériel de lavage manuel des sols

OBJECTIF : Expliquer la fonction globale du matériel, leurs avantages et inconvénients

• Le balai réservoir

Il est constitué d'un réservoir contenant la solution détergente-désinfectante, fixé sur un manche en aluminium. Un bandeau de lavage en coton, polyester ou microfibre se fixe sur la semelle. On actionne l'humidification du bandeau de lavage à l'aide d'un bouton situé sur le manche.

Avantages :
– permet d'appliquer sur le sol la quantité souhaitée de produit ;
– évite la manipulation de seaux ;
– utilisation facile, ergonomique et hygiénique.

Limites d'utilisation :
– matériel adapté pour les petites surfaces, peu souillées.

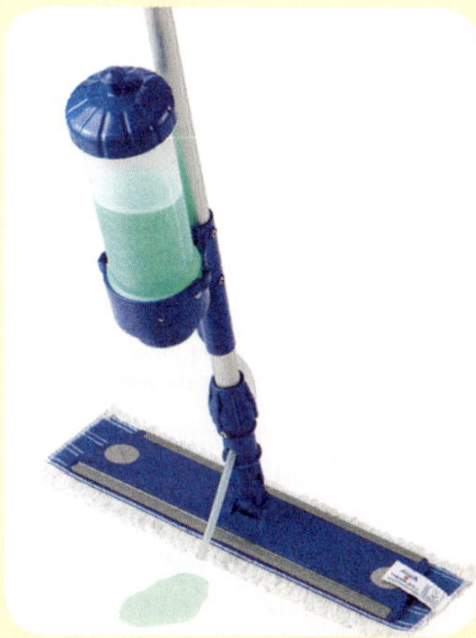

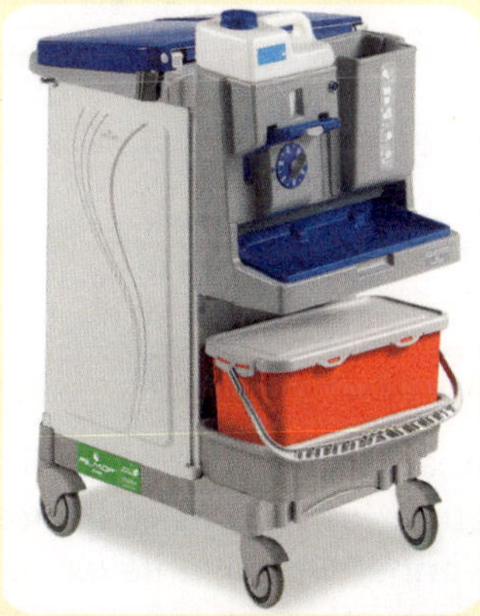

• Lavage à plat avec bandeau de lavage imprégné

Des bandeaux de lavage à usage unique ou non sont stockés dans un bac adapté contenant la quantité exacte de solution détergente désinfectante. Ils sont ensuite récupérés, égouttés au fur à mesure et fixés sur le balai rasant. Ils sont changés à chaque chambre suivant les protocoles de nettoyage.

Avantages : c'est une méthode très hygiénique, très ergonomique qui supprime la manipulation des seaux et l'essorage par la presse. Elle est très utilisée en milieu hospitalier, car elle évite les contaminations croisées.

Doc. 5 Le lavage manuel des sols

1 **Indiquer** dans le tableau suivant les avantages des deux méthodes de lavage du sol présentées.

Balai réservoir	....
Lavage à plat avec bandeau de lavage imprégné	....

2 **Souligner** un inconvénient du balai réservoir.

3 **Expliquer** pourquoi la méthode par bandeaux de lavage imprégnés est très utilisée en milieu hospitalier.

....

....

....

....

....

FICHE 18 ACTIVITÉS

Le lavage mécanisé des sols

Vidéo
Lavage mécanique des sols
www.lienmini.fr/9664-video5-2

COMPÉTENCES
- **C2.3.2** Entretenir l'environnement proche de la personne, à domicile ou en structure
- **C2.3.1** Entretenir les locaux collectifs

Activité 1 La monobrosse

OBJECTIF : Expliquer la fonction globale de la monobrosse

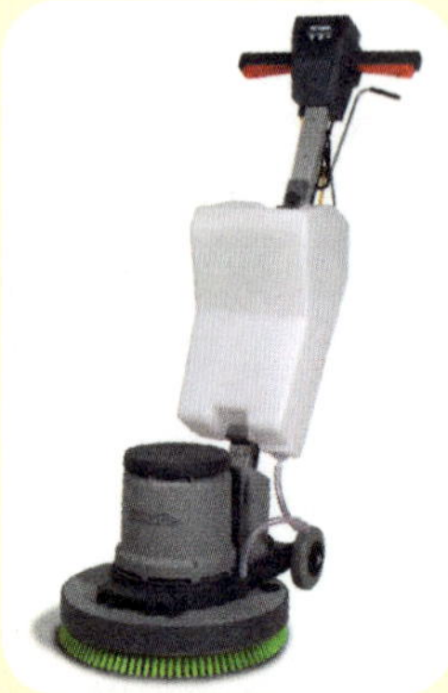

Les monobrosses permettent de réaliser un nettoyage approfondi en éliminant les salissures adhérentes et le biofilm sur des sols lavables. Ces machines électriques d'entretien fonctionnent grâce à un moteur puissant produisant une action mécanique de rotation et de frottement et exerçant une pression sur le sol. La vitesse de rotation est un facteur important de l'efficacité de la monobrosse.

Il existe des monobrosses basse vitesse de 150 à 200 tours/minute qui peuvent être équipées d'un réservoir à eau et qui sont plutôt utilisées pour le lavage ou le décapage. Les monobrosses haute vitesse (450 tours/minute) sont réservées au lustrage ou au polissage des sols. Suivant le travail à réaliser et le type de sol, on choisira un disque abrasif ou une brosse de lavage. Plus la couleur du disque choisie est foncée, plus son action abrasive est importante.

Les disques de couleur noire sont utilisés pour le décapage des sols, les disques verts sont adaptés pour le nettoyage approfondi (retirer les rayures et la cire de protection par exemple), les disques bleus conviennent pour enlever les marques de chaussures sans abîmer la couche de protection et les disques blancs pour le lustrage.

Doc. 1 Présentation de la monobrosse

1 **Souligner** en bleu la fonction globale de la monobrosse et en vert le principe de fonctionnement.

2 **Expliquer** comment choisir l'accessoire (disque ou brosse) lors de l'utilisation de la monobrosse.

....

....

3 **Relier** le type de matériel à choisir en fonction du travail à réaliser.

Matériel			Travail à réaliser
Monobrosse basse vitesse équipée d'un disque abrasif de couleur noire	•	•	Décapage du sol souple d'un hall d'accueil
Monobrosse haute vitesse équipée d'un disque abrasif beige	•	•	Lavage du sol d'une cuisine collective
Monobrosse basse vitesse équipée d'un réservoir et d'une brosse	•	•	Lustrage d'un sol carrelé d'une salle de restauration

Activité 2 Les règles d'utilisation et de sécurité de la monobrosse

OBJECTIFS : Identifier les consignes d'utilisation, de nettoyage, de maintien en état de la monobrosse • Énumérer les règles de sécurité à respecter lors de l'utilisation et l'entretien de la monobrosse • Justifier la fréquence des opérations d'entretien

Avant de commencer le travail, il est important de s'équiper des équipements de protection adaptés (chaussures de sécurité antidérapantes, gants et lunettes de protection si besoin).

Libérer la zone de nettoyage de tout encombrement et protéger le bas des meubles.

Le travail avec la monobrosse commence par le fond de la pièce et les déplacements s'effectuent en reculant, le câble électrique éloigné de la zone de nettoyage et posé sur l'épaule. Pour diriger la monobrosse, la poignée doit être maintenue au niveau de la ceinture et descendue pour aller à gauche et relevée pour tourner à droite.

Pour réaliser le lavage du sol par monobrosse, on remplira le réservoir fixé sur le manche de la monobrosse, avec un détergent non moussant et on utilisera en complément un aspirateur à eau pour éliminer l'eau sur le sol. Après le lavage, la solution sale est récupérée à l'aide de l'aspirateur à eau en commençant par la partie la plus proche de soi et en progressant vers le fond. Rincer si besoin et laisser sécher.

Entretien

Débrancher l'appareil.

Vider le réservoir de la monobrosse en cas de lavage.

Enlever et nettoyer les disques abrasifs ou la brosse.

Essuyer avec un détergent-désinfectant l'extérieur de la machine : poignée de conduite, câble électrique, capot de moteur et réservoir.

Essuyer avec un détergent-désinfectant les câbles électriques et les enrouler.

Doc. 2 Utilisation de la monobrosse

1 **Indiquer** les opérations préalables à l'utilisation de la monobrosse.

....

....

....

2 **Indiquer** le matériel complémentaire nécessaire lors du lavage du sol à la monobrosse.

....

....

....

3 **Rappeler** trois consignes de sécurité à respecter pour éviter le risque électrique lors de l'utilisation de la monobrosse.

....

....

....

....

....

4 **Souligner** les consignes d'entretien de la monobrosse.

Activité 3 Le lavage des sols à l'autolaveuse

OBJECTIFS : Expliquer la fonction globale de l'autolaveuse • Identifier les consignes d'utilisation, de nettoyage, de maintien en état • Énumérer les règles de sécurité à respecter lors de l'utilisation et l'entretien de l'autolaveuse

Les autolaveuses permettent un lavage mécanisé des sols qui combine à la fois l'action mécanique d'une monobrosse et celle de l'aspirateur à eau. De tailles variées et adaptées à la surface, elles fonctionnent souvent avec une batterie rechargeable.

L'autolaveuse contient un réservoir que l'on remplit d'une solution de lavage. La solution de lavage est déposée sur le sol. Le moteur permet l'action mécanique de la brosse interchangeable fixée sur l'appareil. La solution contenant les salissures est ensuite aspirée dans un réservoir.

Cette méthode permet un meilleur résultat qu'une technique manuelle, elle est adaptée pour des surfaces dégagées, et l'efficacité est augmentée avec la fréquence d'utilisation. La formation du personnel est indispensable.

En fin de travail, les réservoirs sont vidés et nettoyés. Le matériel doit être vérifié, nettoyé et rangé afin d'éviter la multiplication des bactéries et de prolonger sa durée de vie.

Doc. 2 Les autolaveuses

1 **Souligner** en bleu la fonction d'une autolaveuse et **encadrer** le principe de fonctionnement.

2 **Donner** un avantage et un inconvénient de cette technique.

....

....

....

3 **Indiquer** la principale différence entre une monobrosse et une autolaveuse pour l'entretien mécanisé des sols.

....

....

....

....

4 **Cocher** dans le tableau suivant s'il s'agit d'une règle d'utilisation, de maintenance ou de sécurité.

Règles	Utilisation	Maintenance	Sécurité
Adapter les disques ou les brosses en fonction de la nature des sols.	....	....	....
Remettre en charge les batteries.	....	....	....
Vidanger la machine de l'eau propre et de l'eau sale.		....	....
Vérifier la charge de la batterie.	....	....	....
Mettre des chaussures de sécurité lors de l'utilisation de la machine.	....	....	....
Libérer la zone de travail de tout encombrement.	....	....	....
Essuyer et enrouler les câbles avec un détergent-désinfectant.	....	....	....

FICHE 19 ACTIVITÉS

La centrale d'hygiène

COMPÉTENCES
- C2.3.1 Entretenir les locaux collectifs

Activité 1 Le lavage du sol à la centrale d'hygiène ▶ Fiche 21 • Technique

OBJECTIFS : Expliquer la fonction globale de la centrale d'hygiène • Identifier les consignes d'utilisation, de nettoyage, de maintien en état • Énumérer les règles de sécurité à respecter lors de l'utilisation et l'entretien de la centrale d'hygiène • Justifier la fréquence des opérations d'entretien

Les centrales d'hygiène sont conçues pour proposer aux utilisateurs une solution pour nettoyer et désinfecter les sols et les surfaces, en s'assurant d'une dilution précise du produit en industrie agroalimentaire, en collectivité ou en cuisine centrale. Cette centrale évite le gaspillage de l'eau et permet une économie des produits d'entretien grâce à un dosage maîtrisé. Elle garantit donc un mélange efficace tant en termes de nettoyage que de respect de norme de désinfection.

L'ouverture de l'eau crée une aspiration du produit dont la quantité dépend de la buse de calibrage.

Au niveau de la buse, l'eau se mélange au produit : la solution est faite.

C'est le choix de la buse de calibrage en amont de l'aspiration qui permet de choisir un dosage précis.

En position rinçage, le produit n'est pas aspiré et seule l'eau est projetée au niveau du pistolet sur les surfaces à rincer.

Les centrales d'hygiène peuvent avoir plusieurs configurations avec un seul produit ou 2 produits. Dans le cas d'une centrale à un produit, on utilisera plus généralement un détergent ou un détergent-désinfectant. Avec 2 produits, on pourra compléter le nettoyage avec un dégraissant ou tout autre produit.

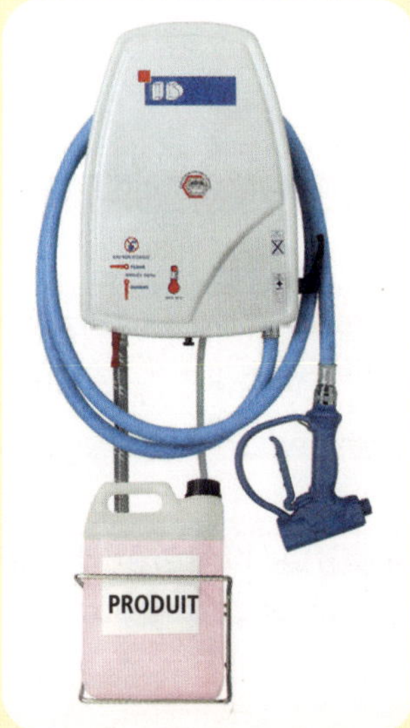

Doc. 1 La centrale d'hygiène

1 **Énoncer** la fonction globale de la centrale d'hygiène.

....

....

2 **Indiquer** les principaux locaux d'utilisation des centrales et **justifier**.

....

....

....

....

....

3 **Souligner** le principe de fonctionnement.

4 **Citer** trois avantages des centrales d'hygiène.

....

....

....

....

....

5 **Relier** chaque organe de la centrale d'hygiène à sa fonction.

Organes		Fonctions
Tuyau d'aspiration •		• Permet un dosage précis du produit.
Pistolet •		• Permet de sélectionner la position : – « Lavage » : eau et produit ; – « Rinçage » : eau seule.
Buse de calibrage •		• Amène le produit jusqu'au doseur.
Vanne du produit •		• Projette la solution ou l'eau de rinçage au sol sur les surfaces.

6 **Justifier** l'intérêt d'une centrale d'hygiène avec une configuration à deux produits en collectivité : un détergent pour le produit 1 et un désinfectant pour le produit 2.

....

....

....

....

7 **Expliquer** pourquoi il est nécessaire de rincer les surfaces après le nettoyage-désinfection des surfaces en restauration collective.

....

....

....

8 **Donner** une consigne relative au nettoyage de la centrale d'hygiène.

....

9 **Retrouver** les consignes de maintien en état de l'appareil.

....

....

....

....

FICHE 20 TECHNIQUE

Le lavage des sols : méthode des deux seaux

COMPÉTENCES
- C2.3.2 Entretenir l'environnement proche de la personne, à domicile ou en structure
- C2.3.1 Entretenir les locaux collectifs

MATÉRIEL

- Gants
- Chariot de lavage équipé de deux seaux et d'une presse
- Balai de lavage à plat ou balai rasant
- Panneau « Sol glissant »

PRODUITS

- Détergent

ou

- Détergent-désinfectant

ÉTAPES PRÉALABLES

- Se mettre en tenue professionnelle.
- Se laver les mains, mettre les gants en cas d'allergie.
- Si possible, ouvrir les fenêtres pour aérer la pièce.
- Effectuer un balayage humide pour éliminer les salissures non adhérentes.

Autocontrôles

- Contrôler la propreté visuelle du matériel nécessaire à l'entretien.

TECHNIQUE

☐ 1 Préparer la solution détergente dans le seau bleu en respectant le dosage du produit et remplir le seau rouge d'eau claire.

☐ 2 Fixer le bandeau de lavage sur le balai de lavage à plat en pliant les jambes et en gardant le dos droit.

☐ 3 Baliser la zone de lavage et travailler toujours le chariot de lavage derrière soi.

☐ 4 Tremper le balai dans le seau bleu contenant la solution de lavage ① et l'essorer avec la presse au-dessus du seau rouge ②.

☐ 5 Commencer par un détourage de la pièce le long des plinthes ③.

☐ 6 Travailler en reculant, en effectuant des « S » (méthode à la godille) ③.

☐ 7 Lorsque le bandeau de lavage est sale, le rincer ④ en le trempant dans le seau rouge puis l'essorer ⑤.

☐ 8 Poursuivre le lavage en répétant les étapes à partir de l'étape 4.

☐ 9 À la fin du travail, vider les seaux, nettoyer et ranger le matériel.

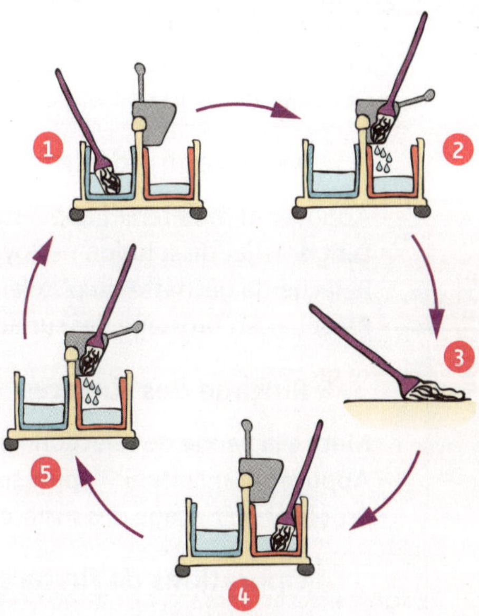

CRITÈRES DE QUALITÉ

- Contrôler la propreté visuelle : absence de salissures adhérentes au sol, de traces au sol.
- Contrôler la propreté du matériel avant rangement.

Le lavage du sol à la centrale

COMPÉTENCES
- **C2.3.1** Entretenir les locaux collectifs

MATÉRIEL

- Gants
- Centrale de lavage et de désinfection
- Balai brosse
- Raclette de sol
- Panneau sol glissant
- Lavette

PRODUITS

- Détergent

ou
- Détergent-désinfectant

et/ou
- Désinfectant
- Dégraissant

ÉTAPES PRÉALABLES

- Se mettre en tenue professionnelle.
- Se laver les mains, mettre les gants en cas d'allergie.

Autocontrôles
- Contrôler la propreté visuelle du matériel nécessaire à l'entretien.

TECHNIQUE

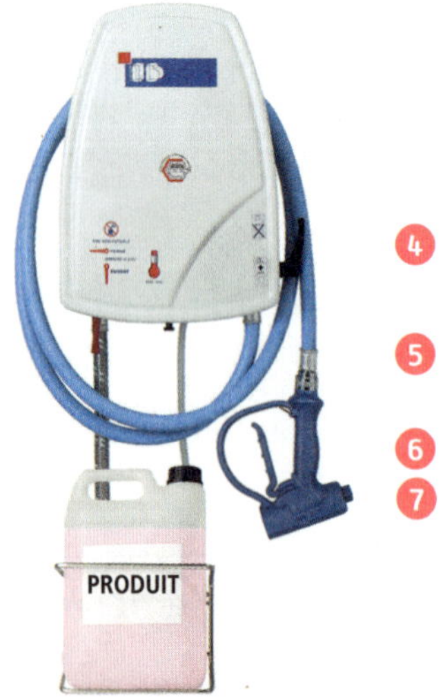

AVANT

☐ **1 Mise en service de la centrale d'hygiène** ①

- Contrôler le niveau du produit ③ et vérifier que le tuyau d'aspiration ⑤ plonge bien dans le bidon.
- Ouvrir la vanne d'arrivée d'eau ②.
- Mettre la vanne de sélection du produit ④ en position « lavage ».
- Dérouler le tuyau de lavage ① jusqu'aux surfaces à entretenir.

PENDANT

☐ **2 Nettoyage – désinfection des surfaces**

- Appuyer et maintenir l'appui sur la gâchette ⑥ du pistolet ⑦.
- Diriger le jet de solution nettoyante-désinfectante sur les surfaces à entretenir.
- Relâcher la gâchette du pistolet pour arrêter la pulvérisation de la solution.
- Procéder au brossage des surfaces et à l'évacuation de l'eau.

☐ **3 Rinçage des surfaces**

- Mettre la vanne de sélection ④ en position « rinçage ».
- Appuyer et maintenir l'appui sur la gâchette ⑥ du pistolet ⑦.
- Procéder au rinçage des surfaces et à l'évacuation de l'eau à l'aide d'une raclette.

APRÈS

☐ **4 Opérations de fin de service**

- Fermer la vanne d'arrivée d'eau ② .
- Appuyer sur la gâchette pour purger le pistolet et décompresser le tuyau de lavage.
- Nettoyer le tuyau avec une lavette humide et l'enrouler sur son support.

CRITÈRES DE QUALITÉ

- Contrôler la propreté visuelle : absence de salissures adhérentes au sol, de traces au sol.
- Contrôler la propreté du matériel avant rangement.

FICHE 22 BILAN

Le lavage des sols

Synthèse
www.lienmini.fr/9664-syn5

Permet d'obtenir une **propreté visuelle**
Permet d'obtenir une **propreté hygiénique** en utilisant un détergent-désinfectant

Chariot de lavage à deux seaux et balai rasant
- Facile d'utilisation.
- Hygiénique, ergonomique.
- Adapté pour les grandes surfaces.

Chariot multifonction avec bandeaux de lavage pré-imprégnés
- Évite les contaminations croisées.
- Évite la manipulation des seaux.

À réaliser après un balayage humide des sols.

Balai réservoir
- Permet d'appliquer au sol la quantité souhaitée de produit.
- Adapté pour des petites surfaces.

Centrale d'hygiène et de désinfection
- Projection de la solution sous-pression.
- Dosage automatique du produit.
- Différentes fonctions possibles.

LE LAVAGE MANUEL DES SOLS

ou

LE LAVAGE MÉCANISÉ DES SOLS

Monobrosse
- Nettoyage approfondi des sols grâce à l'action mécanique de la brosse ou du disque.
- Permet un lavage, un lustrage ou décapage des sols en fonction du disque ou brosse choisis et de la vitesse de rotation.

Autolaveuse
- Action combinée de l'action mécanique d'une brosse fixée sur l'appareil et celle de l'aspirateur à eau.
- Différentes tailles existantes adaptées à la surface.
- Le plus souvent sur batterie rechargeable

Rinçage si besoin.
Absence de salissures adhérentes au sol.
Absence de traces de produit.

Analyse de situation

QCM
www.lienmini.fr/9664-qcm5

Situation professionnelle

Responsable du service entretien à l'hôpital, vous êtes chargé de l'information et de la formation des agents hospitaliers sur l'entretien des sols. Vous leur présentez les différents matériels pour le lavage mécanisé des sols.

Aujourd'hui, vous devez en particulier les former à l'utilisation de l'autolaveuse (acquise récemment pour le nettoyage des couloirs des différents services) et de la nouvelle centrale de nettoyage et de désinfection installée dans la cuisine centrale de l'hôpital.

Vous nettoyez le sol de la cuisine avec la centrale de nettoyage et de désinfection. Vous remarquez lors du lavage que la solution projetée au sol ne semble pas contenir de détergent-désinfectant.

Répondre sur une feuille à part en respectant l'ordre des questions et en soignant la rédaction.

1. **Indiquer** l'objectif du lavage du sol en collectivité ou à domicile.
2. **Rappeler** l'étape préalable au lavage du sol.
3. **Justifier** l'utilisation du lavage mécanisé des sols en secteur hospitalier.
4. **Indiquer** les deux actions prépondérantes du cercle de Sinner mises en œuvre dans le lavage mécanisé du sol.
5. **Citer** trois avantages de la centrale de nettoyage et de désinfection.
6. **Relever** le dysfonctionnement observé dans la situation.
7. **Proposer** une action corrective.

FICHE 23 ACTIVITÉS

Le bionettoyage à la vapeur

Vidéo
Bionettoyage vapeur
www.lienmini.fr/9664-video6-1

COMPÉTENCES
• **C2.3.2** Entretenir l'environnement proche de la personne, en structure

Activité 1 Le fonctionnement du bionettoyeur vapeur

OBJECTIF : Expliquer la fonction globale du bionettoyeur vapeur et de ses accessoires

Le nettoyeur vapeur est composé de trois parties principales :
– un réservoir qui contient l'eau servant au bionettoyage (le plus souvent de l'eau du réseau à laquelle on pourra adjoindre un additif détergent ou bien un agent empêchant la formation de tartre) ;
– une cuve traversée par une résistance qui va transformer l'eau liquide en vapeur à une température de 150 °C à une pression élevée (5-6 bars). Le gaz produit est relativement sec, et surtout il est exempt des ions habituellement présents dans l'eau ;
– un flexible thermostaté conduit la vapeur d'eau à la buse de sortie. Les fabricants proposent différents modèles d'accessoires de sortie de la vapeur. Au niveau de la buse, l'énergie va être récupérée pour servir à la détergence et à la désinfection.
L'énergie fournie par le passage eau-gaz à eau-liquide suffit à émulsionner les salissures. La vapeur d'eau est appliquée le plus souvent à travers une microfibre qui apporte également une composante appréciable en termes d'action mécanique. Les micro-organismes présents sur la surface à nettoyer seront détruits par éclatement sous l'influence de la faible osmolarité de l'eau et par l'énergie produite par la vapeur.

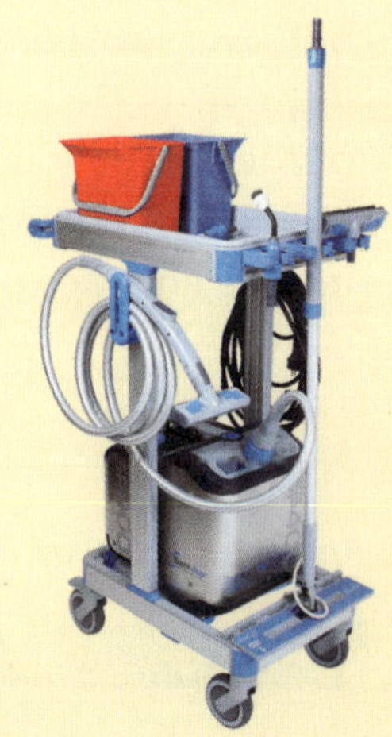

Doc. 1 Le nettoyeur vapeur

1 **Expliquer** la fonction globale du nettoyeur vapeur.

....

....

....

....

....

2 **Citer** le principal avantage de la méthode à la vapeur en la comparant au bionettoyage classique.

....

....

....

3 **Nommer** les facteurs du cercle de Sinner intervenant dans le bionettoyage à la vapeur.

....

....

....

Activité 2 Les règles de sécurité et d'utilisation du bionettoyeur

OBJECTIFS : Identifier les consignes d'utilisation • Énumérer les règles de sécurité à respecter lors de l'utilisation et de l'entretien de l'appareil

Préparation de l'appareil :
- remplir le réservoir d'eau puis brancher l'appareil sur le secteur ;
- appuyer sur les interrupteurs de mise en marche et mise en chauffe : le délai d'attente est variable en fonction des fabricants (7 min en moyenne) ;
- avant l'utilisation de l'appareil, purger l'eau résiduelle des flexibles ;
- utiliser les accessoires en fonction des surfaces à nettoyer et désinfecter (raclette pour les surfaces planes, buse pour atteindre les surfaces inaccessibles, brosse pour les surfaces hautes et le mobilier, balai mop pour le sol, les murs et plafond). Des microfibres peuvent se fixer sur les accessoires.

Précautions et maintenance :
- prévoir un temps d'attente pour certains appareils avant d'ouvrir le réservoir pour le remplir en cours d'utilisation ;
- nettoyer les accessoires (retirer les souillures agglomérées) entre chaque pièce ;
- nettoyer et désinfecter l'ensemble des accessoires et l'extérieur de l'appareil avant de ranger l'appareil ;
- purger la chaudière (retirer le tartre) régulièrement ;
- vérifier et renouveler si nécessaire les accessoires ;
- mettre en place une traçabilité de suivi de l'appareil.

Doc. 2 L'utilisation du bionettoyeur vapeur

1 **Préciser** l'utilisation des accessoires du nettoyeur vapeur.

Accessoires	Entretien :	Accessoires	Entretien :
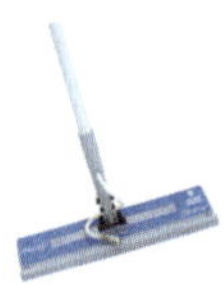	....		....
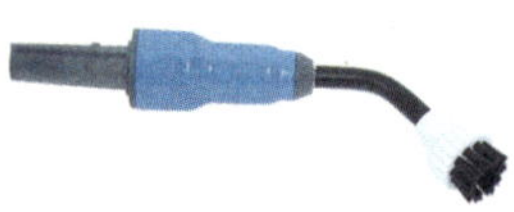	....	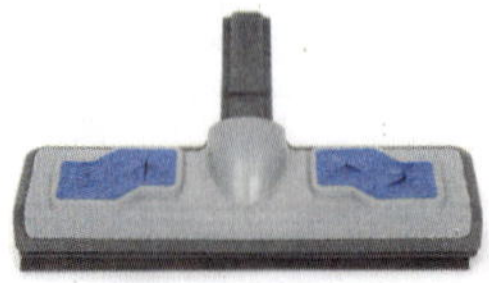	....

2 **Nommer** les règles de sécurité à respecter lors de l'utilisation.

....

....

....

3 **Énumérer** les consignes de nettoyage et de maintenance de l'appareil.

....

....

....

....

....

....

FICHE 25 ACTIVITÉS

Le bionettoyage des jouets

COMPÉTENCES
- **C2.3.2** Entretenir l'environnement proche de la personne, à domicile ou en structure

Activité 1 Le bionettoyage des jouets

OBJECTIF : Expliquer le principe du bionettoyage des jouets

– **Les jouets en tissus** sont lavables à la machine à laver, de préférence toutes les semaines.
– **Les jouets en plastique dur** peuvent être nettoyés au lave-vaisselle, 2 fois par semaine.
– **Les jouets en plastique souple ou dur** (immergeables) sont trempés dans une solution détergente-désinfectante alimentaire, brossés puis rincés à l'eau claire. Il est conseillé de les nettoyer 2 fois par semaine.
– **Les jouets en bois ou creux ou contenant des piles** sont traités par essuyage humide avec un détergent désinfectant alimentaire suivi d'un rinçage, et ce, tous les jours.
Les jouets peuvent être mis à la bouche par les enfants, il est important d'utiliser un détergent-désinfectant alimentaire et de terminer l'entretien par un rinçage soigné.
Dans le cas d'une épidémie de grippe ou de gastro-entérite par exemple, la fréquence de nettoyage des jouets doit être augmentée pour éviter la contagion.

Doc. 1 L'entretien des jouets en structure collective

1 **Indiquer** sous chaque jouet : le matériau avec lequel il est constitué, son nettoyage possible et la fréquence d'entretien.

Matériau	....	....	....
Entretien	....	....	....
Fréquence	....	....	....

Matériau	....	....	....
Entretien	....	....	....
Fréquence	....	....	....

Activité 2 Le temps de contact ▸ Fiche 28 • Techniques

OBJECTIF : Justifier les étapes du bionettoyage des jouets

Bacnet 7

Détergent désinfectant alimentaire

Nettoyant, désinfectant des surfaces alimentaires agréablement parfumé.
Il peut s'utiliser pour les locaux de stockage, de préparation et de transformation et pour les matériels de transport, de préparation et de transformation des denrées alimentaires d'origine animale. Améliore l'hygiène des matériels lavés et évite la prolifération des micro-organismes dans les bains de lavage. Bactéricide : NFT 72301 à 1% sur Escherichia coli, Enterococcus hirae, Staphylococcus aureus, Pseudomonas aeruginosa et lactobacillus plantarum. EN 1276 en conditions de saleté à 0.5% (5min, 20°C), EN 1276 sur Salmonella typhirium en conditions de saleté à 1% (5min, 20°C) et EN 1276 sur listéria monocytogenes en conditions de saleté à 0,5 % (5min,20° C). EN 13697 à 2% en conditions de saleté (15min, 20°C) et à 2% sur istéria monocytogenes et Salmonella typhirium.
Levuricide : EN 1650 à 0,5% en conditions de saleté sur candida albicans (15min, 20°C). EN 13697 à 2% en conditions de saleté sur Candida Albicans (15min, 20°C). Homologation par le Ministère de l'Agriculture et de la Pêche n° 9800549 pour le traitement bactéricide à 1%.

Mode d'emploi
Nettoyage des sols et surfaces : Diluer de 0,5 à 1 %. Étendre la solution, laisser agir au minimum 5 minutes. Brosser si nécessaire puis rincer à l'eau claire.
Désinfection sur surface rincée ou nettoyée : Temps d'action et dosage : se référer aux normes ci-après selon l'action bactéricide ou levuricide souhaitée.
Nettoyage du matériel et des ustensiles : Remplir le bac d'eau chaude (40 à 50°C). Dilution 5 g/l dans le bac ou à l'aide du doseur. Éliminer les déchets les plus importants des pièces à nettoyer avant de les mettre à tremper de 5 à 10 minutes. Brosser si nécessaire puis rincer à l'eau claire. Laisser sécher.

Doc. 2 Un exemple de détergent-désinfectant alimentaire

2 **Justifier** le choix du produit ci-dessus pour le bionettoyage des jouets et **préciser** sa classification et son rôle.

....

....

3 **Relever** les dilutions et le temps de pose à respecter pour le bionettoyage des jouets par essuyage et par immersion.

	Dilution conseillée	Temps de contact
Jouets immergeables	....	....
Jouets non immergeables	....	....

4 **Rappeler** l'importance du respect du temps de contact.

....

5 **Préciser** l'action à réaliser en fin d'entretien et justifier.

....

6 Dans le cas d'une épidémie de gastroentérite au sein de la structure, **préciser** la conduite à tenir pour l'entretien des jouets.

....

Activité 3 Les critères de qualité ▸ Fiche 28 • Technique

OBJECTIF : Indiquer les critères de qualité du résultat

1 **Relever** les deux critères de qualité du résultat concernant le bionettoyage des jouets.

....

....

....

FICHE 28 TECHNIQUE

Le bionettoyage des jouets

COMPÉTENCES
- **C2.3.2** Entretenir l'environnement proche de la personne, à domicile ou en structure

MATÉRIEL

Pour jouets immergeables
- Bac contenant eau et dDa
- Bac contenant eau claire de rinçage
- Brosse
- Lavette couleur spécifique
- Papier absorbant

Pour jouets non immergeables
- 2 lavettes couleur spécifique
- Gants

PRODUITS

- Détergent-désinfectant alimentaire (dDa) en pulvérisateur

ÉTAPES PRÉALABLES

- Se mettre en tenue professionnelle.
- Se laver les mains, mettre les gants.
- Préparer la dilution de la solution dDa dans le bac ou vérifier la présence du produit dans le pulvérisateur.
- Trier les jouets : jouets immergeables ou non.

Autocontrôles

- Contrôler la propreté visuelle du matériel nécessaire à l'entretien.
- Contrôler la conformité du produit utilisé pour le bionettoyage.
- Contrôler l'état des jouets : éliminer ceux cassés.

TECHNIQUE

- **Jouets immergeables :**

☐ 1 Mettre les jouets dans le bac avec la solution dDa 1.
☐ 2 Nettoyer avec la lavette ou la brosse pour les plus sales 2.
☐ 3 Laisser agir le temps indiqué sur l'étiquette du produit 3.
☐ 4 Rincer dans le second bac 4.
☐ 5 Laisser égoutter et sécher sur du papier absorbant.
☐ 5 Entretenir et ranger le poste de travail.
☐ 6 Ranger les jouets dans leur bac préalablement bionettoyé.
☐ 7 Se laver les mains.

- **Jouets non immergeables :**

☐ 1 Pulvériser la solution dDa sur la lavette.
☐ 2 Passer la lavette sur le jouet.
☐ 3 Laisser agir le temps indiqué sur l'étiquette du produit.
☐ 4 Rincer avec la seconde lavette.

Jouets immergeables

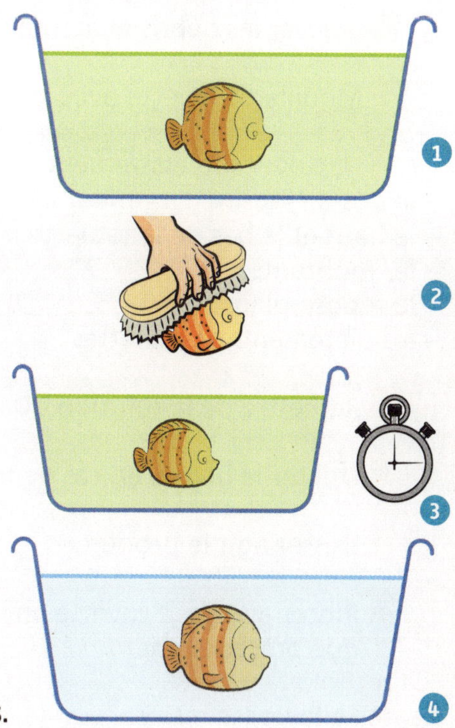

En cas d'épidémie il faut augmenter la fréquence d'entretien des jouets.

CRITÈRES DE QUALITÉ

- Contrôler la propreté visuelle : absence de salissures, de traces de produit, absence d'humidité.
- Contrôler l'hygiène par prélèvement microbiologique : selon le plan de nettoyage de la structure.
- Contrôler la propreté du matériel avant rangement.

FICHE 29 TECHNIQUE

Le bionettoyage de la chaise haute par la méthode des 2 seaux

COMPÉTENCES
- **C2.3.2** Entretenir l'environnement proche de la personne, à domicile ou en structure

MATÉRIEL

- 2 lavettes couleur spécifique
- Gants
- Seau bleu contenant eau et dDa
- Seau rouge contenant eau claire de rinçage
- Brosse

PRODUITS

- Détergent-désinfectant alimentaire (dDa)

ÉTAPES PRÉALABLES

- Se mettre en tenue professionnelle.
- Se laver les mains, mettre les gants en cas d'allergie.
- Si possible, ouvrir les fenêtres pour aérer la pièce.
- Préparer la dilution de la solution dDa du seau bleu.

Autocontrôles

- Contrôler la propreté visuelle du matériel nécessaire à l'entretien.
- Contrôler la conformité du produit utilisé pour le bionettoyage.

TECHNIQUE

☐ **1** Ôter les parties pouvant être enlevées et les nettoyer à part en les faisant tremper.

☐ **2** Enlever les débris alimentaires.

☐ **3** Mouiller la lavette avec la solution dDa du seau bleu et la plier en 4.

☐ **4** Nettoyer successivement :
– le dos de l'assise, l'intérieur de l'assise ainsi que les sangles ;
– le haut et le bas de la tablette ;
– les montants ;
– le repose-pieds ;
– les piétements et roulettes.

☐ **5** Remettre de la solution dDa sur la lavette entre chaque étape.

☐ **6** Utiliser la brosse en cas de nourriture collée.

☐ **7** Laisser agir le produit.

☐ **8** Rincer avec la 2e lavette en la trempant dans le seau rouge et en suivant le même ordre que précédemment.

☐ **9** Se laver les mains.

CRITÈRES DE QUALITÉ

- Contrôler la propreté visuelle : absence de salissures, de traces de produit.
- Contrôler la propreté du matériel avant rangement.

FICHE 30 BILAN

Le bionettoyage

Synthèse
www.lienmini.fr/9664-syn6

PRINCIPE DU BIONETTOYAGE

- Nettoyage et désinfection des locaux.
- Il peut être : – combiné
  – séparé → Permet d'enlever le biofilm

Technique :
Pulvérisation ou imprégnation
Temps de pose important

Le bionettoyage des surfaces

- Détourage puis technique à la godille
- Rinçage si surfaces alimentaires

Le bionettoyage de la chaise haute

- Méthode à 2 seaux
- Du haut vers le bas et du plus propre vers le plus sale

Le bionettoyage à la vapeur

- Vapeur à 150 °C
- Pas d'utilisation de produit chimique
- Précautions nécessaires pour l'utilisation et sa maintenance

Le bionettoyage des jouets

- Tri des jouets
- Par immersion, par essuyage humide ou par passage à la machine à laver ou au lave-vaisselle

CONTRÔLES

- Contrôler la propreté visuelle : absence de salissures, de traces de produit.
- Contrôler l'hygiène par prélèvement microbiologique : selon le plan de nettoyage de la structure.
- Contrôler la propreté du matériel avant rangement.

Analyse de situation

QCM
www.lienmini.fr/9664-qcm6

Situation professionnelle

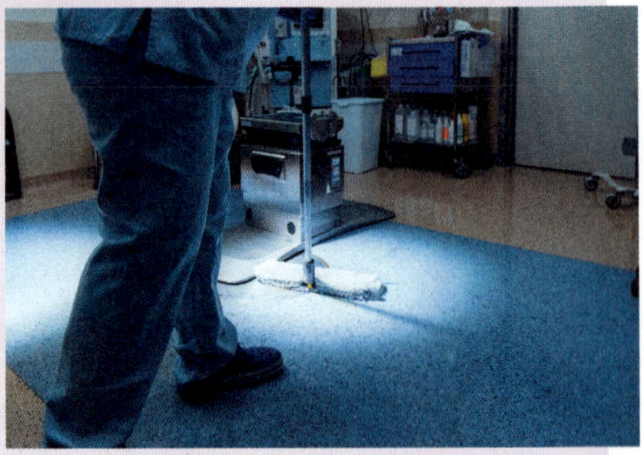

Vous travaillez dans l'équipe de bionettoyage de l'hôpital pour réaliser l'entretien des locaux.

Vous êtes dans ce service depuis 2 mois et n'avez pas été formé à l'utilisation du bionettoyeur vapeur contrairement au reste de l'équipe.

Aujourd'hui vous devez réaliser le bionettoyage quotidien des chambres du service maternité (zone 3).

Vous avez à disposition le chariot d'entretien avec les lavettes de couleur bleue et rouge, un détergent-désinfectant dans un pulvérisateur, un balai rasant et des bandeaux de lavage microfibres. Sur le plan de nettoyage, vous lisez l'entretien requis.

Dans votre équipe, votre collègue utilise le bionettoyeur vapeur pour l'entretien d'une chambre. Vous observez votre collègue et constatez que de la vapeur d'eau s'échappe anormalement du tuyau.

Extrait du plan de nettoyage de la structure				
Zones	**Zone 1 à risques minimes**	**Zone 2 à risques moyens**	**Zone 3 à risques élevés**	**Zone 4 à risques sévères**
Entretien requis	Nettoyage quotidien	Bionettoyage quotidien	Bionettoyage quotidien voire pluriquotidien : alternance combiné et séparé	Bionettoyage pluriquotidien : alternance combiné et séparé

Répondre sur une feuille à part en respectant l'ordre des questions et en soignant la rédaction.

Questions de savoirs associés

1. **Définir** le bionettoyage.
2. **Expliquer** les différences existantes entre les bionettoyages combiné et séparé en précisant les produits utilisés pour chaque principe.
3. **Relever** et **justifier** la fréquence d'entretien de la zone 3.
4. **Expliquer** l'importance de réaliser un bionettoyage par pulvérisation et donner un avantage et un inconvénient.
5. **Préciser** l'intérêt du code couleur des lavettes.
6. **Relever** le dysfonctionnement observé dans la situation.
7. **Proposer** une action corrective.

La marche en avant : les règles d'hygiène en collectivité

COMPÉTENCES
- **C2.4.2** Organiser et distribuer des collations ou des repas

Vidéo
Les menus à la crèche
www.lienmini.fr/9664-video7

Activité 1 La marche en avant

OBJECTIF : Définir la marche en avant

Le principe de la marche en avant a pour but d'éviter qu'un aliment sale (emballé, cru, non lavé...) soit en contact avec un aliment propre (cuit et prêt à être consommé). Dans la cuisine, la répartition des différentes tâches en circuits bien distincts permet d'éviter ces contaminations croisées. La cuisine est donc idéalement divisée en deux parties :

- une zone « sale » réservée au déballage, épluchage, nettoyage des denrées alimentaires avant cuisson : j'exécute ces tâches sur le plan de travail près de l'évier ;
- une zone « propre » destinée à toute manipulation des aliments après cuisson ou des aliments prêts à être consommés. Pour cela, je dispose d'un plan de travail central dans ma cuisine.

Doc. 1 Le principe de la marche en avant

1 **Définir** le principe de la marche en avant.

....

....

2 **Citer** le risque du non-respect de cette règle.

....

3 **Compléter** le schéma suivant :

La marche en avant

→ Zone ....
→ Aliments avant cuisson
→
- ....
- Épluchage
- ....

→ Zone ....
→ Aliments avant cuisson ou Aliments prêts à être consommés
→
- ....

4 **Indiquer** l'espace pour travailler les aliments dans :

– la zone sale : ....

– la zone propre : ....

Activité 2 Préparation des desserts à la crèche des P'tits Lutins

OBJECTIF : Analyser les risques de biocontamination lors des circulations et les mettre en relation avec les mesures règlementaires

Eloïse, agent de crèche au P'tits Lutins, doit confectionner pour le dessert des crèmes brûlées pour 7 enfants du groupe des 3-5 ans. Elle a coupé la gousse de vanille en deux pour extraire les graines, puis fait chauffer la crème à feu doux avec les gousses et a laissé infuser. Elle a battu énergiquement les jaunes et le sucre + les graines de vanille pour obtenir un mélange mousseux puis a versé progressivement la crème tiédie et filtrée sur le mélange jaune/sucre en mélangeant en continu. Elle a fait préchauffer le four à 160°C. Elle a disposé la crème dans les ramequins, et les a mis à cuire au bain-marie 30 à 35 minutes. Lorsque la crème est devenue un flan, elle les a sortis du four. La cuisinière de la crèche insiste sur l'importance de respecter le circuit de la règlementation du refroidissement d'une préparation afin qu'il soit conforme aux normes de la méthode HACCP (*Hazard Analysis Critical Control Point*). Les crèmes doivent être refroidies en respectant le couple temps/température suivant : 2 heures au maximum pour passer de + 63 °C à + 10 °C puis stockées en enceinte réfrigérée à 3 °C maximum. (Arrêté du 29 septembre 1997).

Doc. 2 Le circuit de refroidissement des crèmes brûlées

Il faut faire un refroidissement rapide :
- *pour des questions d'hygiène :* le risque de développement microbiologique est très élevé entre 63 °C et 10 °C. La grande majorité des bactéries pathogènes sont tuées au-dessus de 63 °C. En dessous de 10 °C leur développement est bloqué.

Si le produit passe trop de temps dans cet intervalle de température (entre 10 °C et 63 °C) et refroidit trop lentement, la multiplication bactérienne et les risques de contamination sont les plus élevés. Il est donc important de franchir cet intervalle de température le plus rapidement possible.
- *pour des questions organoleptique :* refroidir rapidement une préparation permet de mieux conserver ses qualités organoleptiques.

Doc. 3 Pourquoi faire un refroidissement rapide ?

1 **Citer** la méthode à respecter lors du refroidissement des crèmes brûlées.

....

....

....

2 **Souligner** le texte qui définit la règlementation du refroidissement d'une préparation.

3 **Expliquer** l'importance de la mise en place d'un refroidissement rapide.

Hygiène : ....

Organoleptique : ....

4 **Compléter** le schéma suivant pour respecter le circuit.

Crème brûlée à ....°C → Refroidissement en moins de ... h de .... °C à .... °C → Stockage des crèmes brûlées à ..... °C.

FICHE **32** ACTIVITÉS

Le circuit du linge en structure

COMPÉTENCES
- **C2.3.4** Trier et acheminer le linge et les déchets

Activité 1 Le circuit du linge en structure

OBJECTIF : Présenter le circuit du linge en structure

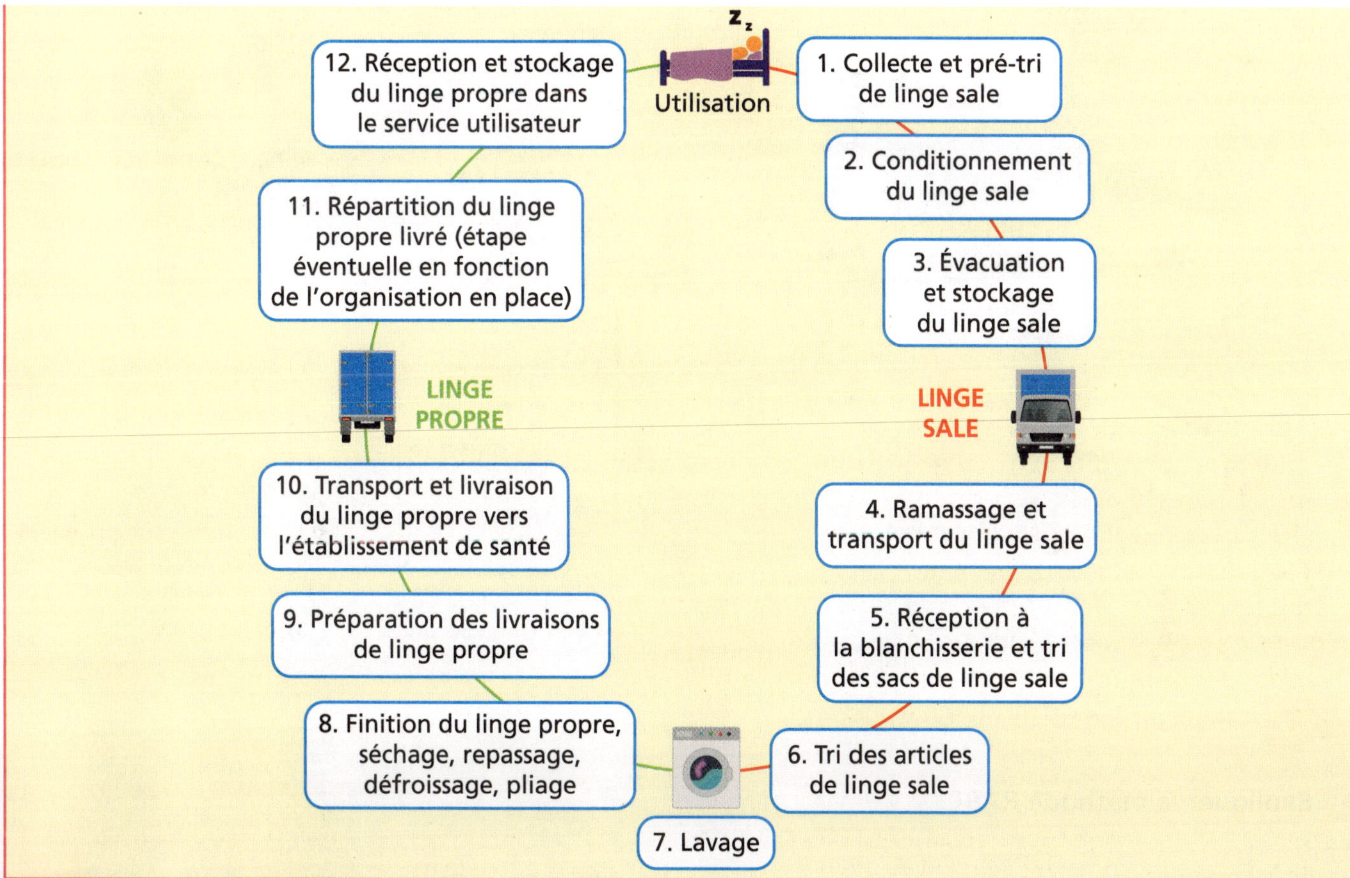

Doc. 1 Le circuit du linge en structure

1 Dans le circuit du linge, **repérer** la partie correspondant au linge « sale » en la coloriant en rouge et la partie correspondante au linge « propre » en la coloriant en vert.

2 **Indiquer** le devenir du linge sale et du linge propre.

....

....

....

3 **En déduire** les modalités à respecter lors du circuit du linge en structure.

....

....

....

Activité 2 Le respect des circuits du linge en structure

OBJECTIF : Justifier l'intérêt de la mise en œuvre de circuits du linge en structure.

Si elle n'est pas obligatoire, l'application de la méthode RABC (*Risk Analysis Biocontamination Control*) est fortement conseillée par les agences régionales de santé (ARS) ». Directement inspirée de la méthode HACCP (*Hazard Analysis Critical Control Point*), la méthode RABC repose sur une analyse et une maîtrise des risques de biocontamination des textiles traités, pour en garantir une qualité microbiologique optimale.

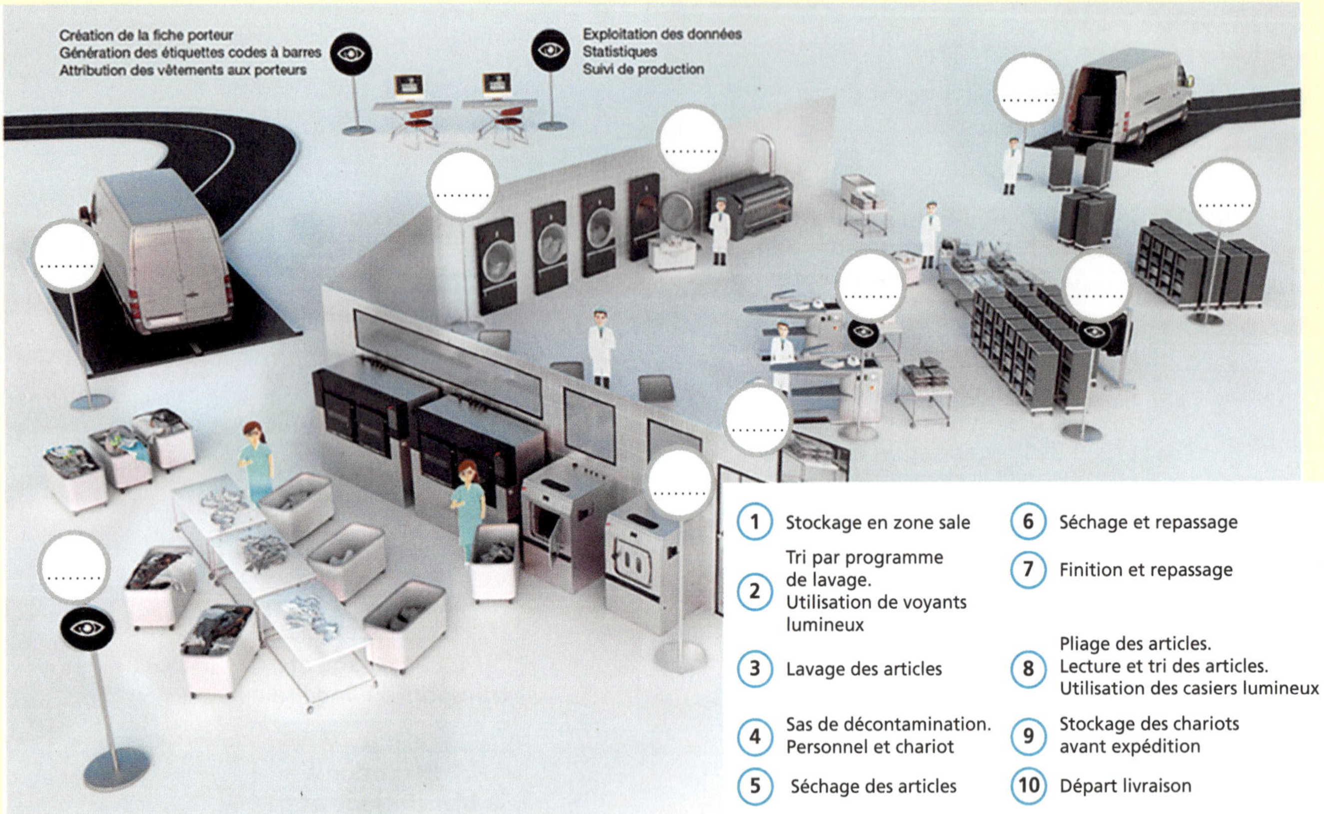

Doc. 2 Circuit du linge en blanchisserie

1. **Expliquer** la méthode RABC.

....

....

2. **Retrouver** les étapes du circuit du linge en blanchisserie en reportant les numéros correspondants sur le schéma.

3. **Définir** le circuit du linge en structure.

....

....

4. **Indiquer** l'intérêt de séparer la zone propre de la zone sale en blanchisserie.

....

5. **Justifier** la mise en œuvre d'un circuit du linge en structure.

....

....

FICHE 33 ACTIVITÉS

La double circulation des personnes (professionnels et usagers)

COMPÉTENCES
- **C2.3.2** Entretenir l'environnement proche de la personne, à domicile ou en structure (pendant son séjour et après son départ), y compris dans une situation d'isolement
- **C2.3.4** Trier et acheminer le linge et les déchets

Activité 1 Les différents circuits dans les établissements accueillant du public

OBJECTIF : Définir un circuit en prenant appui sur des exemples

Un circuit est un itinéraire recommandé pour la circulation organisée en milieu professionnel pour le personnel, le matériel, les produits ou les déchets afin d'éviter les contaminations croisées et prévenir les risques d'infections. Dans un établissement de soins, il est impératif de mettre en place des circuits « propres » et des circuits « sales » devant être respectés tant par le personnel que par les patients et les visiteurs. Les établissements de soins comptent de nombreux circuits tels que ceux des déchets, du linge, de l'alimentation, des dispositifs médicaux et des services de soins.

Doc. 1 Le circuit et ses intérêts dans les établissements de soins

Des conditions spéciales pour assurer la sécurité de la visite

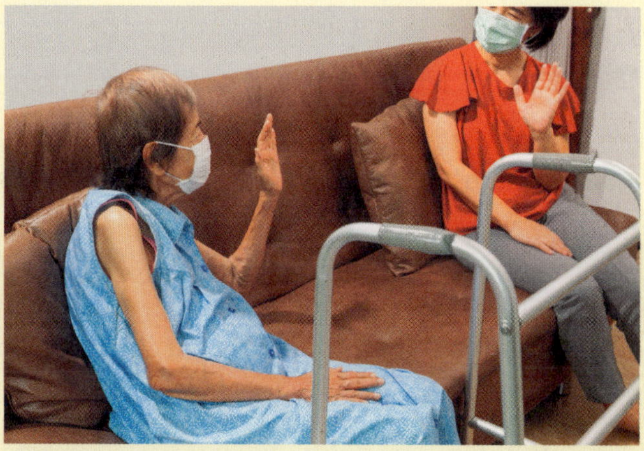

Deux impératifs doivent être respectés : les gestes barrière et mesures de distanciation physique et les garanties d'une double circulation (à aucun moment visiteur et résidents ne doivent se croiser dans l'établissement et les visiteurs ne doivent pas être amenés à croiser d'autres résidents).

À l'arrivée des visiteurs, il doit être procédé (a minima) :
– à un lavage des mains ou l'utilisation de solutions hydroalcooliques ;
– à un «auto-questionnaire» pour attester de l'absence de symptômes ;
– au port de masques chirurgicaux.

Le bon déroulement de la visite implique les consignes suivantes (a minima) :
– le respect d'un circuit sécurisé (absence de contact) ;
– un nombre de visites simultanées fixé en fonction de la capacité de l'établissement ;
– le respect de la distance physique d'au moins 1,50 m, avec matérialisation si possible (grande table, décoration végétale, séparation mobile vitrée ou plexiglass) ;
– l'interdiction de tout échange d'objets ou de denrées.

À la fin de la visite des consignes doivent être respectées (a minima) :
– le nettoyage des surfaces entre chaque visite ;
– le respect du circuit des déchets d'activités de soins à risques infectieux (DASRI).

Pour assurer ces mesures de sécurité, il est nécessaire qu'un professionnel puisse accueillir les proches et rappeler les consignes.

Doc. 2 Extrait du protocole des visites lors de l'épidémie COVID - EHPAD Les Coquelicots

Les crèches génèrent différents types de déchets classés selon leur origine (déchets ménagers, déchets industriels) ou leur nature (dangereux, non dangereux, inertes). Le circuit des déchets dans l'établissement doit être bien identifié et surtout respecté. Parfois, cherchant à gagner du temps, le personnel prend un raccourci – la cuisine tout juste nettoyée - pour évacuer les couches de la salle de change et ce même dans les crèches récentes où tout est bien conçu !

Les directions doivent s'assurer régulièrement que tout va bien et épauler l'équipe de cuisine souvent découragée par tous ces passages. Il en est de même si la salle d'activités est traversée à tout moment. En salle de change, des astuces sont souvent mises en application pour limiter les odeurs liées aux couches souillées, cela va de l'utilisation de poubelles isolant les effluves à l'emballage dans un petit sac plastique avant la mise en poubelle, en passant par l'évacuation directe des couches dans le local dédié par une trappe installée sous le plan de change.

Doc. 3 Un circuit des déchets bien identifié en crèche

1 **Définir** le terme « circuit ».

....

....

....

....

2 **Citer** l'intérêt de la mise en place d'un circuit dans un établissement de soins.

....

....

....

....

3 **Nommer** les circuits que l'on peut rencontrer en établissements de soins.

– .... – .... – ....

– .... – ....

4 **Indiquer** les publics concernés par la mise en place d'un circuit en EHPAD.

– .... – .... – ....

5 **Justifier** l'importance de la mise en place d'un circuit dans les visites au sein de l'EHPAD lors de l'épidémie COVID.

....

....

....

....

6 **Désigner** les deux modes de classification des déchets en crèche.

– .... – ....

7 **Souligner** les solutions pour le traitement des couches souillées dans les crèches.

Activité 2 Organisation des circuits d'une structure

OBJECTIF : Analyser les risques de biocontaminations lors des circulations et les mettre en relation avec les mesures réglementaires

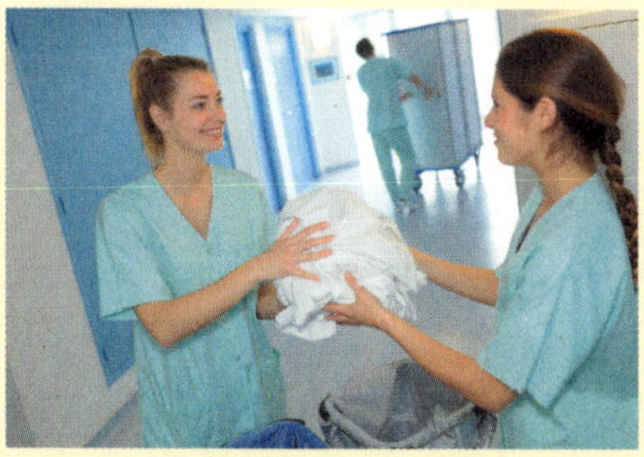

Les micro-organismes (bactéries, virus, parasites, champignons) sont partout, dans l'environnement mais aussi sur et dans le corps. Chacun vit en symbiose avec la plupart d'entre eux mais certains sont ou deviennent des pathogènes et provoquent des infections. Une infection contractée dans un établissement de santé est une infection associée aux soins.

Il faut savoir que la principale source de contamination est le patient lui-même mais la contamination peut être transmise d'une personne à une autre lors d'une visite, par l'environnement hospitalier (matériel, air, eau...) ou par le personnel. En effet, chaque année 10 000 personnes meurent des suites d'une infection nosocomiale contractée uniquement à l'Hôpital. Il est donc nécessaire de définir des règles strictes de circulation des personnes dans les établissements de soins afin de limiter les biocontaminations : la marche en avant, la mise en place de règles d'hygiène pour le personnel, les patients et les visiteurs, ainsi que des méthodes de désinfection du matériel médical...

Doc. 4 Maîtriser les risques de biocontaminations

Lou et Jules sont nés à 34 semaines. Ils sont prématurés et donc très vulnérables aux infections. La maman est affaiblie, c'est la puéricultrice qui va veiller sur eux pendant les jours à venir. En néonatologie, le lavage des mains doit être fait après chaque tâche, la tenue professionnelle doit être changée de façon systématique toutes les 24 heures ou chaque fois qu'elle est souillée. La puéricultrice sera équipée d'une surblouse qu'elle devra jeter après tout contact avec un enfant, d'un masque afin d'éviter toute contamination aérienne, et de chaussures réservées au service. Les parents devront se laver les mains, mettre une surblouse sur leur vêtement de ville et s'équiper de surchaussures. Ils réaliseront un lavage simple des mains avant de passer de Lou à Jules et vice-versa. Les bébés ne pourront pas avoir d'objets de l'extérieur (doudou, jouet...).

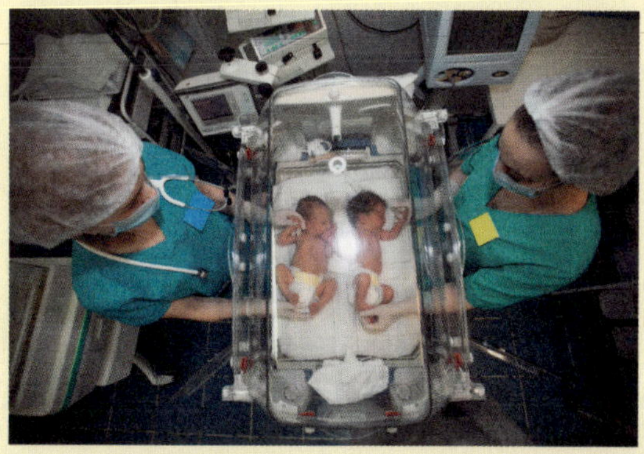

Doc. 5 La circulation des visites au sein de l'hôpital

1. **Souligner** en vert la principale source de contamination à l'hôpital (doc. 4).
2. **Souligner** en bleu les mesures adoptées en néonatalogie pour éviter les contaminations (doc. 5).
3. **Indiquer** les 5 sources possibles de contamination.

– .... – .... – ....

– .... – ....

4. **Préciser** et **justifier** les démarches à suivre pour maitriser le risque infectieux.

....

....

....

Activité 3 L'intérêt de la mise en œuvre du circuit patient

OBJECTIF : Justifier l'intérêt de la mise en œuvre des circuits

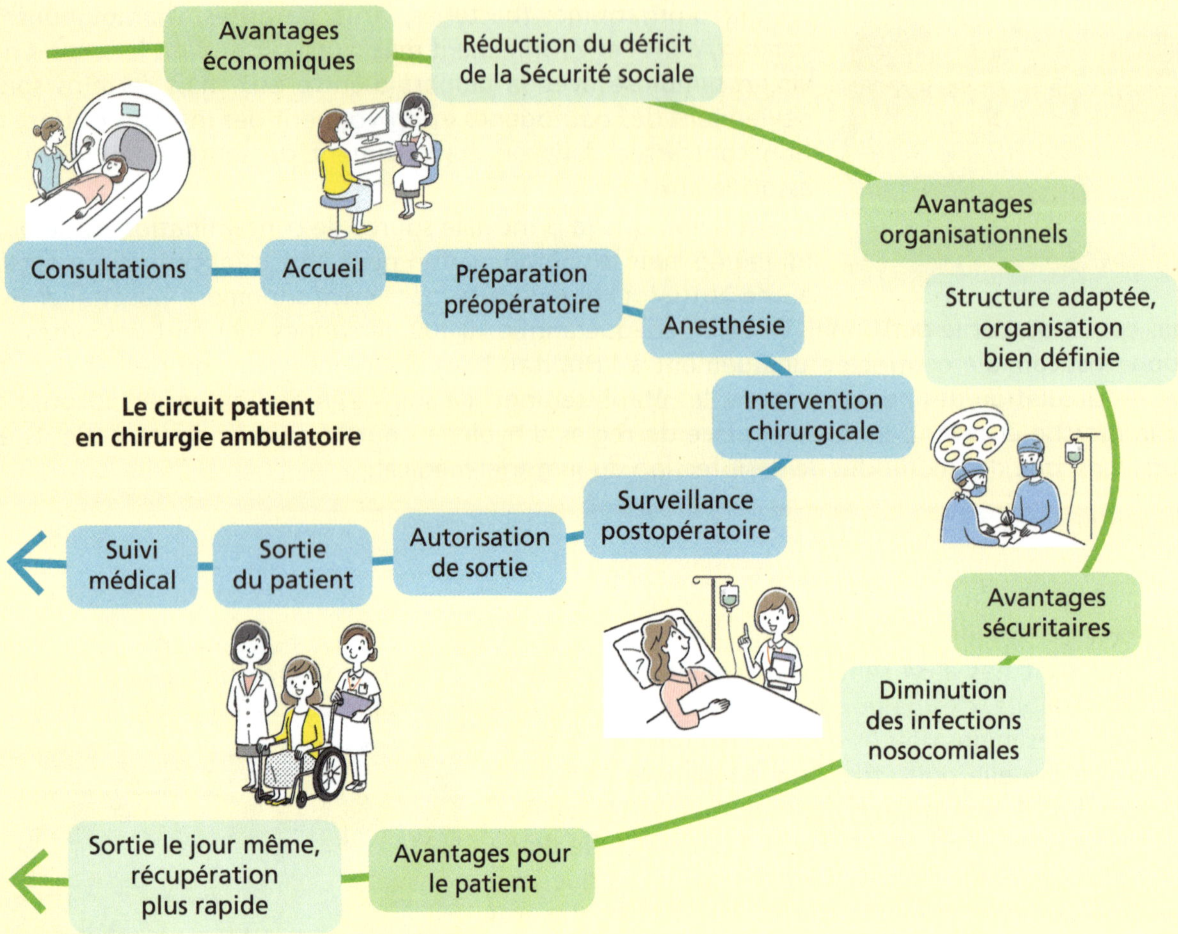

Les avantages .... :

- Réduction du déficit de la sécurité sociale.
- Diminution des lits d'hospitalisation conventionnelle.

Les avantages pour le .... :

- La satisfaction du patient et de sa famille
- Un délai d'hospitalisation réduit
- La qualité et la sécurité des soins par une limitation de l'exposition aux infections
- Une réduction du coût de l'hospitalisation, des habitudes de vie conservées
- La diminution des risques de thromboses et phlébites

Les avantages .... pour l'établissement de santé :

- L'optimisation et l'organisation des ressources et des plateaux techniques
- La satisfaction des personnels par l'amélioration des conditions de travail
- La réduction des coûts pour les établissements et la sécurité sociale
- Le désengorgement des hôpitaux et cliniques dans certains services

Doc. 6 Le circuit patient en chirurgie ambulatoire

1 **Citer** le service qui est concerné par le circuit patient.

....

2 **Compléter** le document avec les termes suivant : *patient, économiques, organisationnels* (**doc. 6**).

FICHE 34 BILAN

Les circuits dans les locaux

Synthèse
www.lienmini.fr/9664-syn7

Un circuit est un itinéraire de circulation organisé en milieu professionnel pour **le personnel**, **le matériel**, **les produits** ou **les déchets**.

La marche en avant
Éviter que le circuit propre ne croise le circuit sale

↓

Pourquoi ?
Éviter les contaminations croisées et prévenir la transmission des infections

↓

Où ?
- **Circuit du linge**
- **Circuit des déchets**
- **Circuit des aliments**

Méthode « HACCP » → Hygiène des denrées alimentaires → Analyse des dangers et des points critiques pour mieux les maîtriser

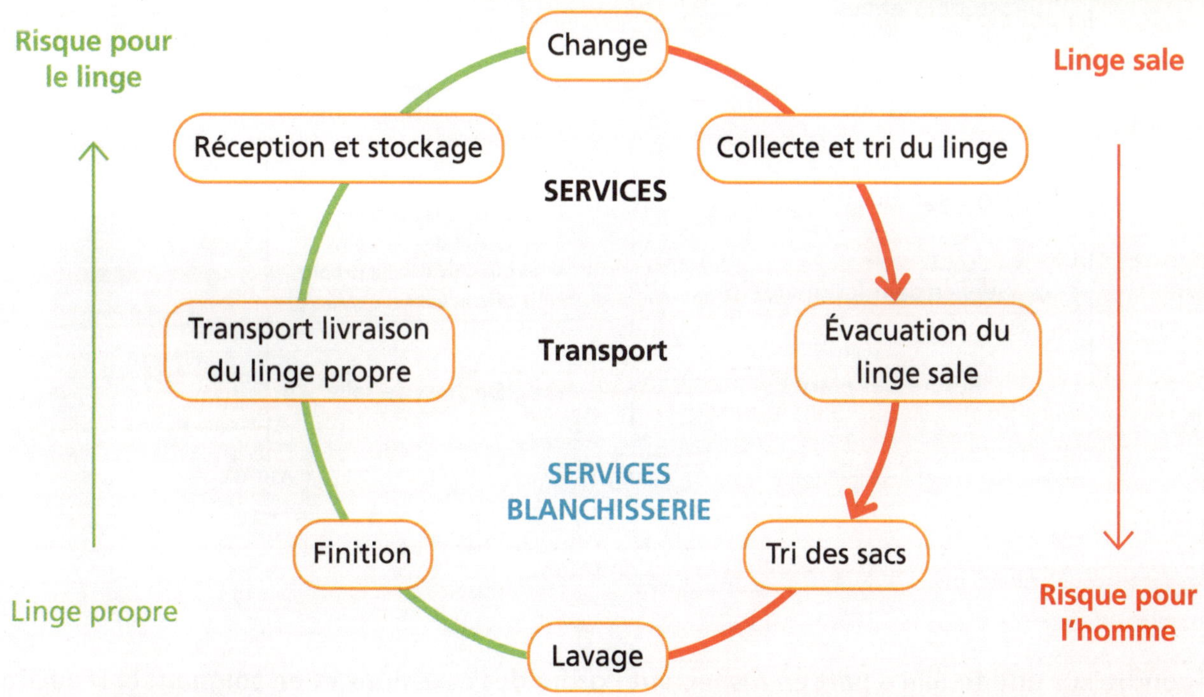

Méthode « RABC » → Analyse des risques et de maîtrise de la biocontamination en blanchisserie

Les plans de circulation horizontaux et verticaux des personnels permettent **de limiter la transmission des micro-organismes** portés par les **patients** ou les **visiteurs** présents en milieu hospitalier.

Analyse de situation

QCM
www.lienmini.fr/9664-qcm7

Situation professionnelle

Vous êtes aide-soignante au sein d'une unité de long séjour au 3e étage. Ce midi, votre chef de service vous demande d'aider le personnel hôtelier à distribuer les plateaux des déjeuners. Chaque étage dispose d'un chariot qui est équipé de bacs posés sur des rails où sont stockées des denrées alimentaires et de la vaisselle. Ce chariot mobile sert de plan de dépose des produits alimentaires et de la vaisselle propre pendant les services dans le couloir. Lorsque le personnel hôtelier arrive dans le service, vous ouvrez le chariot et découvrez les plateaux sales du dîner d'hier soir…

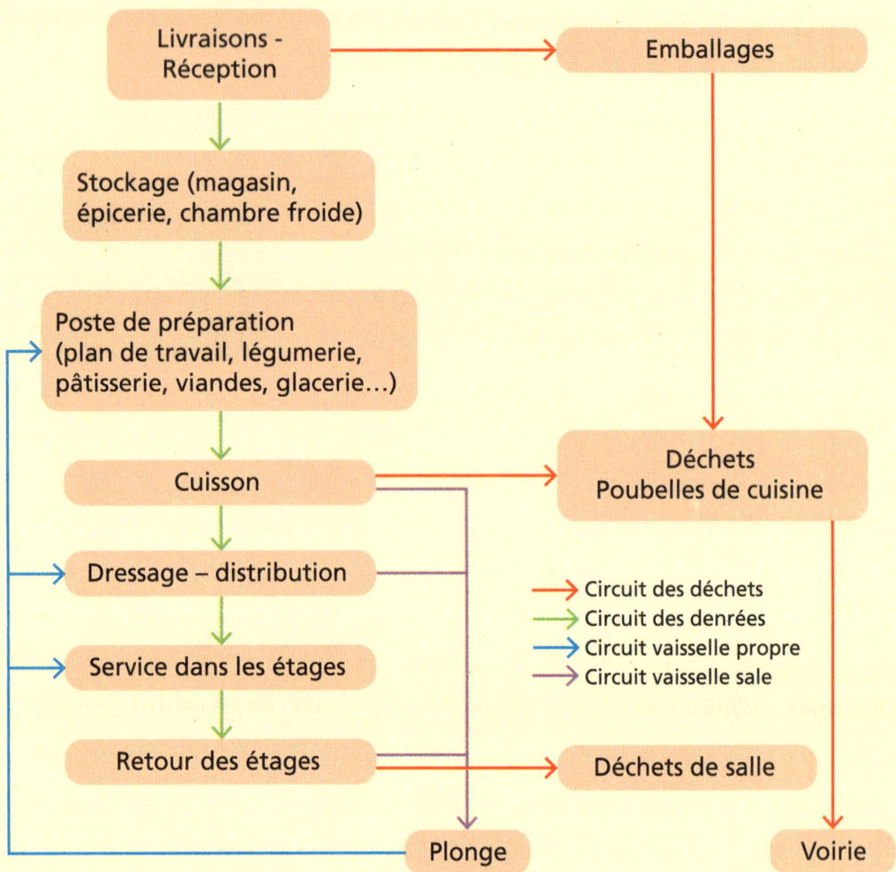

Doc. 1 Le circuit et ses intérêts dans les établissements de soins

Répondre sur une feuille à part en respectant l'ordre des questions et en soignant la rédaction.

1. **Définir** le terme « circuit ».
2. **Expliquer** et **justifier** les risques du non-respect du circuit de la marche en avant.
3. **Donner** deux méthodes qui interviennent dans les circuits en milieu hospitalier.
4. **Indiquer** un autre milieu que celui du linge où les circuits sont fortement conseillés.

FICHE 35 ACTIVITÉS

L'étiquetage des vêtements et les précautions d'entretien

COMPÉTENCES
- **C2.3.1** Entretenir l'environnement proche de la personne, en structure
- **C2.3.4** Trier et acheminer le linge et les déchets

Activité 1 L'étiquetage des vêtements et les précautions d'entretien

OBJECTIF : Indiquer et justifier les modalités de tri du linge en fonction de sa nature

LAVAGE			
Lavage à 50 °C maximum	Lavage à 30 °C avec une action mécanique réduite et très réduite	Lavage à la main	Lavage interdit
SÉCHAGE			
Séchage en sèche-linge à température modérée (60 °C)	Séchage en sèche-linge à température normale (80 °C)	Séchage en sèche-linge interdit	
Séchage sur fil, après essorage en machine	Séchage à plat, après essorage en machine	La barre oblique dans le symbole indique un séchage à l'ombre	
Séchage sur fil, par égouttage, sans essorage préalable en machine	Séchage à plat, par égouttage, sans essorage préalable en machine		
REPASSAGE			
Température maximale de repassage : 110 °C	Température maximale de repassage : 150 °C	Température maximale de repassage : 200 °C	Repassage exclu
BLANCHIMENT		**NETTOYAGE PROFESSIONNEL**	
Chlorage possible	Blanchiment interdit	Nettoyage professionnel à sec au perchloréthylène	Nettoyage à sec interdit

Doc. 1 Les pictogrammes d'entretien des textiles (symboles COFREET : Comité français de l'étiquetage pour l'entretien des textiles)

1 **Indiquer** l'intérêt de noter ces symboles sur un vêtement.

....

....

....

....

....

2 **Identifier** la signification des symboles sur un vêtement

3 **Décoder et déduire** les précautions à prendre pour l'entretien de ce pull

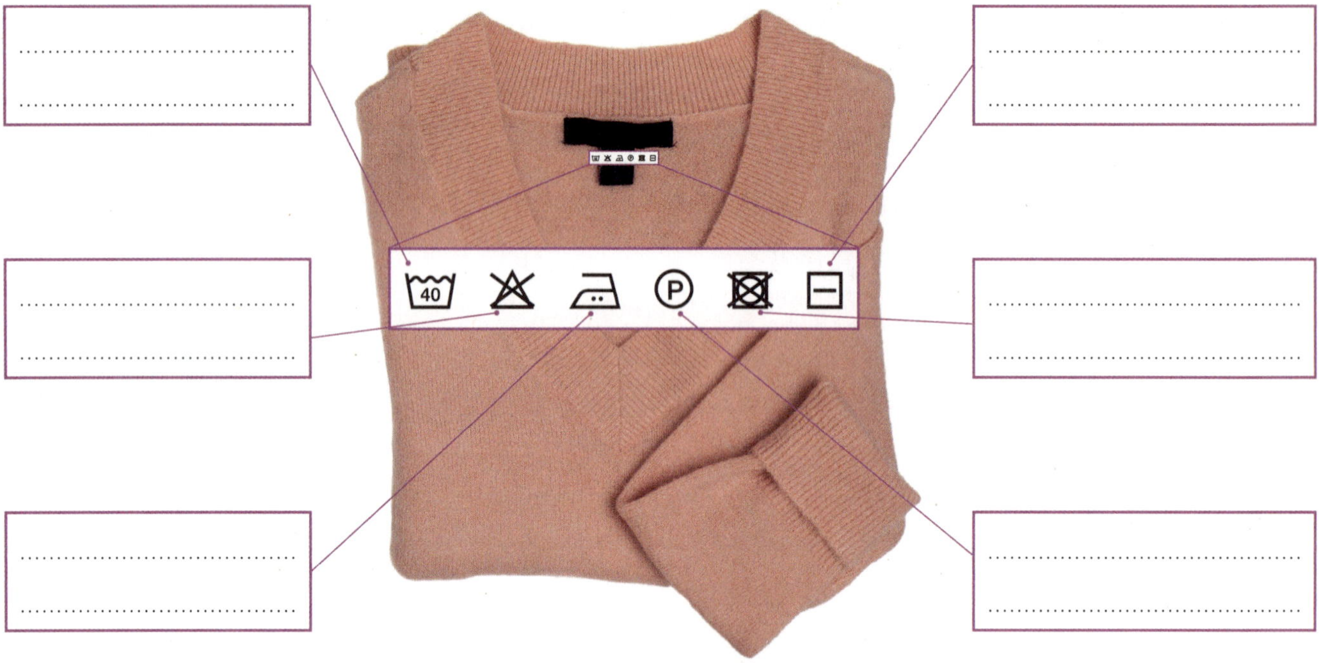

4 À partir des précautions d'entretien suivantes, **compléter** le code d'entretien du vêtement.
Supporte de fortes températures : lavage à 95 °C, séchage en machine à température modérée, repassage à 200 °C. Le traitement à l'eau de Javel est possible ainsi que le nettoyage à sec au perchloréthylène.

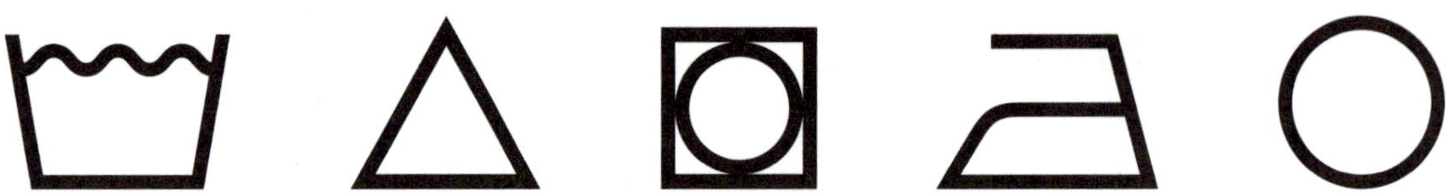

Chemise 100% viscose	Polaire 100% polyester
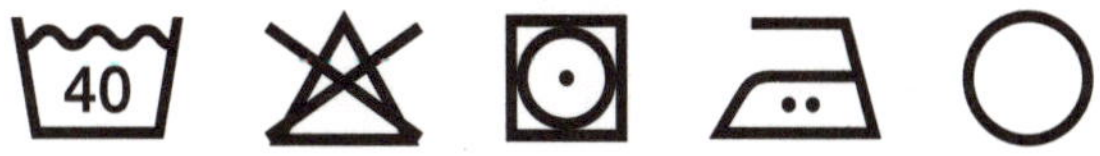	

5 **Préciser** si les affirmations sont vraies ou fausses en cochant dans le tableau, puis les **justifier**.

	Vrai	Faux
A. La chemise et la polaire peuvent se laver à 30°C. Justifier :		
B. Les deux vêtements peuvent être séchés au sèche-linge. Justifier :		
C. La chemise et la polaire peuvent être lavées ensemble, puisque c'est du linge en forme. Justifier :		
D. On peut détacher et désinfecter la polaire, sans problème avec de l'eau de javel. Justifier :		
E. La chemise doit être repassée avant la polaire. Justifier :		

FICHE 36 ACTIVITÉS

Le tri du linge

COMPÉTENCES
- **C2.3.1** Entretenir l'environnement proche de la personne, en structure
- **C2.3.4** Trier et acheminer le linge et les déchets

Activité 1 Les protocoles de tri du linge selon les contextes professionnels

OBJECTIF : Présenter et justifier le protocole de tri du linge en fonction du contexte professionnel

Le linge est véhiculé à l'intérieur des établissements et peut constituer un facteur de risques pour un environnement sensible aux contaminations. Il peut être un :
– réservoir de germes par contact direct avec la peau, les exsudats (suintement), les excrétas (déchets : selles, urines, sueur)... des patients ;
– réservoir de germes par contact direct avec la peau du personnel ;
– réservoir de germes par contact indirect avec l'environnement d'un milieu contaminé.

La prévention des infections implique la mise en place d'un circuit du linge, respectueux de la marche en avant afin d'éviter les contaminations croisées et d'un protocole d'entretien du linge rigoureux garantissant un niveau de qualité microbiologique cible.

Le tri et la lecture des étiquettes sont donc indispensables afin de déterminer le programme de lavage (température, essorage) et le dosage de la lessive pour atteindre ces objectifs.

Doc. 1 Les règles de tri du linge

1 **Expliquer** pourquoi le linge constitue un facteur de risque dans les établissements de soins.

....

....

2 **Justifier** le protocole de tri du linge.

....

....

3 **Indiquer** la fonction du tri du linge et de la lecture des étiquettes.

....

....

4 **Identifier** le contexte professionnel de chaque protocole de tri du linge présenté dans le tableau à l'aide des termes suivants : *Crèche-Multi-accueil / Domicile / EHPAD-Milieu hospitalier*

Contextes professionnels	Protocoles de tri du linge
....	– Dans la chambre du patient, pré-tri du linge sale avec des gants à usage unique. – Tri et conditionnement du linge sale dans des sacs de couleurs dans le couloir. – Évacuation et stockage des sacs dans un local spécifique puis transport vers la blanchisserie.

Contextes professionnels	Protocoles de tri du linge
....	– Dans la buanderie du logement, au moment de laver les textiles, commencer par séparer le linge plat du linge en forme. – Ensuite, séparer le linge en forme de couleurs claires, du linge en forme de couleurs foncées et du linge délicat. – Enfin, le linge sale sera séparé du linge peu sale pour éviter le transfert de salissures sur le linge peu sale.
....	– Tri du linge dans les différents services : séparer le linge du repas (serviettes de table, torchons, bavoirs…) du linge des changes (gants de toilette, draps, serviettes de toilette…) avec des gants à usage unique. – Évacuation et traitement du linge dans la buanderie quotidiennement.

5 **Relier** les éléments caractéristiques de protocoles de tri aux contextes professionnels.

Éléments caractéristiques de protocoles de tri	Contextes professionnels
Tri à la source	
Collecte du linge en sacs de couleur	
Lavage du linge en buanderie	EHPAD-Milieu hospitalier
Tri du linge au moment du lavage	Crèche-Multi-accueil
Respect de la marche en avant	Domicile
Tri en fonction de la catégorie, des couleurs, de la matière et du degré de salissure	

6 **En déduire** les deux principales caractéristiques du protocole de tri en structure.

....

7 **Indiquer** le sac correspondant en cochant la bonne case lors du tri du linge à la source en structure.

▶ Fiche 38 • Technique

Linge à trier en structure / Désignation du sac	Grands plats	Petites pièces	Linge en forme
Drap plat			
Serviette de table			
Chemise de nuit			
Serviette de toilette			
Alèse			
Dessus de lit			
Taie d'oreiller			
Veste et pantalon de pyjama			
Gant de toilette			

Activité 2 Les règles de tri du linge en structure

OBJECTIF : Présenter et justifier le protocole de tri du linge en structure

1 **Relier** les recommandations préconisées pour le tri du linge sale en structure à leur justification.

▶ Fiche 38 • Technique

Recommandations	Justification
Effectuer le pré-tri dans la chambre du patient ou du résident.	Éviter la surcharge des sacs et le risque d'ouverture.
Remplir les sacs au 2/3.	Limiter l'aéro-biocontamination.
Manipuler le linge sale avec des gestes mesurés.	Éviter au linge sale d'être un vecteur de contamination croisée dans les services.
Ne pas déposer le linge sale au sol ou sur le mobilier	Éviter la contamination de la tenue du personnel de soins.
Ne pas mettre le linge sale contre soi.	Limiter la contamination sur les surfaces : sol, mobilier.
 Répartir le linge dans les sacs de couleur disposés sur un chariot dans le couloir.	Éviter les contaminations croisées entre les chambres.

2 **Indiquer** l'opération de contrôle indispensable à réaliser lors du pré-tri dans la chambre du patient et **justifier.**

....

....

....

....

3 **Citer** le matériel nécessaire et les équipements de protections individuels pour trier le linge sale et **justifier**.

Matériel	Justification
....	....
....	....
....	
....	

FICHE 37 ACTIVITÉS

Le linge contaminé

COMPÉTENCES
• **C2.3.1** Entretenir l'environnement proche de la personne, en structure

Activité 1 La définition du linge contaminé

OBJECTIF : Préciser les modalités de signalement du linge contaminé

« Les précautions complémentaires (chambre seule, signalisation chambre + dossier, soins regroupés, petit matériel dédié, bionettoyage) sont à appliquer, en complément des précautions standard (hygiène des mains, gants, tabliers, gestion des excreta), pour tout patient suspect ou atteint :
– d'une pathologie transmissible par contact liée à certains micro-organismes : infections à bactéries multirésistantes (BMR), bactéries hautement résistantes émergentes (BHRe), *Clostridium difficile*, gale » ;
– d'une pathologie transmissible par aérosols telle que tuberculose, rougeole, varicelle… ;
– d'une infection contagieuse transmissible par « gouttelettes » telle que grippe, coqueluche, infection à méningocoque, bronchiolite à VRS, oreillons, rubéole... (Source : INRS)

Doc. 1 Les précautions complémentaires

1 **Définir** un linge contaminé.

....

....

2 **Souligner** les précautions supplémentaires qu'implique un linge contaminé.

Activité 2 Les modalités de signalement du linge contaminé

OBJECTIF : Préciser les modalités de signalement du linge contaminé

En crèche : – Les vêtements souillés par les enfants ne sont pas lavés ou rincés dans l'établissement.
– Avec des gants, les mettre dans un sac hermétique fermé et les donner aux parents.

En EHPAD/Milieu hospitalier : – Placer le linge à risque infectieux sans le trier dans un sac rouge fermé hydrosoluble dans la chambre du patient.
– Placer ce sac sous un double emballage étanche fermé dans le collecteur identifié contagieux (sac généralement rouge). La blanchisserie pourra l'identifier comme à risque.

Doc. 2 Le traitement du linge contaminé

1 **Indiquer** la préconisation à prendre dans le cas de linge souillé en crèche.

....

2 **Préciser** les modalités de signalement du linge contaminé en EHPAD/Milieu hospitalier

....

....

FICHE 38 TECHNIQUE

Le tri du linge en structure

COMPÉTENCES
- **C2.3.1** Entretenir l'environnement proche de la personne en structure
- **C2.3.4** Trier et acheminer le linge et les déchets

MATÉRIEL

- Chariot avec des sacs de couleurs différentes
- Gants à usage unique
- Tablier à usage unique
- Masque et charlotte à usage unique

PRODUIT

- Sacs hydrosolubles
- Détergent-désinfectant

ÉTAPES PRÉALABLES

- ☐ Se mettre en tenue professionnelle.
- ☐ Se laver les mains, mettre un tablier, des gants, un masque et une charlotte à usage unique.

Autocontrôles

- ☐ Contrôler la propreté visuelle du matériel.
- ☐ Vérifier systématiquement l'absence d'objet étranger dans le linge.
- ☐ Vérifier le respect des codes couleurs lors du tri du linge.

TECHNIQUE

Pré-tri (ou tri à la source) du linge dans le service : il se fait après chaque réfection de lit, chaque toilette ou soins corporels des patients ou résidents par le personnel soignant dans la chambre. Adopter le principe « linge sale = linge contaminé ».

1. Ne pas mettre le linge sale contre soi.
2. Limiter l'aéro-biocontamination en manipulant le linge sale avec des gestes mesurés et sans le déposer sur le sol ou sur le mobilier.

Tri et conditionnement du linge sale dans le service :

1. Répartir le linge dans les sacs de couleur correspondante disposés sur un chariot dans le couloir :
   - Grands plats : draps plats, draps housses, alèses, dessus de lit
   - Petites pièces : taies, serviettes de toilette, gants de toilette
   - Linge en forme : vestes et pantalons de pyjama, chemises de nuit
2. Remplir les sacs aux 2/3 puis les fermer systématiquement et correctement.
3. Les précautions « standards » ne recommandent pas de double emballage.

Stockage intermédiaire et transport du linge sale vers la blanchisserie : les sacs sont rapidement évacués vers un local spécifique (frais, aéré), loin du linge propre

CRITÈRES DE QUALITÉ

- Visuellement : absence d'objet dans les sacs, linge correctement trié.
- Propreté du matériel avant rangement/débarras des gants et du tablier à usage unique.

FICHE 39 BILAN

Le tri du linge

Synthèse
www.lienmini.fr/9664-syn8

Les étiquettes des vêtements

☐ (cuve)	△	◙	(fer)	○
Température de lavage en machine	Traitement à l'eau de javel	Séchage en tambour	Température du repassage	Nettoyage à sec

Protocoles de tri en fonction du contexte

EHPAD/Milieu hospitalier

- Pré-tri dans la chambre avec des gants à usage unique.
- Tri et conditionnement dans des sacs de couleurs dans le couloir.
- Évacuation et stockage dans un local spécifique puis transport vers la blanchisserie.

Crèche/Multi-accueil

- Tri dans les différents services : séparer le linge du repas du linge des changes avec des gants à usage unique.
- Évacuation et traitement du linge dans la buanderie quotidiennement.

Domicile

- Dans la buanderie, au moment de laver les textiles, séparer le linge plat du linge en forme.
- Puis, séparer le linge en fonction des couleurs, des textiles (degré de fragilité) et du degré de salissure

Le linge contaminé

Par « contact », « gouttelette », « air »

Appliquer les précautions complémentaires :
Double emballage avec sac hydrosoluble

Analyse de situation

QCM
www.lienmini.fr/9664-qcm8

Situation professionnelle

Vous travaillez au sein de l'EHPAD « La belle vie » depuis plusieurs semaines. Vous réalisez l'entretien des chambres et des couloirs du premier étage. Lors de l'entretien des chambres, vous effectuez le pré-tri du linge et vous le disposez dans les sacs du chariot à linge dans le couloir. Arrivée à la chambre de M. Pardies, vous vous apercevez qu'il a eu une diarrhée, vous devez traiter le linge contaminé en conséquence.

Catégories de sacs	Articles à respecter
BLEU	Draps-alèses barrières-alèses (fauteuil)
VERT	Chemises malades-chemises de nuit
JAUNE	Linge de corps- serviettes de toilette- gants de toilette
GRIS	Bavoirs-serviettes de table-taies d'oreiller-couvertures-couvre-lit-pyjamas
BLANC	Robes-lainages-chaussettes-peignoirs-pantalons
BEIGE	Personnel

Doc. 1 Exemple de tri du linge à l'EHPAD

Utilisation

Manipuler le sac avec les mains sèches.

Éviter le contact avec l'humidité afin de préserver la solidité et l'intégrité du film.

Placer un linge sec en premier dans le sac afin de le protéger dans le cas où des articles humides devraient être placés dans le sac par la suite. Ne jamais placer de linge mouillé dans le sac.

Fermeture : Expulser le maximum d'air possible avant la fermeture en prenant soin de ne pas diriger l'air vers le visage. Cette opération permet au sac de linge d'être plus résistant. Un lien de fermeture de couleur est avec chaque sac. Utiliser le lien pour la fermeture. Attention ne pas nouer le sac pour le fermer. Un nœud empêche la solubilité lors du lavage.

Le sac fermé doit être placé dans un sac propre et solide lors du transport au sein et hors de la structure afin de réduire les possibilités de déchirure ou de perforation.

Source : www.voussert.fr

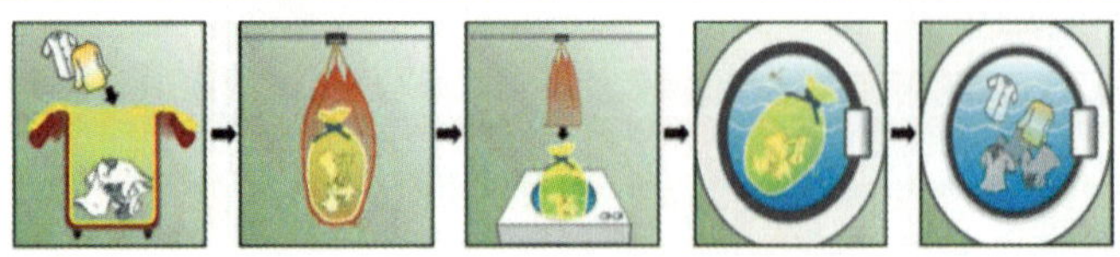

Doc. 2 Un exemple de sac hydrosoluble : extrait de la fiche technique

Répondre sur une feuille à part en respectant l'ordre des questions de savoirs associés et en soignant la rédaction.

1. **Expliquer** l'utilité des symboles présents sur l'étiquetage des vêtements.
2. **Expliquer** le tri du linge en structure et le **justifier.**
3. **Justifier** le fait que chaque catégorie de linge soit placée dans des sacs de couleurs différentes.
4. **Citer** deux recommandations pour trier le linge sale et **respecter** les mesures d'hygiène.
5. **Expliquer** la démarche à respecter en cas de linge contaminé.

Les étapes préalables à la stérilisation des dispositifs médicaux réutilisables (DMR)

COMPÉTENCES
- **C2.3.5** Entretenir et surveiller les équipements et les dispositifs médicaux

Activité 1 La pré-désinfection ou décontamination

OBJECTIFS : Définir et décrire la pré-désinfection ou décontamination

La pré-désinfection est le premier traitement à effectuer sur les objets et matériels souillés dans le but de diminuer la population de micro-organismes et de faciliter le nettoyage ultérieur.
La pré-désinfection est également appelée décontamination.
Elle est réalisée le plus rapidement possible après utilisation du dispositif médical réutilisable (DMR), au plus près du lieu d'utilisation et avant le nettoyage.
Elle permet ainsi de protéger le personnel lors de la manipulation des instruments et d'éviter la contamination de l'environnement.

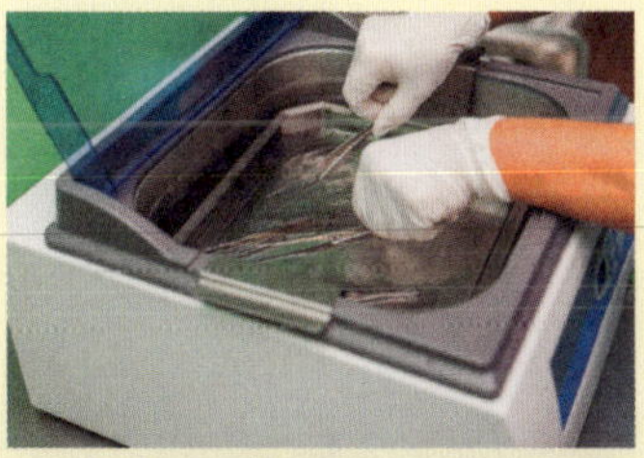

Elle peut être manuelle. Dans ce cas la qualité du résultat dépend de :
- la concentration du produit de pré-désinfection ;
- la température de l'eau ;
- la durée de trempage ;
- la bonne immersion des instruments.

Dans certains cas, elle peut être mécanisée.

L'avantage de la pré-désinfection mécanisée est d'assurer le respect :
- de la concentration du détergent désinfectant ;
- de la température de l'eau optimale ;
- du temps de traitement.

Doc. 1 La pré-désinfection

1 **Définir** la pré-désinfection.

....

....

....

2 **Indiquer** la différence entre la pré-désinfection et la décontamination

....

....

3 **Identifier** les paramètres qui vont déterminer la qualité du résultat pour une pré-désinfection manuelle en les soulignant dans le **doc. 1**.

4 **Décrire** la pré-désinfection en complétant le schéma ci-dessous :

La pré-désinfection	
Quand ? Quand est-elle réalisée ?	....
Où ? À quel endroit est elle réalisée ?	....
Comment? Comment est-elle réalisée ?	....
Pourquoi ? Quel est son intérêt ?	....

5 **Numéroter** dans l'ordre les étapes de la pré-désinfection représentées par les images ci-dessous ▶ Fiche 42 • Technique.

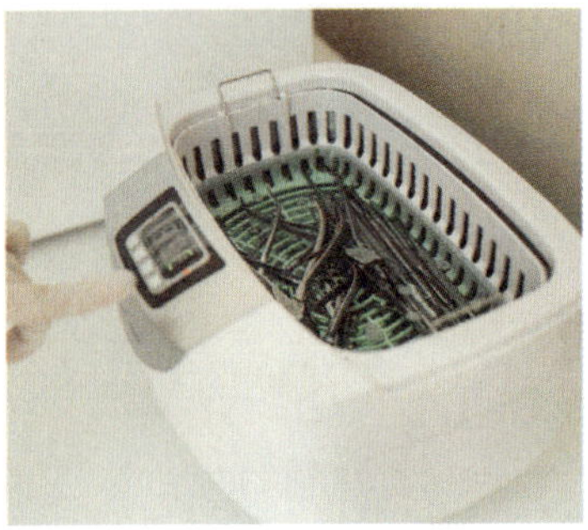

Étape : ....

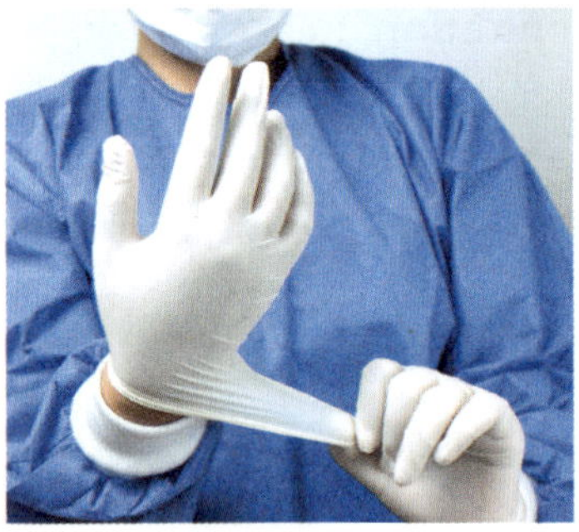

Étape : ....

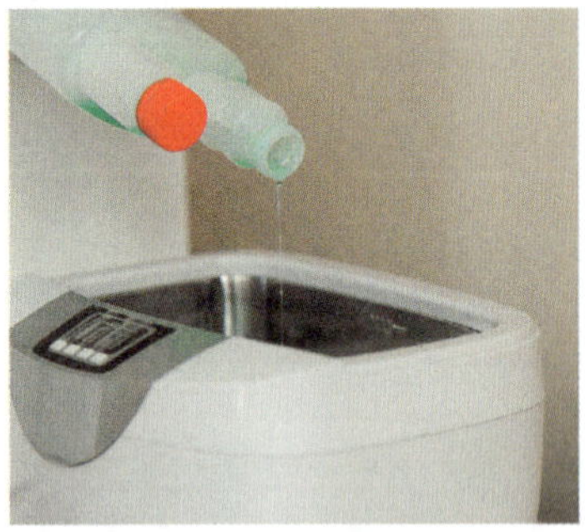

Étape : ....

6 **Justifier** le port de gants à manchette et de lunettes.

....

....

....

7 **Justifier** les étapes de la technique en complétant le tableau ci-dessous :

Numéro de l'étape	Justification
7	....
8	....
11	....

Activité 2 Les étapes préalables à la stérilisation

OBJECTIFS : Définir la stérilisation – décrire les étapes préalables à la stérilisation

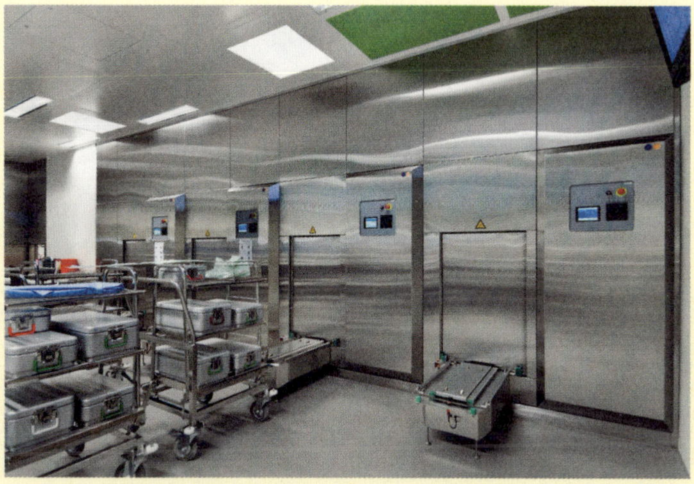

1 La pré-désinfection est le premier traitement à effectuer sur les objets souillés.

2 Après avoir été rincé afin d'éliminer les résidus de produit, le matériel est nettoyé/désinfecté, rincé et séché généralement en laveur/désinfecteur. Ces opérations permettent d'éliminer les salissures résiduelles et de réduire le taux de micro-organismes afin d'obtenir des instruments secs et propres en zone de conditionnement. Seul du matériel propre peut être stérilisé.

3 Le matériel propre et sec est ensuite conditionné de manière à maintenir avant stérilisation un niveau minimum de contamination, de permettre le contact avec l'agent stérilisant, d'assurer le maintien de la stérilité jusqu'au moment de l'utilisation, de permettre l'utilisation du matériel dans des conditions aseptiques.

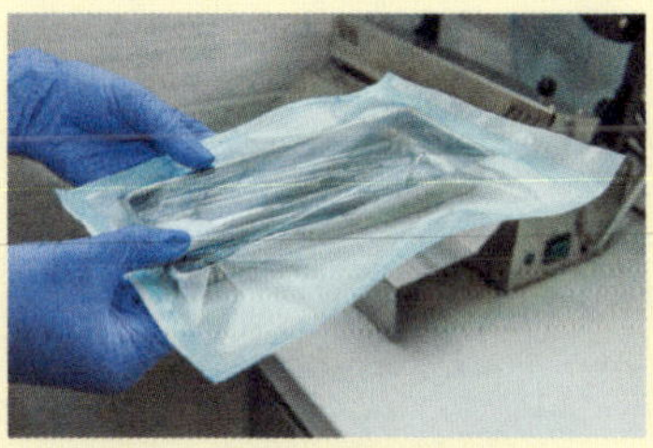

En poche

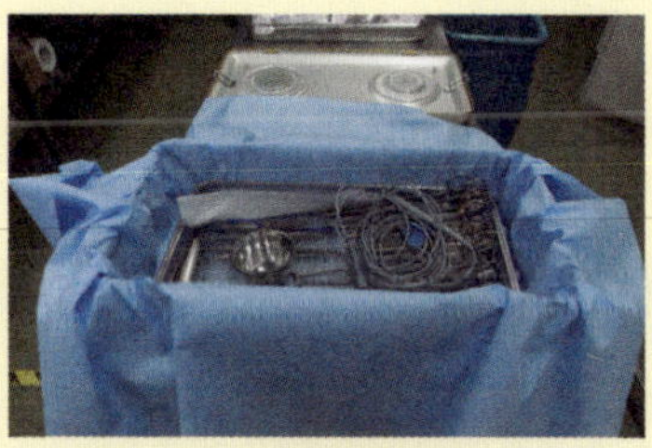

Emballage papier

Container

4 Une fois conditionné le matériel est stérilisé. La stérilisation est l'ensemble des méthodes et des moyens permettant d'éliminer ou de tuer, tous les micro-organismes vivants de quelque nature ou forme que ce soit, portés par un objet parfaitement nettoyé. Le résultat de l'opération, durable dans le temps, est l'état stérile. Le matériel est ensuite stocké dans les services pour utilisation.

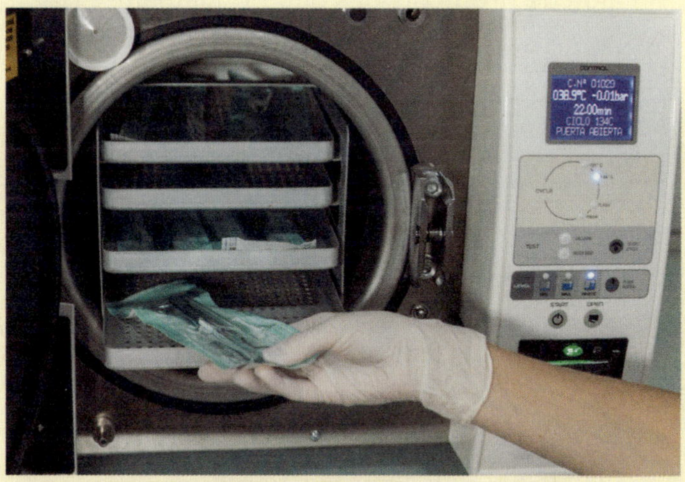

Doc. 2 Les étapes préalables à la stérilisation des dispositifs médicaux réutilisables (DMR)

1 **Identifier** la définition de la stérilisation en la soulignant dans le doc. 2.

2 **Justifier** l'intérêt du rinçage après la pré-désinfection :

....

....

3 Décrire des étapes préalables à la stérilisation en complétant le tableau ci-dessous :

Étapes	Description
Pré-désinfection	
Nettoyage/Désinfection Rinçage Séchage	– Matériel utilisé : .... – Objectif : ....
Conditionnement	– Types de conditionnement possibles : .... – Objectifs : ....
Stérilisation	

4 Indiquer les contrôles à réaliser au niveau des DMR avant le conditionnement.
À l'aide du protocole de conditionnement ▶ Fiche 43 • Technique

....

....

5 Citer le nombre de feuilles de papier crêpe nécessaire au conditionnement.

....

....

6 Décrire le container de stérilisation ci-dessous en plaçant en légendes les mots suivants : poignée, cuve, couvercle, système de fermeture, dispositif d'admission de la vapeur.

....

....

....

....

....

....

....

FICHE 41 ACTIVITÉS

Les étapes de la stérilisation et le matériel associé

COMPÉTENCES
- **C2.3.5** Entretenir et surveiller les équipements et les dispositifs médicaux

Activité 1 Les techniques de stérilisation

OBJECTIFS : Décrire les différentes techniques de stérilisation

Procédés	Équipements	Caractéristiques
Vapeur d'eau saturée 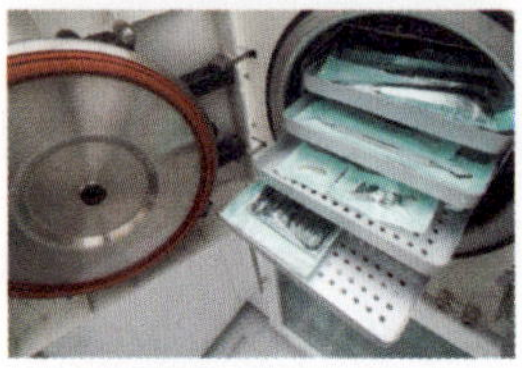	Autoclave	L'agent stérilisant est la vapeur d'eau saturée. Température : 121 à 134 °C Temps : 18 minutes à 134 °C Pression : 2 bar *Pour tout matériel non thermosensible.*
Chaleur sèche 	Four Poupinel	L'agent stérilisant est la chaleur. Température : 160 à 180 °C Temps : 1 heure *Verre et métal uniquement.* *L'efficacité est variable.*
Gaz plasma 	Enceinte close à basse pression	L'agent stérilisant est le peroxyde d'hydrogène à une concentration minimale de 6 mg/L. Température : 45 °C Temps : environ 1 heure *Adapté au matériel thermosensible. Difficultés de traiter les cavités internes. Coût élevé.*
Oxyde d'éthylène 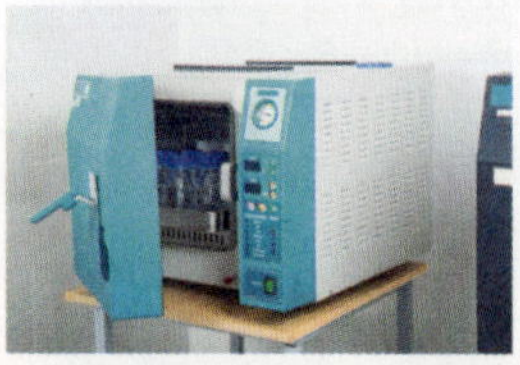	Autoclave	L'agent stérilisant est l'oxyde d'éthylène à une concentration entre 400 et 1 000 mg/L. Température : 35 à 55 °C Temps : quelques heures *Adapté au matériel thermosensible, phase de désorption longue (élimination du gaz).*

Doc. 1 Les différentes techniques de stérilisation des DMR

La stérilisation à la chaleur humide au moyen de vapeur d'eau saturée, réalisée en autoclave, est le procédé de stérilisation recommandé car le plus fiable et le plus facile à valider et à contrôler. Elle représente donc le premier choix pour le matériel résistant au vide, à l'humidité, aux températures et aux pressions élevées.

Doc. 2 La stérilisation par vapeur d'eau saturée

1 Indiquer l'objectif de la stérilisation à l'aide de la définition.

....

....

2 Citer les trois principaux paramètres qui permettent de caractériser les procédés de stérilisation.

....

3 Décrire chaque technique de stérilisation en complétant le tableau ci-dessous.

Procédés	Agent stérilisant	Paramètres
Vapeur d'eau saturée	....	Température : .... Temps : .... Pression : ....
Chaleur sèche	....	Température : .... Temps : ....
Gaz plasma	....	Température : .... Temps : ....
Oxyde d'éthylène	....	Température : .... Temps : ....

4 Proposer un procédé de stérilisation adapté pour chaque instrument ci-dessous :

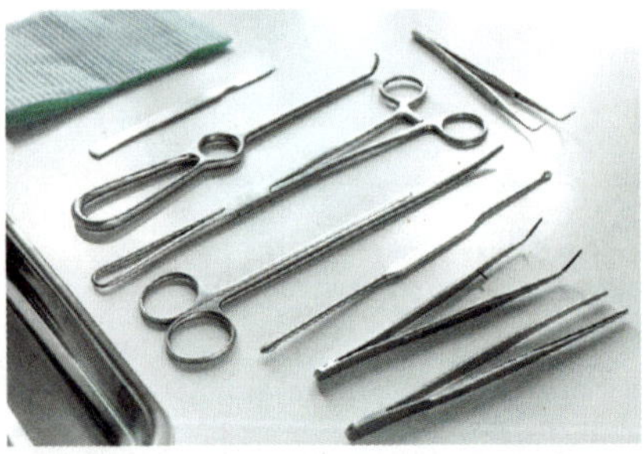

Dispositif : Matériel médical inox

Procédé de stérilisation adapté :

....

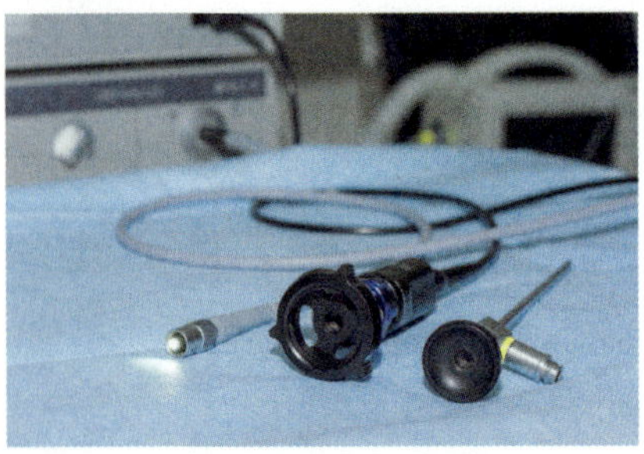

Dispositif : endoscope (optique thermosensible)

Procédé de stérilisation adapté :

....

5 Citer le procédé de stérilisation à privilégier, justifier la réponse :

– Procédé : ....

– Justification : ....

6 Indiquer si ce procédé est adapté à tout type de matériel.

....

....

Activité 2 Les contrôles de la stérilisation

OBJECTIF : Décrire les contrôles réalisés au cours de la stérilisation

Faire des contrôles en stérilisation permet d'assurer la qualité du résultat attendu. Le contrôle de l'efficacité du procédé de stérilisation s'effectue à l'aide de contrôles réalisés avant, pendant et après la mise en œuvre du procédé.

1 Contrôle avant la stérilisation

Avant la mise en œuvre du procédé de stérilisation, un test de Bowie & Dick est réalisé lors du premier cycle de la journée à vide. Il teste le bon fonctionnement de l'appareil en vérifiant la quantité de vapeur diffusée dans l'autoclave et l'élimination de l'air.

Feuille test **avant** stérilisation | Feuille test **après** stérilisation – Résultat non conforme | Feuille test **après** stérilisation – Résultat conforme

2 Contrôles pendant la stérilisation

Vérification des manomètres (pression), des thermomètres, du déroulement conforme des phases du cycle (absence d'alarmes).

3 Contrôles après la stérilisation

Contrôles physico-chimiques :

– **Indicateurs de passage :** ruban adhésif posé sur la charge, son changement de couleur permet d'identifier les objets passés dans l'autoclave mais ne constitue pas une garantie de l'état stérile.

– **Intégrateurs des paramètres de stérilisation :** indicateurs colorés placés dans la charge à stériliser contrôlant trois paramètres : temps – température – vapeur saturée.

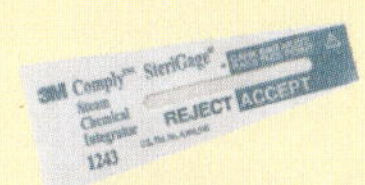

Contrôles bactériologiques :

– **Indicateur biologique** : tube contenant des spores bactériennes placé dans la charge à stériliser, le tube est mis à incuber après la stérilisation afin de détecter si les spores ont réellement été détruites dans le stérilisateur.

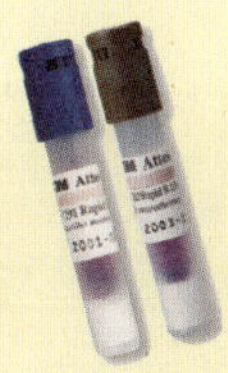

Doc. 3 Contrôles de l'efficacité de la stérilisation

1 Indiquer l'intérêt des contrôles du procédé de stérilisation.

....

....

....

2 Préciser à quels moments ont lieu ces contrôles.

....

....

....

3 **Associer** chaque contrôle à son objectif à l'aide d'une flèche.

Contrôles de l'efficacité de la stérilisation	Objectifs
Indicateur biologique •	• Permet d'identifier les objets passés dans l'autoclave
Indicateur de passage •	• Teste le bon fonctionnement de l'appareil en vérifiant la quantité de vapeur diffusée dans l'autoclave et l'élimination de l'air.
Intégrateur des paramètres de stérilisation •	• Détecte si les spores microbiennes ont réellement été détruites dans le stérilisateur
Test de Bowie & Dick •	• Contrôle les paramètres de stérilisation : temps – température – vapeur saturée

4 **Identifier** le moment du contrôle en cochant la bonne réponse.

Contrôles de l'efficacité de la stérilisation	Moment de sa réalisation
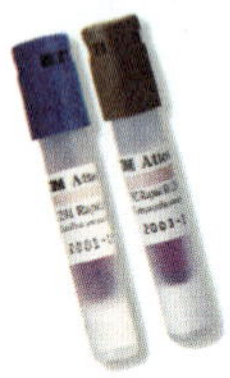	❑ Avant la stérilisation ❑ Pendant la stérilisation ❑ Après la stérilisation
	❑ Avant la stérilisation ❑ Pendant la stérilisation ❑ Après la stérilisation
	❑ Avant la stérilisation ❑ Pendant la stérilisation ❑ Après la stérilisation
 Manomètre	❑ Avant la stérilisation ❑ Pendant la stérilisation ❑ Après la stérilisation

FICHE 42 TECHNIQUE

La pré-désinfection des DMR

COMPÉTENCES
- **C2.3.5** Entretenir et surveiller les équipements et dispositifs médicaux

MATÉRIEL

- Gants à manchette longue, lunettes de protection, surblouse, masque, charlotte
- Bac avec couvercle, brosse, compresses, champ propre, support non pelucheux

PRODUIT

- Produit détergent désinfectant

ÉTAPES PRÉALABLES

- ☐ Se mettre en tenue professionnelle
- ☐ Mettre une surblouse et des lunettes de protection
- ☐ Se laver les mains, mettre les gants

TECHNIQUE

- ☐ **1** Préparer la solution détergente désinfectante dans le bac et le couvrir.
- ☐ **2** Noter l'heure et la date de la préparation sur le bac pour s'assurer du renouvellement au bout de 24 heures.
- ☐ **3** Éliminer sur les DMR les débris tissulaires, osseux et les déchets (compresses).
- ☐ **4** Essuyer les DMR souillés de sang avec un tissu non pelucheux, éliminer les DMR défectueux, à usage unique (symbole ②), lames et aiguilles.
- ☐ **5** Ouvrir les pinces et ciseaux.
- ☐ **6** Immerger complètement les instruments dans le bac. Faire circuler la solution à l'intérieur des instruments creux.

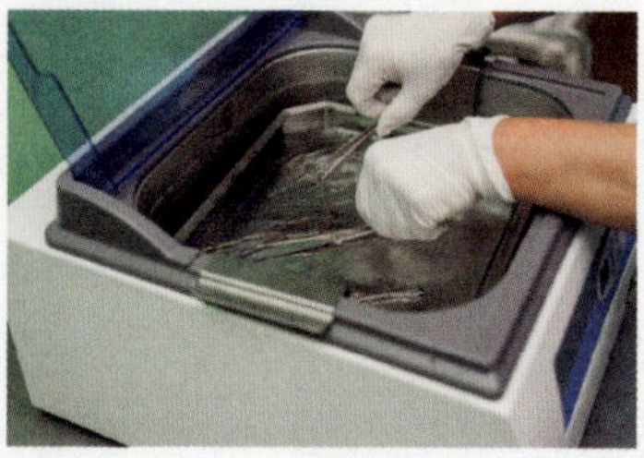

- ☐ **7** Couvrir et laisser agir en respectant le temps de contact préconisé.
- ☐ **8** Brosser les DMR avec une brosse en plastique et les rincer à l'eau.
- ☐ **9** Égoutter les DMR sur un champ propre et les sécher avec un support propre et non pelucheux.
- ☐ **10** Disposer les DMR par familles dans les conteneurs et fermer ceux-ci hermétiquement pour protéger le matériel de la contamination.
- ☐ **11** Noter sur le conteneur la date, l'heure de cette opération et compléter la fiche de suivi.
- ☐ **12** Bionettoyer et sécher le bac et bionettoyer le plan de travail pour assurer le maintien en état du matériel.
- ☐ **13** Quitter les gants et la surblouse.
- ☐ **14** Se laver les mains ou appliquer un gel hydroalcoolique.

CRITÈRES DE QUALITÉ

- Les DMR sont secs et ne présentent pas de traces.
- Les conteneurs sont hermétiquement fermés et identifiés.

FICHE 43 TECHNIQUE

Le conditionnement des DMR pour stérilisation en panier avec double enveloppe de papier crêpe

COMPÉTENCES
• C2.3.5 Entretenir et surveiller les équipements et dispositifs médicaux

MATÉRIEL

• Panier de stérilisation permettant le passage de l'agent de stérilisation
• Papier crêpe conforme à la norme NF EN868-2

PRODUIT

• Ruban adhésif indicateur de passage

ÉTAPES PRÉALABLES

- ☐ Se mettre en tenue professionnelle.
- ☐ Se laver les mains.
- ☐ Le matériel est pré-désinfecté, nettoyé, séché.

TECHNIQUE

- ☐ Vérifier la composition de la boîte, l'état du matériel et l'ordonner. Le matériel défectueux ou à usage unique (symbole ②) doit être écarté.
- ☐ Positionner la boîte sur une feuille double de papier crêpe.
- ☐ Réaliser le pliage tel que ci-dessous à l'aide de la première feuille de papier.
- ☐ Puis réaliser à nouveau le pliage à l'aide de la deuxième feuille de papier.

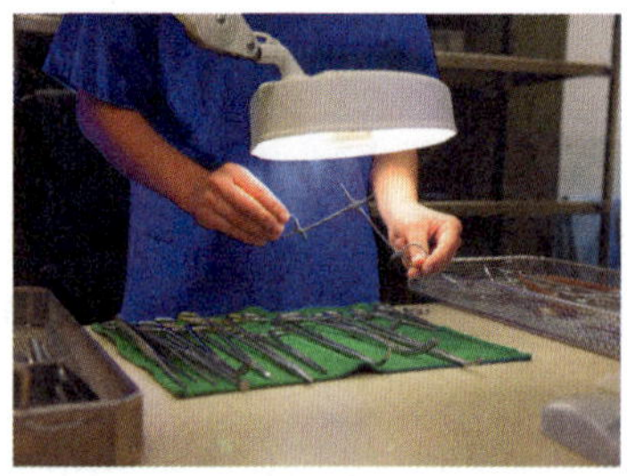

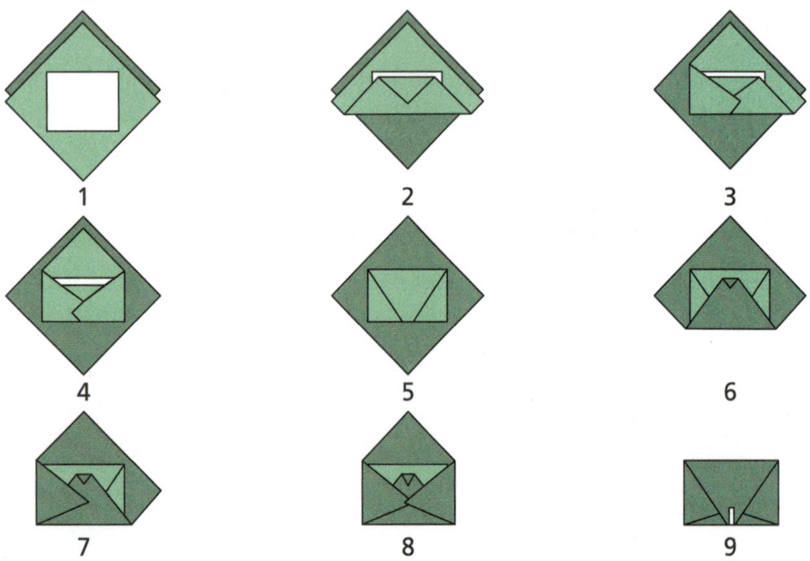

- ☐ Fermer à l'aide du ruban adhésif.
- ☐ Apposer l'étiquette de traçabilité.

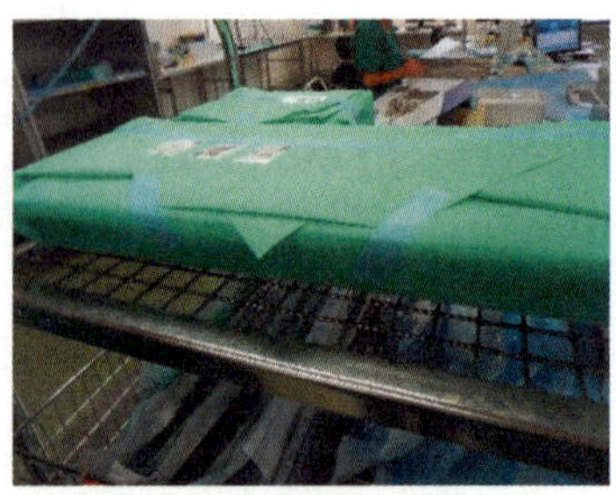

CRITÈRES DE QUALITÉ

• Intégrité du papier et du pliage conforme en double enveloppe.

FICHE 44 BILAN

Les techniques de stérilisation

Synthèse
www.lienmini.fr/9664-syn9

Les étapes préalables à la stérilisation

Pré-désinfection des dispositifs médicaux réutilisables (DMR)
Premier traitement à effectuer sur les objets et matériels souillés
- Pour diminuer la population de micro-organismes.
- Pour faciliter le nettoyage ultérieur.

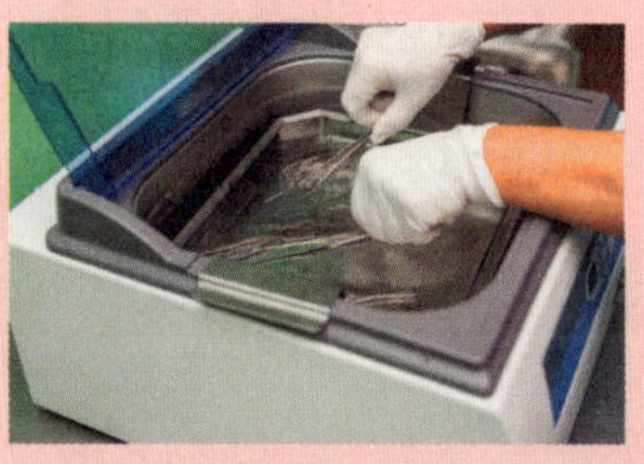

Nettoyage/désinfection, rinçage et séchage
Permettent d'obtenir des DMR propres et secs.

Conditionnement

En poche

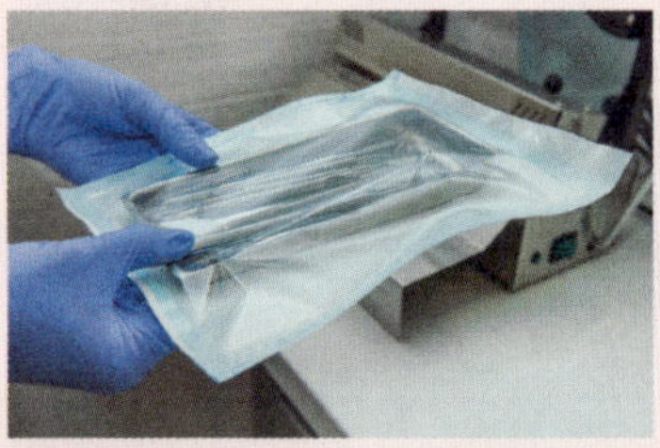

En emballage papier

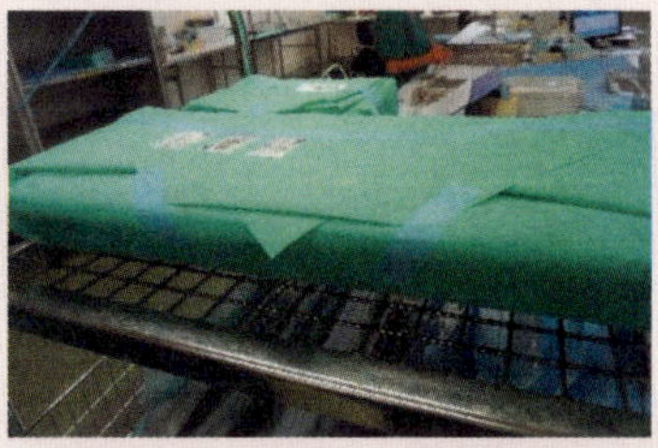

En container

Assure le maintien de la stérilité des DMR jusqu'au moment de l'utilisation.

La stérilisation : La stérilisation est l'ensemble des méthodes et des moyens, permettant d'éliminer ou de tuer tous les micro-organismes vivants de quelque nature ou forme que ce soit, portés par un objet parfaitement nettoyé. Le résultat de l'opération, durable dans le temps, est l'état stérile.

- **DMR thermorésistant** : stérilisation par la chaleur humide en autoclave.
- **DMR thermosensible** : stérilisation par l'oxyde d'éthylène ou par le peroxyde d'hydrogène (gaz plasma).

Les contrôles de la stérilisation
- **Contrôles physico-chimiques** : test Bowie & Dick, indicateur de passage, intégrateur des paramètres de stérilisation.
- **Contrôle Bactériologique** : indicateur biologique

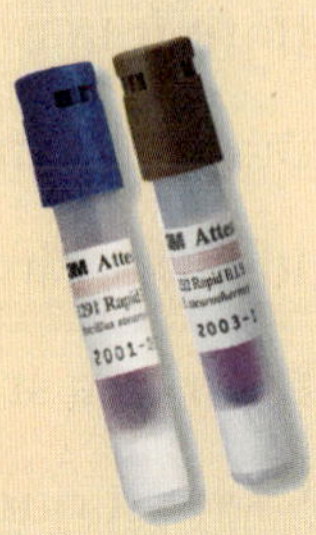

Analyse de situation

QCM
www.lienmini.fr/9664-qcm9

Situation professionnelle

Vous travaillez dans l'équipe de bionettoyage de l'hôpital pour réaliser l'entretien des locaux.
Aujourd'hui vous êtes assigné au bionettoyage des blocs opératoires. L'infirmière de bloc (IBODE) vous demande de l'aider à réaliser la pré-désinfection des dispositifs médicaux réutilisables en provenance du bloc 2 afin de pouvoir les envoyer au service de stérilisation de l'hôpital.
Vous n'avez jamais réalisé cette opération. L'IBODE vous donne les protocoles pour que vous puissiez réaliser la pré-désinfection sans erreur.

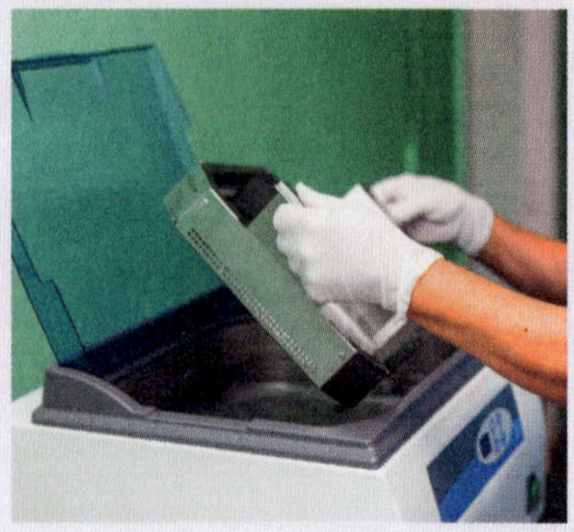

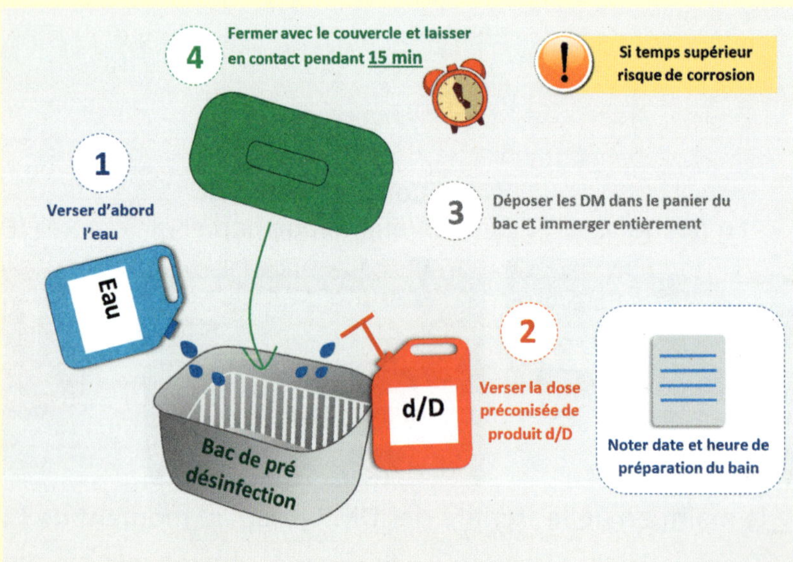

Source : Traitement des dispositifs médicaux réutilisables en EMS, CPIAS Occitanie

Doc. 1 Extrait du protocole de pré-désinfection des DMR

Répondre sur une feuille à part en respectant l'ordre des questions et en soignant la rédaction.

Questions de savoirs associés

1. **Définir** la pré-désinfection.
2. **Décrire** la pré-désinfection.
3. **Justifier** l'intérêt de la traçabilité du bain de pré-désinfection.
4. **Définir** la stérilisation.
5. Sachant que le service stérilisation de l'hôpital utilise un procédé à la vapeur d'eau saturée, **décrire** ce procédé en indiquant l'agent stérilisant et les paramètres à respecter.

FICHE 45 ACTIVITÉS

Le tri des déchets et leur valorisation : DASRI, DAOM et risques encourus

COMPÉTENCES
- **C2.3.4** Trier et acheminer les déchets

Activité 1 Les différentes catégories de déchets

OBJECTIFS : Présenter les différentes catégories de déchets et leurs origines et en donner des exemples

Différents types de déchets peuvent être générés par les activités des structures de soins.

Déchets non dangereux	Déchets assimilables aux ordures ménagères (DAOM)	Emballages (bidon de désinfectant, carton, film plastique…). Matériel de protection non contaminé (calots, champ opératoire, masque…). Matériel de soins non contaminé (compresse, pansement…). Déchets administratifs.	Poubelles à ordures ménagères ou recyclage (papier, carton, verre…) 
Déchets dangereux	Déchets d'activité de soins à risques infectieux (DASRI) 	**Déchets piquants/coupants/tranchants** (aiguilles, ciseaux, lames, pinces…)	Conteneurs rigides 
		Déchets mous (champs opératoires, blouses, calots, masque, compresses…)	Sacs plastique ou fûts ou conteneurs carton 
		Déchets non mous (seringues non serties, abaisse-langue, flacon, sonde…)	Conteneurs carton ou fûts 
		Déchets anatomiques non identifiables et liquide biologique	Conteneurs carton ou rigides, fûts ou jerricanes 
	Déchets dangereux chimiques / toxiques	**Médicaments, matériels radiographiques, réactifs de laboratoire…**	Conteneurs agréés proposés par le prestataire de collecte
		Médicaments anticancéreux et déchets associés	Conteneurs rigides spécifiques avec mention « médicaments cytotoxiques » 

Doc. 1 Les différents types de déchets hospitaliers

Déchets : Tout objet, matériau, substance, produit abandonné ou que le détenteur destine à l'abandon.
Déchets d'activité de soins à risque infectieux (Article R1335-1 du code de la santé publique) :
– « Déchets présentant un risque infectieux, du fait qu'ils contiennent des micro-organismes viables ou leurs toxines, dont on sait ou dont on a de bonnes raisons de croire qu'en raison de leur nature, de leur quantité ou de leur métabolisme, ils causent la maladie chez l'homme ou chez d'autres organismes vivants.
– Déchets, même en l'absence de risque infectieux, relevant de l'une des catégories suivantes :
- Matériels et matériaux piquants ou coupants destinés à l'abandon, qu'ils aient été ou non en contact avec un produit biologique ;
- Produits sanguins à usage thérapeutique incomplètement utilisés ou arrivés à péremption ;
- Déchets anatomiques humains, correspondant à des fragments humains non aisément identifiables. »

Doc. 2 Définitions

1 **Repérer** les principales catégories de déchets rencontrées en structure de soin en les soulignant dans le **doc. 1**.

2 **Indiquer** la définition de « déchet ».

....

....

....

....

3 **Identifier** les caractéristiques des DASRI en cochant si les affirmations sont vraies ou fausses.

Affirmations	Vrai	Faux
Les DASRI sont des déchets d'activité de soins contaminés par des micro-organismes pathogènes ou leurs toxines		
Les compresses usagées sont toujours assimilées à des DASRI		
Les produits sanguins périmés sont des DASRI		
Les lames de scalpel usagées non contaminées sont des DASRI		

4 **Proposer** 3 exemples de déchets pour chaque catégorie du tableau ci-dessous.

DAOM	DASRI		
	Mous	Non mous	Piquants/Tranchants/ coupants
		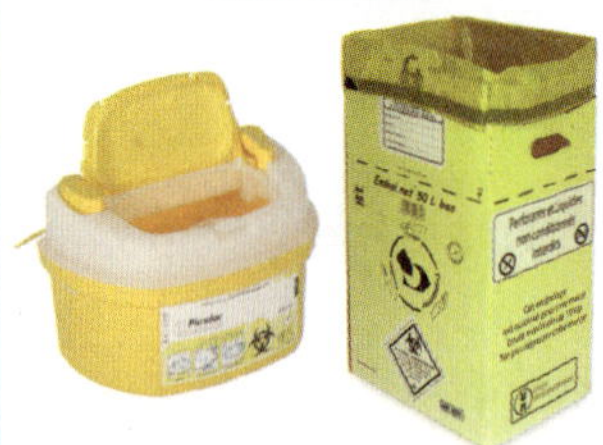	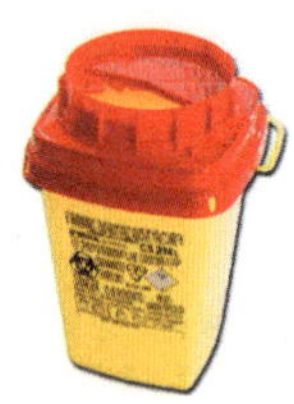
....	....	....	....
....	....	....	....
....		....	....
....	....	....	....

Activité 2 Les risques associés aux déchets

OBJECTIFS : Énumérer les risques encourus dans le cadre des activités professionnelles et énoncer les mesures réglementaires de prévention, les précautions à prendre.

Les activités de soins génèrent une quantité croissante de déchets entraînant des contraintes particulières liées notamment à leur caractère infectieux.

La gestion de ces déchets s'inscrit dans la politique d'amélioration continue de la qualité et de la sécurité des soins. Elle contribue également à prévenir les évènements indésirables.

La gestion de ces déchets permet d'autre part d'éviter qu'ils ne soient jetés dans le circuit des ordures ménagères, susceptibles alors d'exposer les personnels du ramassage ou des centres de tri à des risques d'accident, notamment des accidents d'exposition au sang.

Doc. 3 L'importance de la gestion des déchets d'activités de soins

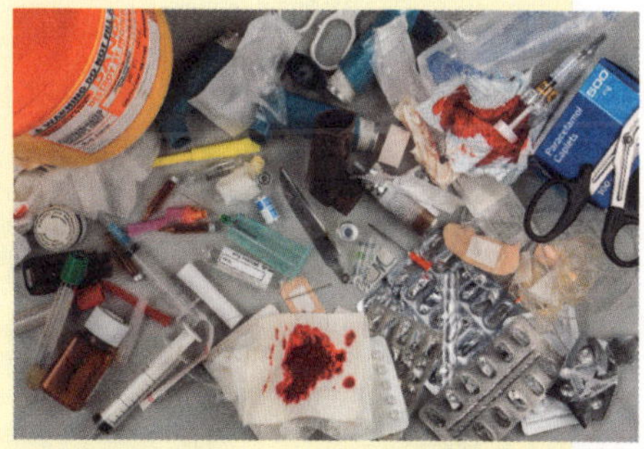

Variant selon leurs caractéristiques, les DASRI présentent des risques multiples. En effet, ils sont susceptibles de :

- contenir des agents infectieux, tissus ou fluides biologiques ;
- être constitués d'objets piquants, coupants ou tranchants.

En contact direct avec le patient, les DASRI peuvent éventuellement contenir une quantité variable de micro-organismes potentiellement dangereux. La présence de ces micro-organismes dépend de plusieurs facteurs :

- de l'état infectieux du patient ;
- de la capacité d'agents infectieux à survivre dans l'environnement extérieur ;
- de la pathogénicité de ces derniers ;
- de la dose minimale infectante (DMI) ;
- ainsi que du mode de transmission des agents infectieux.

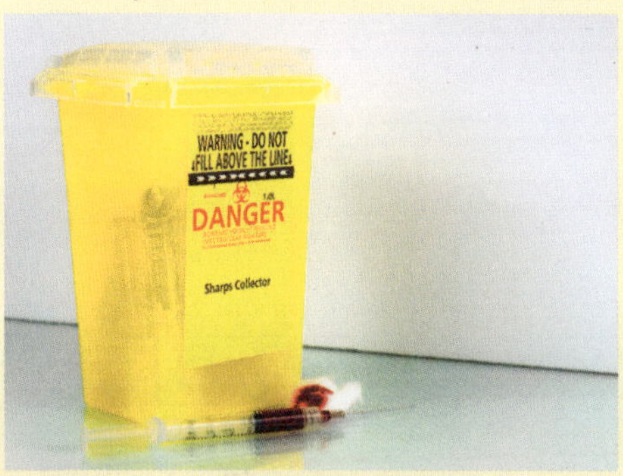

Les DASRI présentent donc un risque de transmissibilité de maladies infectieuses ou virales (BMR, hépatite B, C ou VIH). L'agent peut être inoculé par effraction cutanée involontaire lors de la réalisation d'un soin, avec une aiguille utilisée sur un patient malade. Le risque de transmission peut intervenir, également, par contact direct avec les DASRI, par exemple, lors de la manipulation de ces déchets médicaux par un membre du personnel de l'établissement : collecteur mal fermé ou percé, absence de capuchon sur une aiguille, désolidarisation du couvercle avec le collecteur, etc.

Doc. 3 Les risques associés aux DASRI

1 **Justifier** l'intérêt de la gestion des déchets d'activité de soin :

– pour le personnel de la structure de soin et les patients.

....

....

....

– pour les personnels des filières de traitement des déchets.

....

....

....

2 **Indiquer** pour chaque situation illustrée par les photos ci-dessous le risque encouru par le personnel soignant.

– Préciser pour chaque situation une précaution à prendre. ▶ Fiche 47 • Technique

Situation	Risque pour le personnel / Justification
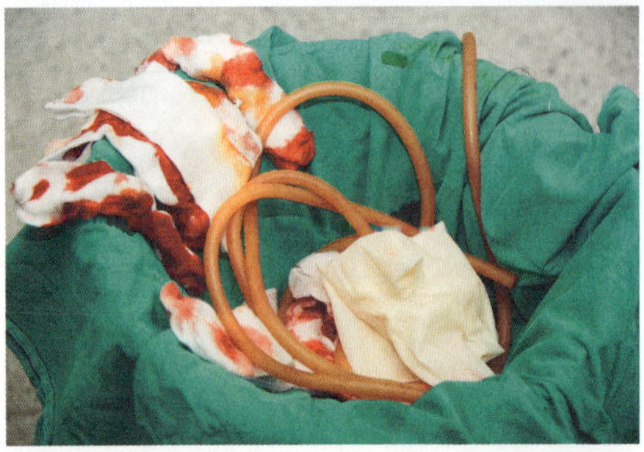	– **Risque :** – **Précaution :**
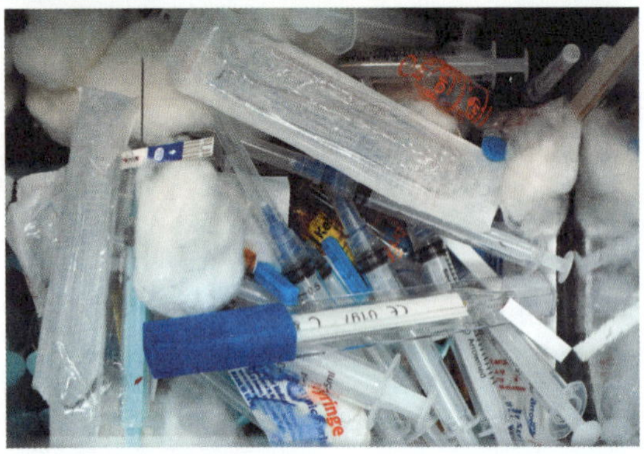	– **Risque :** – **Précaution :**
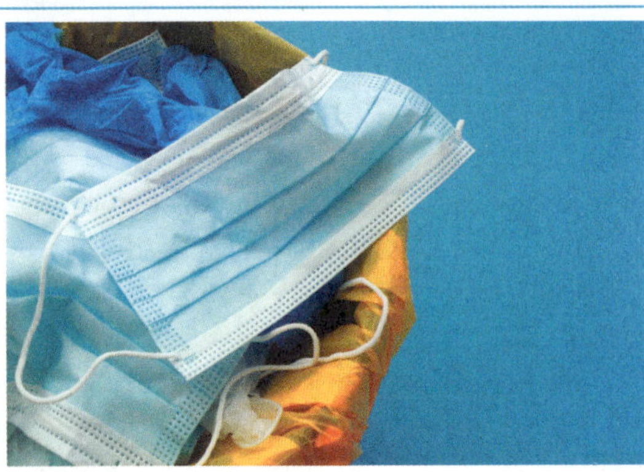	– **Risque :** – **Précaution :**
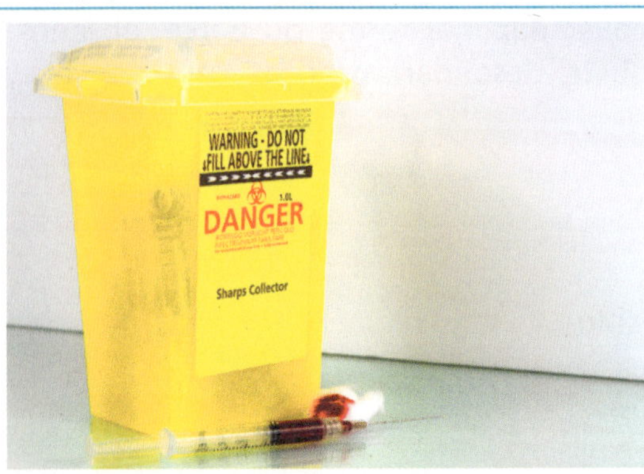	– **Risque :** – **Précaution :**

3 **Citer** les facteurs qui déterminent la présence d'agents infectieux dans le DASRI.

Le traitement des déchets en structure de soin et la traçabilité

COMPÉTENCES
- **C2.3.4** Trier et acheminer les déchets

Activité 1 Le traitement des DASRI en structure de soins et à domicile

OBJECTIF : Présenter le tri, le conditionnement, l'organisation des circuits, de la collecte, le traitement local des DASRI selon la réglementation en vigueur.

Les DASRI doivent être séparés dès leur production et conditionnés dans un emballage conforme aux normes en vigueur. Les emballages et conditionnements pour DASRI présentent des caractéristiques communes :
- dispositifs à usage unique ; • munis de fermetures temporaires et définitives ;
- couleur jaune dominante ; • présence d'un trait indiquant la limite de remplissage ;
- marquage du risque identifié ; • identification du producteur.

Le choix du conditionnement approprié se fera selon les critères suivants :
- collecteurs adaptés à la taille des déchets à éliminer ;
- collecteurs adaptés à la typologie des déchets produits.

Certaines précautions de remplissage et d'utilisations sont à prendre en compte :
- ne pas dépasser la limite de remplissage ;
- ne jamais forcer l'introduction des déchets ;
- porter une attention particulière lors du remplissage et de la manipulation des collecteurs.

Doc. 1 Le tri et le conditionnement des DASRI

La durée et les conditions d'entreposage dans la structure de soin sont fonction de la quantité de DASRI produite.
- **de 5 à 15 kg par mois** : la durée d'entreposage est de 1 mois maximum dans une zone spécifique identifiable en accès limité ;
- **de 15 à 100 kg par semaine** : la durée d'entreposage est de 7 jours maximum dans un local réservé et identifié, sécurisé, ventilé, éclairé, protégé des nuisibles, équipé d'un point d'eau, lavable et nettoyé régulièrement ;
- **au-delà de 100 kg par semaine** la durée maximum d'entreposage est de 72 heures.

Doc. 2 L'entreposage des DASRI conditionnés

- **La collecte et le transport** doivent respecter le cadre réglementaire lié au transport de matières dangereuses et à leur élimination. Les déchets doivent être accompagnés de documents de traçabilité.

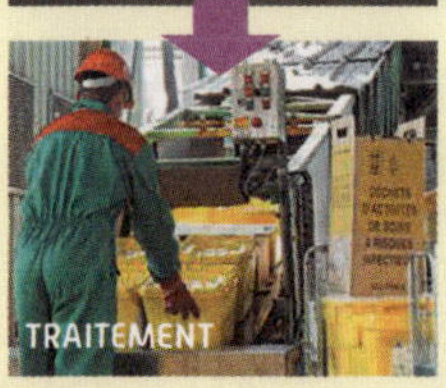

- **Les traitements**

Les DASRI peuvent être éliminés soit par incinération, soit par prétraitement par désinfection.

Doc. 3 De la collecte au traitement des DASRI

1 Indiquer à quel moment doit avoir lieu le tri des DASRI.

2 Justifier les deux précautions soulignées dans le doc. 1.

3 Identifier les caractéristiques d'un emballage DASRI en complétant la légende ci-dessous :

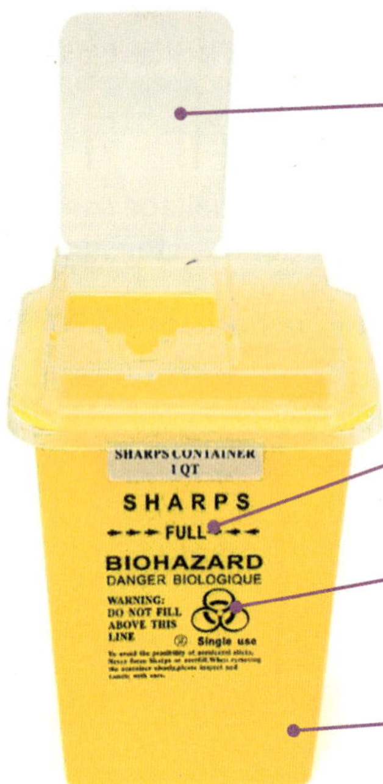

4 Indiquer une précaution à prendre pour chaque étape du circuit des DASRI et la justifier dans le tableau ci-dessous.

Étapes	Précaution	Justification
Entreposage		
Collecte- Transport		
Traitement		

5 Préciser deux précautions à prendre à domicile pour le stockage des déchets piquants et tranchants. ▶ Fiche 47 • Technique

Activité 2 La traçabilité des DASRI

OBJECTIF : Présenter la traçabilité lors de la production, de la collecte, du traitement local des déchets selon la réglementation en vigueur.

Des bordereaux de suivi de l'élimination des DASRI doivent être remplis par chaque partenaire de la filière d'élimination : le producteur de déchets, le collecteur, les prestataires assurant le regroupement, l'incinération ou le prétraitement des déchets. Le bordereau garantit une bonne traçabilité des emballages collectés depuis leur production jusqu'à leur élimination.

Extrait du flyer trackdéchets:

MINISTÈRE DE LA TRANSITION ÉCOLOGIQUE
Liberté Égalité Fraternité

TRACK DÉCHETS

TRACKDÉCHETS
Dématérialisation des BS-DASRI

Généralisation de Trackdéchets

- Vous êtes centre hospitalier, laboratoire, EHPAD, infirmier.e, médecin, thanatopracteur, tatoueur, etc. vous êtes concernés par les **déchets d'activité de soin à risque infectieux (DASRI)**, qui sont catégorisés comme déchets dangereux et doivent faire l'objet d'une attention et d'une traçabilité particulière.
- Afin de sécuriser et simplifier leur traçabilité, **la dématérialisation des BSDASRI devient obligatoire**
  fini le papier !

La création, l'édition, la transmission et la signature des BS-DASRI seront désormais **dématérialisés via la plateforme gratuite du Ministère de la Transition Écologique,** Trackdéchets. Avec Trackdéchets :

Signez simplement
Suivez l'état de vos déchets en temps réel
Disposez en ligne des BSD archivés et de votre registre à jour

Source : Trackdéchets

Doc. 4 La traçabilité des DASRI : bon de suivi des DASRI

1 **Nommer** le document qui doit accompagner les DASRI jusqu'à leur élimination.

....

....

2 **Préciser** le rôle de ce document.

....

....

3 **Citer** les partenaires concernés par la rédaction de ce document.

....

....

4 **Justifier** l'intérêt de la dématérialisation des bons de suivi des DASRI.

....

....

Activité 3 Le traitement des DAOM

OBJECTIF : Présenter le tri et le conditionnement des déchets d'activités de soin non DASRI selon la réglementation en vigueur. Indiquer leurs différentes voies d'élimination et de valorisation

Conformément à la réglementation, le verre ménager, les bouteilles alimentaires plastique, les flacons (savon doux, produit hydro-alcoolique), les cartons, les biodéchets, etc. doivent être triés pour recyclage ou valorisation. Il est important de respecter les protocoles de tri des déchets afin de :

- protéger les professionnels et le public tout au long de la filière ;
- réduire les coûts et les impacts environnementaux ;
- respecter la réglementation sanitaire et environnementale.

Doc. 5 L'importance du tri des déchets assimilés aux ordures ménagères

Source : HAD Lorient

Doc. 6 Guide de tri des déchets d'activités de soins à domicile

L'association Cyclamed, agréée par les pouvoirs publics, a pour mission de collecter et de valoriser les Médicaments Non Utilisés (MNU) à usage humain, périmés ou non, rapportés par les patients dans les pharmacies.

Elle a pour objectif de sécuriser l'élimination des Médicaments Non Utilisés (MNU), afin de préserver l'environnement et la santé publique.

le réflexe CYCLAMED

Doc. 7 Traitement des médicaments non utilisés

1 Lister les catégories de déchets rencontrés en structure qui ne sont pas des DASRI.

2 Repérer les déchets non recyclables en les entourant sur le **doc. 6**.

3 Trier les déchets ci-dessous en les reliant à la bonne filière.

Déchets	Filières de traitement
Bouteille verre de sirop vide	le réflexe CYCLAMED
Emballage cartonné de médicament	
Set à pansement	
lingette	
lange	
Flacon de gel hydroalcoolique	
Plaquette de comprimés périmés	
Flacon de produit d'injection vide	
Poche d'alimentation	

4 Indiquer à quelle catégorie appartiennent les mouchoirs jetables et le papier essuie-tout.

5 Préciser les caractéristiques des déchets traités par la filière Cyclamed.

6 Justifier l'importance de bien trier les déchets.

Les précautions à prendre lors du conditionnement des DASRI Objet Piquant, Coupant, Tranchant (OPCT)

MATÉRIEL SPÉCIFIQUE

- Collecteur à DASRI adapté au volume et au type de déchets
- Gant

ÉTAPES PRÉALABLES

- ☐ Se mettre en tenue professionnelle.
- ☐ Mettre des gants.

TECHNIQUE

AVANT L'UTILISATION

- ☐ Entreposer les collecteurs à distance de toute source de chaleur, sur un socle dur et dans un endroit ventilé, hors de portée du public et des animaux.
- ☐ Ou au niveau du chariot de soin :
- ☐ Positionner le couvercle en respectant tous les clips de fermeture.

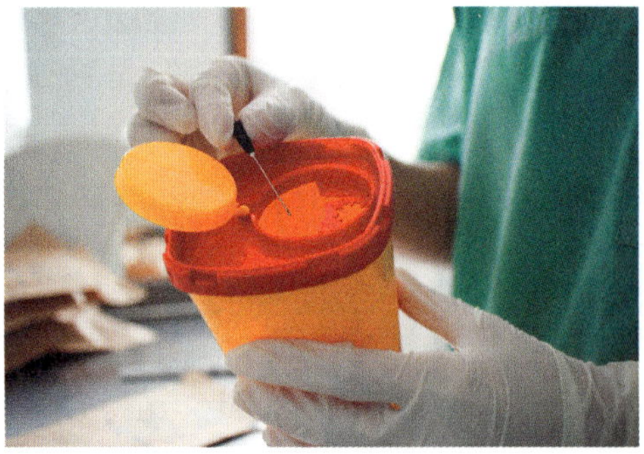

PENDANT L'UTILISATION

- ☐ Porter des gants.
- ☐ Pour les OPCT, ne jamais recapuchonner une aiguille.
- ☐ Les OPCT ne peuvent en aucun cas être mélangés à un autre type de déchets.
- ☐ Ne jamais forcer pour introduire vos OPCT dans le collecteur et ne jamais y introduire les doigts.
- ☐ Toujours introduire le côté piquant ou tranchant en premier.
- ☐ Après chaque utilisation, toujours activer la fermeture temporaire [« clic »] du collecteur.

APRÈS L'UTILISATION

- ☐ Remplacer le collecteur une fois le niveau de remplissage atteint ou lorsque le délai de stockage est atteint.
- ☐ Activer la fermeture définitive avant tout transport [« clic(s) »].
- ☐ Ne jamais essayer de réouvrir un collecteur fermé.
- ☐ Quitter les gants et se laver les mains

CRITÈRES DE QUALITÉ

- Nature des déchets respectée
- Limite de remplissage respectée
- Collecteur bien fermé

FICHE 48 BILAN

L'élimination des déchets

Synthèse
www.lienmini.fr/9664-syn10

La gestion des déchets des activités de soins

Les déchets assimilés aux ordures ménagères DAOM

On y trouve des déchets valorisables (papier, plastique, carton, verre…) ou non.

Les déchets d'activité de soins à risques infectieux DASRI

Déchets chimiques et toxiques

Médicaments, réactifs, produits anticancéreux, piles et accumulateurs…
Conteneurs agréés proposés par le prestataire de collecte

- Tri dans les services au plus près de la production ou à domicile
- Conditionnement dans des emballages spécifiques en fonction du type de DASRI :

Mous

Non mous

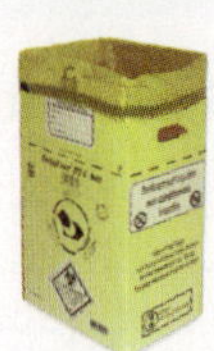

Piquants/Tranchants/coupants

- Entreposage dans une zone spécifique
- Traitement : par incinération ou par prétraitement par désinfection

Traçabilité

Bon de suivi de l'élimination des DASRI rempli par chaque partenaire de la filière d'élimination

Ce bon est dématérialisé

Analyse de situation

QCM
www.lienmini.fr/9664-qcm10

Situation professionnelle

Vous intervenez à domicile auprès de Madame Dupres qui est en auto-traitement pour des soins.
Étant amené à manipuler des DASRI, vous expliquez à Mme Dupres les précautions à prendre lors de la manipulation des objets piquants, coupants, tranchants (OPCT). Vous avez à votre disposition un document présentant les règles de tri des déchets à domicile.

Extrait dépliant d'information :

©Syndicat mixte Bil Ta Garbi - Agence Mak2Com

Répondre sur une feuille à part en respectant l'ordre des questions et en soignant la rédaction

1 **Donner** la signification de DASRI.

2 **Indiquer** les risques associés la manipulation de DASRI.

3 **Préciser** trois caractéristiques d'un collecteur pour les DASRI OPTC.

4 **Énoncer** trois précautions à prendre lors du conditionnement des DASRI OPCT.

5 **Préciser** une obligation concernant la collecte et le traitement des DASRI.

L'entretien et la décontamination d'une chambre de patient infecté

COMPÉTENCES
- **C2.3.3** Entretenir et décontaminer la chambre après le départ d'un patient infecté

Activité 1 L'entretien d'une chambre et du bloc sanitaire

OBJECTIF : Justifier les différentes étapes de l'entretien de la chambre et du bloc sanitaire

Quelle que soit la méthode appliquée, certains préalables sont à respecter :
- vérifier que le matériel soit propre et en bon état de fonctionnement ;
- éliminer les déchets et le linge sale avant de commencer l'entretien d'une pièce.

⚠ Ne pas faire entrer le chariot de ménage dans la chambre

Tout dysfonctionnement doit être signalé au responsable de l'unité ou au responsable de la fonction entretien des locaux.

Lors de l'entretien des locaux et des surfaces, le déroulement des opérations doit se faire en respectant un ordre logique :
- commencer par les locaux les moins à risques ;
- travailler du plus propre au plus sale et du haut vers le bas ;
- toujours nettoyer avant de désinfecter ;
- terminer de préférence par les chambres de patients relevant de précautions complémentaires ;
- compléter la fiche de traçabilité en fin d'entretien.

Doc. 1 L'entretien d'une chambre et la traçabilité

1 **Citer** les étapes à réaliser avant le nettoyage de la chambre.

....

2 **Justifier** la phrase soulignée.

....

3 **Replacer,** dans l'ordre les étapes de l'entretien de la chambre en les numérotant ▶ Fiche 51 • Technique.

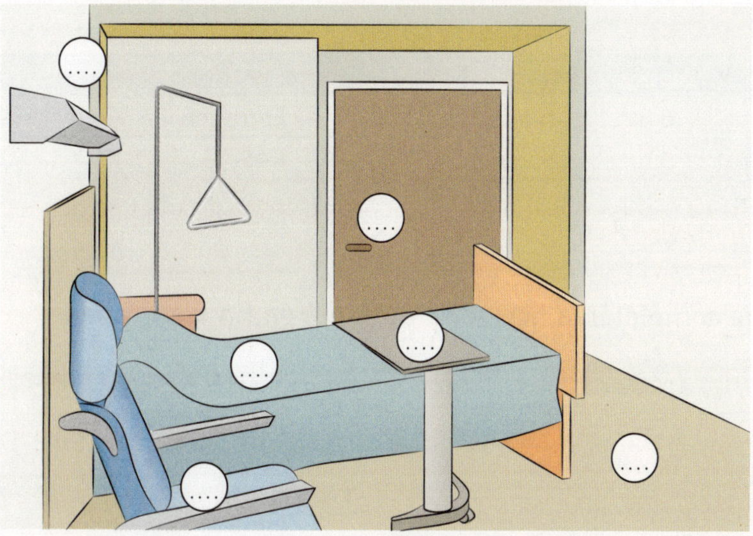

4 **Justifier** l'ordre des étapes de l'entretien de la chambre.

....

....

5 **Replacer** dans l'ordre d'exécution les étapes de l'entretien de la salle de bain. ▶ Fiche 52 • Technique

6 **Justifier** les étapes de la ▶ Fiche 52 • Technique de l'entretien du bloc sanitaire

Étape n° :	Justifications
4	....
10	....

Date	Heure	Nom de l'agent	Observations
27/10/2022	8 h	Marie B.	Entretien des syphons réalisé ce jour
28/10/2022	9 h	Soria V.	RAS

Doc. 2 Traçabilité de l'entretien du bloc sanitaire (extrait)

7 **Justifier** l'intérêt de compléter la fiche de traçabilité en fin d'entretien

....

....

....

....

Activité 2 L'entretien après le départ d'un patient contaminé

OBJECTIF : Expliquer le principe, justifier les étapes et les règles d'hygiène et de sécurité

1 Préciser la tenue professionnelle du personnel lors de l'entretien d'une chambre d'un patient contaminé. ▶ Fiche 5 • Activités

....

....

....

....

2 Citer le protocole journalier de la chambre d'un patient contaminé. ▶ Fiche 98 • Technique

....

....

....

....

Ces tâches s'appliquent après l'application du protocole de nettoyage quotidien. Tous les matériaux textiles (rideaux, literie, housse de couette, tapis...) sont nettoyés selon le protocole du linge contaminé ▶ Fiche 37 • Activités.

On réalise ensuite une désinfection finale de la chambre et du bloc sanitaire. D'abord toutes les surfaces telles que les meubles, les murs jusqu'à hauteur de tête et les surfaces autour des poignées sont nettoyées en utilisant une solution désinfectante choisie selon le type de micro-organisme impliqué dans la contamination. Accorder une attention particulière aux zones fréquemment touchées par les résidents.

Le papier toilette non emballé et les gants de toilette jetables non utilisés sont jetés en utilisant un double emballage. Rien ne doit sortir de la chambre sans avoir été préalablement désinfecté.

Alternative à la désinfection manuelle : la brumisation de peroxyde d'hydrogène. Après le nettoyage, la chambre peut être décontaminée en brumisant à froid une solution de peroxyde d'hydrogène très concentrée. La solution est alors brumisée et répartie à travers la pièce avec un flux d'air pendant une durée qui dépend du volume de la pièce. Une fois la pulvérisation effectuée, un temps d'action de 90 minutes doit être respecté. L'air de la pièce devra être renouvelé 3 fois en ouvrant les fenêtres ou en remettant le système de ventilation en service. De cette manière, la solution atteint toutes les surfaces accessibles en contact avec le flux d'air. Cependant, le brouillard de fines gouttelettes peut épargner certaines zones sans détruire toutes les particules virales. Un contrôle qualité s'effectue à l'aide de bandelettes de test de peroxyde disposées dans la pièce.

Doc. 2 Tâches supplémentaires en fin d'isolement

3 **Lister** les tâches supplémentaires à réaliser en fin d'isolement et **expliquer** leur principe en complétant le schéma.

Étapes

1. Nettoyage quotidien
↓
2. Entretien du linge contaminé
↓
3. ....

Principes

....	....
....	....

4 **Justifier** l'étape 2.

....

5 **Citer** une limite de la méthode par brumisation.

....

....

Ne pas laisser la boîte de bandelettes ouverte dans une pièce à traiter.
Validité : dans l'emballage d'origine fermé : 2 ans à partir de la date de fabrication ; une fois désoperculé : 3 mois à partir de la date d'ouverture si les conditions de conservation sont bien respectées.

Mode d'emploi :

a. Ouvrir le tube de bandelettes tests NOCOTEST®.

b. N'enlever que la quantité nécessaire de NOCOTEST® du tube.

c. Replacer immédiatement le bouchon.

d. Ne pas toucher la zone test.

e. Plonger brièvement (environ une seconde) la zone test de la bandelette dans de l'eau.

f. Disposer les bandelettes à l'endroit souhaité dans la pièce à traiter.

g. À la fin de la procédure de désinfection (diffusion + temps de contact), récupérer les bandelettes disposées dans la pièce traitée.

h. Lorsqu'il y a présence de peroxyde d'hydrogène, la zone test se colore.

i. Comparer la couleur de la zone test avec l'échelle colorimétrique sur l'étiquette.

j. La valeur correspond à la couleur de l'échelle colorimétrique qui s'approche le plus de la coloration de la zone test.

k. Après un temps court, le mécanisme de réduction du réactif s'amorce, faisant virer le révélateur au marron clair.

Source : oxypharm.net

Doc. 3 Fiche technique des bandelettes NICOTEST

6 **Expliquer** comment savoir si la désinfection finale a été efficace avec le test présenté.

....

....

7 D'après vos connaissances, **nommer** un autre moyen pour vérifier si la désinfection est efficace.

....

Le signalement des anomalies

COMPÉTENCES
- **C2.3.5** Entretenir et surveiller les équipements et dispositifs médicaux

Activité 1 Que faire en cas d'anomalie repérée ?

OBJECTIF : Identifier les modalités de signalement des anomalies selon l'organisation du service

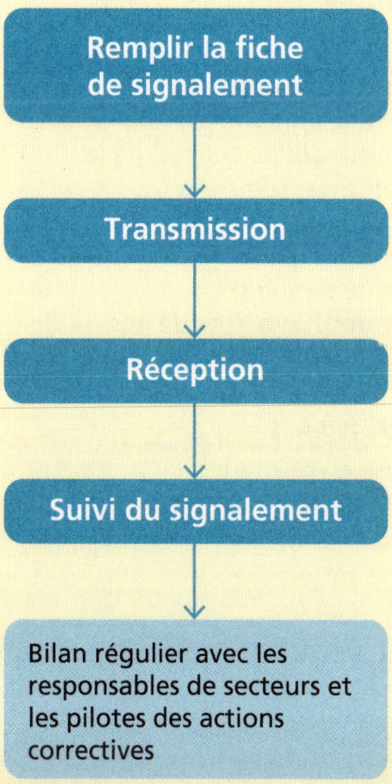

Une anomalie ou évènement indésirable est un accident, un incident ou un dysfonctionnement dont les conséquences sont, ou auraient pu être dommageables pour les patients, les professionnels, les visiteurs ou les biens.

Tout le personnel est concerné par les déclarations des évènements indésirables. Lorsque cela arrive, il faut compléter une fiche de signalement qui peut être numérique ou sur papier selon les structures. Cette fiche est ensuite transmise par voie numérique ou par courrier interne au responsable du service où s'est déroulé l'évènement indésirable. Le responsable enregistre les fiches, accuse réception et hiérarchise à l'aide de l'échelle de gravité qui comprend 5 niveaux (fonction de l'impact sur l'organisation, sur les biens et environnement, sur la sécurité des personnes).

Niveau 1	Effet négligeable sur la réalisation de la mission
Niveau 2	Impact sur la performance de la mission : retardée, solution dégradée, perte financière modérée
Niveau 3	Impact sur la performance de la mission : partiellement réalisée
Niveau 4	Impact réversible sur la sécurité des personnes, des biens ou de l'établissement
Niveau 5	Impact irréversible sur la sécurité des personnes, des biens ou de l'établissement

Il analyse l'évènement et organise la mise en place des actions correctives selon le niveau de gravité. Il va ensuite assurer le suivi du signalement.

Doc. 1 Signalement d'un évènement indésirable associé au soin

1 **Souligner** la définition d'un évènement indésirable.

2 **Appliquer** la méthode QQOQCP dans le signalement d'un évènement indésirable autre que sanitaire et **compléter** le tableau.

Étapes lors de la survenue d'un évènement indésirable	
Qui ?	....
Quoi ?	....
Avec quoi ?	....
Comment est-ce transmis ?	....
À qui ?	....

1. Personne déclarante	2. Personne concernée	3. Évènement indésirable
Nom : *Asmati*	❑ Résident	Date : *27/10/2022*
Service : *bionettoyage*	☒ Personnel	Lieu : *chambre 21*
Fonction : *agent*	❑ Visiteur	Heure : *11 h 15*
Signature	❑ Autre :	
Asmati A	Nom et prénom : *Asmati*	

4. Nature de l'incident		
❑ Prestations soins	❑ Prestations hôtelières	❑ Information/accueil
❑ Atteinte corporelle/Projection	☒ Matériels - équipements	❑ Environnement-sécurité
❑ Comportements	❑ Autres	

5. Description brève des faits et mesure prise		
Lors de la désinfection finale de la chambre de M. Dacquois, le brumisateur ne s'est pas mis en fonctionnement. Le câble de la machine était coincé ; en le décoinçant on a mis à nu le câble. Nous avons mis en place une mesure corrective directement : désinfection finale manuelle		
Conséquence immédiate ☒ Absence de conséquence ❑ Insatisfaction résident/famille ❑ Arrêt de travail ❑ Dommages corporels	**Orientation de la fiche** Remise à (nom du responsable de service) : *Mme Testet*	**Gravité estimée** ❑ Vitale (mise en péril de la sécurité des personnes, de la qualité des soins) ❑ Critique (nécessité d'une correction pour maintenir la qualité de soins) ☒ Non critique (pas de mise en péril mais perturbe le fonctionnement) ❑ Ne sait pas
Mesures correctives proposées : *Je propose que le service maintenance change le câble.* *Nous avons réalisé la désinfection finale manuellement*	Validée par *Mme Testet : Cadre de l'équipe de bionettoyage*	Mise en œuvre le *29/10/2022*

Doc. 2 Exemple de fiche de signalement

3 **Repérer** les personnes pouvant compléter une fiche de signalement d'évènement indésirable.

....

....

4 **Relever** la nature de l'incident cité.

....

....

5 **Identifier** la gravité estimée de l'évènement indésirable présenté.

....

6 **Repérer** la mesure corrective mise en place.

....

....

7 **Indiquer** le destinataire de la fiche.

....

FICHE 51 TECHNIQUE

L'entretien d'une chambre

COMPÉTENCES
- C2.3.2 Entretenir l'environnement proche de la personne en structure, y compris dans une situation d'isolement

MATÉRIEL

- Lavettes de couleur spécifique
- Gants
- Seau bleu contenant eau et dD

PRODUIT

- Détergent désinfectant (dD)
- Détergent désinfectant détartrant

ÉTAPES PRÉALABLES

- ☐ Se mettre en tenue professionnelle
- ☐ Se laver les mains, mettre les gants
- ☐ Si possible, ouvrir les fenêtres pour aérer la pièce.
- ☐ Préparer la dilution de la solution dD du seau bleu, les produits et le matériel

Autocontrôles

- ☐ Contrôler la propreté visuelle du matériel nécessaire à l'entretien.
- ☐ Contrôler la conformité du produit utilisé pour le bionettoyage

TECHNIQUE

- ☐ 1 Laisser le chariot d'entretien en dehors de la chambre.
- ☐ 2 Évacuer les déchets, le linge sale et les dispositifs médicaux souillés.
- ☐ 3 Tirer la chasse d'eau des WC et appliquer le produit détergent désinfectant détartrant dans la cuvette des WC du bloc sanitaire.
- ☐ 4 Réaliser l'entretien de la chambre ; respecter le temps d'action du produit détergent désinfectant détartrant.

Entretien de la chambre

- ☐ 5 Nettoyer les surfaces de haut en bas et du plus propre au plus sale.
- ☐ 6 Changer la face de la lavette et la lavette aussi souvent que nécessaire et remettre de la solution dD sur la lavette entre chaque étape.

Entretien du bloc sanitaire ▶ Fiche 52 • Technique

- ☐ 7 Réaliser le balayage humide de l'ensemble de la chambre.
- ☐ 8 Nettoyer le sol de l'ensemble de la chambre.
- ☐ 9 Enlever les gants et se laver les mains.

CRITÈRES DE QUALITÉ

- La propreté visuelle : absence de salissures, de traces de produit.
- La propreté du matériel avant rangement.
- La propreté microbiologique selon le respect du plan de nettoyage

FICHE 52 TECHNIQUE

L'entretien du bloc sanitaire

COMPÉTENCES
- C2.3.2 Entretenir l'environnement proche de la personne en structure, y compris dans une situation d'isolement

MATÉRIEL

- Plusieurs lavettes de couleur spécifique
- Gants
- Seau bleu contenant eau et dD
- Papier à usage unique

PRODUIT

- Détergent désinfectant (dD)
- Détergent désinfectant détartrant
- Produit vitre

ÉTAPES PRÉALABLES

- ☐ Se mettre en tenue professionnelle.
- ☐ Se laver les mains, mettre les gants.
- ☐ Si possible, ouvrir les fenêtres pour aérer la pièce.
- ☐ Préparer la dilution de la solution dD du seau bleu, les produits et le matériel.

Autocontrôles

- ☐ Contrôler la propreté visuelle du matériel nécessaire à l'entretien.
- ☐ Contrôler la conformité du produit utilisé pour le bionettoyage.

TECHNIQUE

- ☐ 1 Laisser le chariot d'entretien en dehors de la chambre.
- ☐ 2 Aérer la chambre.
- ☐ 3 Évacuer les déchets, le linge sale et les dispositifs médicaux souillés.
- ☐ 4 Tirer la chasse d'eau des WC et appliquer le produit détergent désinfectant détartrant dans la cuvette des WC du bloc sanitaire.

Réaliser l'entretien de la chambre ▶ Fiche 51 • Technique

- ☐ 5 Nettoyer le bandeau lumineux avec la lavette et la solution dD.
- ☐ 6 Nettoyer le miroir avec le produit vitre et le papier absorbant.
- ☐ 7 Nettoyer la tablette et le distributeur de savon à la lavette puis la robinetterie et le lavabo avec la solution dD.
- ☐ 8 Changer la lavette et nettoyer la robinetterie de la douche, les parois de haut en bas puis le bac à douche.
- ☐ 9 Frotter la cuve des WC avec la brosse et tirer la chasse d'eau.
- ☐ 10 Nettoyer avec une lavette de couleur différente (rouge) le réservoir de la chasse d'eau, l'extérieur puis le pied de la cuvette, la cuvette et l'abattant ; finir par la lunette.
- ☐ 11 Rincer en respectant les mêmes étapes et laisser sécher.
- ☐ 12 Nettoyer le sol de toute la surface (balayage humide et lavage).
- ☐ 13 Enlever les gants et se laver les mains.

CRITÈRES DE QUALITÉ

- La propreté visuelle : absence de salissures, de traces de produit.
- La propreté du matériel avant rangement.
- La propreté microbiologique selon le respect du plan de nettoyage

L'application de protocoles spécifiques

Synthèse
www.lienmini.fr/9664-syn11

L'entretien d'une chambre et du bloc sanitaire

Entretien
- Vérifier l'état du matériel
- Éliminer les déchets et le linge sale
- Commencer par tirer la chasse d'eau et déposer le produit dans les WC
- Réaliser l'entretien de la chambre
- Réaliser l'entretien du bloc sanitaire
- Balayer et nettoyer le sol

Du plus propre vers le plus sale et du haut vers le bas

Entretien d'une chambre d'un patient contaminé

Mêmes étapes que l'entretien en appliquant les précautions standard et spécifiques

Entretien d'une chambre après le départ d'un patient contaminé
- Après le nettoyage quotidien
- Désinfection finale manuelle ou par brumisateur au peroxyde d'hydrogène
- Efficacité testée : bandelette, prélèvement microbiologique

Procédure à appliquer lors d'anomalie

1. Remplir la fiche de signalement
2. Transmission
3. Réception
4. Suivi du signalement
5. Bilan régulier avec les responsables des services et les pilotes des actions correctives

- Tout le personnel concerné, les résidents et familles
- Compléter une fiche de signalement à remettre au responsable de service
- Selon le niveau de gravité : mettre en place des mesures correctives
- Suivi du signalement

Analyse de situation

QCM
www.lienmini.fr/9664-qcm11

Situation professionnelle

Vous travaillez dans l'USLD (Unité de soins longue durée) du centre hospitalier depuis quelques mois au sein de l'équipe de bionettoyage. Depuis quelques semaines une épidémie de rougeole sévit, les précautions « air » sont à mettre en place dans l'entretien des locaux. Certains patients guéris quittent l'isolement, vous devez appliquer le protocole adapté. Vous savez que tout dysfonctionnement lors de l'entretien, doit être signalé.

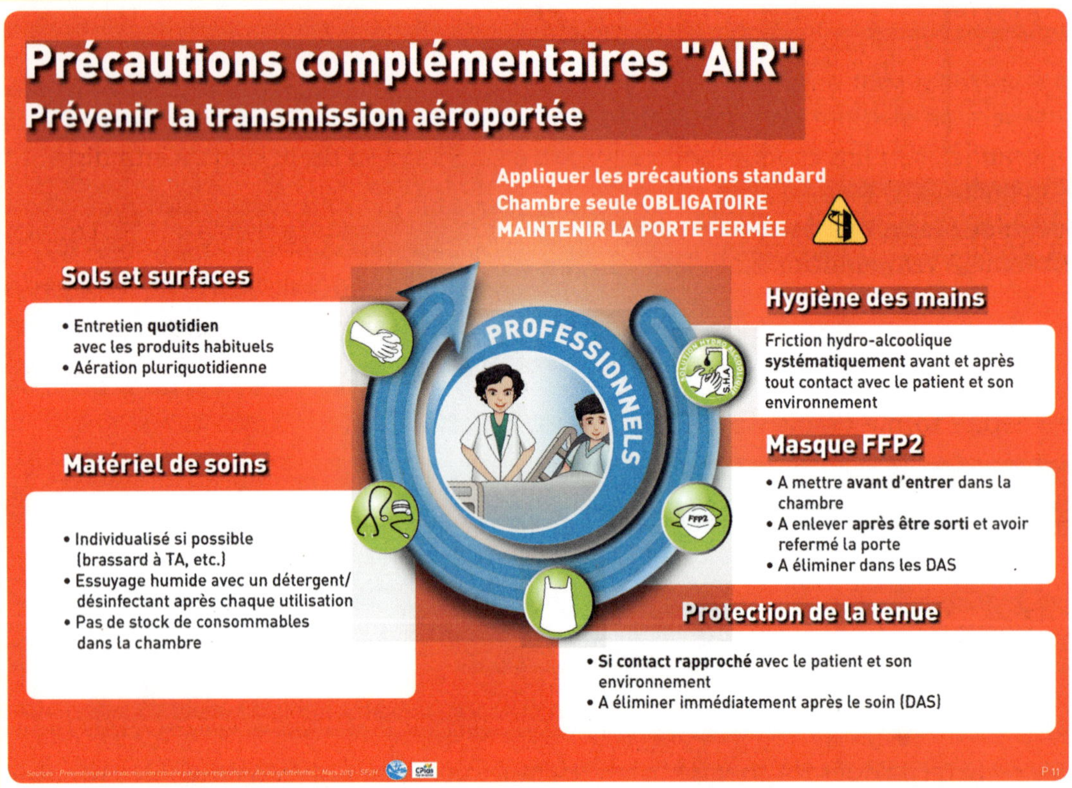

©CPIAS Pays de Loire / Colines / Visuel Original

Doc. 1 Précautions en cas de d'agent infectieux transmissible par air

Répondre sur une feuille à part en respectant l'ordre des questions de savoirs associés et en soignant la rédaction.

1. **Préciser** l'ordre d'entretien dans une chambre.
2. **Nommer** les spécificités de l'entretien d'une chambre d'un patient contaminé.
3. **Décrire** et **expliquer** les tâches supplémentaires à appliquer en fin d'isolement.
4. **Nommer** le document à compléter en cas de problème autre que sanitaire.
5. **Préciser** la personne à qui doit être remis ce document.

Activité 2 Le four à micro-ondes, matériel de remise en température

OBJECTIFS : Expliquer la fonction globale du four à micro-ondes • Identifier les consignes d'utilisation, de nettoyage, de maintien en état sur une fiche technique d'appareil ; justifier la fréquence des opérations d'entretien • Énumérer les règles de sécurité à respecter lors de l'utilisation et l'entretien des appareils

Le four à micro-ondes est équipé d'un magnétron qui transforme l'électricité en ondes électromagnétiques. Lorsqu'un aliment est traversé par les ondes électromagnétiques, les molécules d'eau mais aussi les sucres et les graisses s'agitent et se réchauffent. Ainsi, le four à micro-ondes permet de cuire, de réchauffer et de décongeler les aliments suivant la puissance choisie.

Doc. 4 Description d'un four à micro-ondes

Pour une utilisation efficace et en toute sécurité du four à micro-ondes, il faut respecter certaines règles :

1- Le four ne doit pas fonctionner à vide.

2- La porte doit être bien fermée ; si la porte ou les joints de la porte sont endommagés, le four ne doit pas être utilisé.

3- Les récipients métalliques ou présentant des décors dorés ou argentés ne sont pas autorisés.

4- Les liquides et autres aliments ne doivent pas être réchauffés dans des récipients fermés.

5- Les œufs dans leur coquille (frais ou durs) ne doivent pas être réchauffés dans ce type de four, car ils risquent d'éclater. Les aliments présentant une « peau » (saucisse, pomme de terre…) doivent être percés pour la même raison.

6- Le four doit être nettoyé régulièrement afin d'en retirer tout reste de nourriture.

7- L'appareil ne doit jamais être nettoyé avec un nettoyeur vapeur ou au jet d'eau.

Doc. 5 Des consignes d'utilisation du four à micro-ondes

1 Identifier le principe de fonctionnement d'un four à micro-ondes en le soulignant dans le **doc. 4**.

2 Expliquer la fonction globale du four à micro-ondes.

....

....

....

3 Repérer les principaux organes du four à micro-ondes du **doc. 4** en reportant le bon numéro ci-dessous.

....	Porte	....	Orifice du système de verrouillage de sécurité	....	Orifices de ventilation
....	Poignée de la porte	....	Tableau de commande	....	Plateau tournant
....	Loquet de la porte				

4 Entourer les récipients pouvant être utilisés dans un four à micro-ondes.

5 Associer les consignes d'utilisation d'un four à micro-ondes aux justifications suivantes en mettant le numéro dans le tableau.

Numéro de la consigne	Justification
....	Afin d'éviter le risque de fuites de rayonnements.
....	Afin d'éviter que l'aliment éclate.
....	Afin d'éviter que le récipient explose.
....	Afin d'éviter que le métal forme des arcs électriques.

6 Repérer les consignes relatives à l'entretien du four en les soulignant dans le **doc. 5**.

7 Justifier la fréquence des opérations d'entretien

....

....

....

À partir de la ▶ Fiche 59 • Technique concernant l'entretien du four :

8 Indiquer les produits interdits pour l'entretien du four à micro-ondes. **Justifier** votre réponse

....

....

....

L'installation et l'aide à la prise de repas de l'enfant

COMPÉTENCES
- **C2.4.3** Installer l'enfant pour le repas
- **C2.4.4** Accompagner la prise des repas

Activité 1 Prise du repas chez l'enfant

OBJECTIF : Justifier la technique et les précautions à prendre lors de l'aide à la prise de repas en fonction du degré d'autonomie de l'enfant

Le repas est un moment de partage et de plaisir pour les enfants. Il permet aussi un accompagnement éducatif : c'est le lieu des apprentissages du goût, de l'autonomie et de la socialisation.
L'encadrement du repas doit être adapté à l'âge et au degré d'autonomie de l'enfant, en gardant pour objectif un maximum de disponibilité pour l'enfant.
L'adulte est toujours installé à la hauteur de l'enfant, si possible assis à table, afin de faciliter les échanges.
La durée du repas se fait au rythme de chacun.
Il est important de donner un cadre nécessaire à la libre découverte de chacun et à l'apprentissage de l'autonomie. Par exemple, il faut avoir une certaine souplesse concernant la découverte tactile de la nourriture mais amener l'enfant progressivement à l'utilisation des couverts.

Doc. 1 Quelques règles pour l'aide à la prise de repas des enfants

1 **Entourer** la photo de la situation dans laquelle l'adulte a une position adaptée à l'aide au repas des enfants. **Justifier** votre choix.

....

....

2 **Identifier** pour chaque situation la règle qui est respectée en les reliant.

Situation	Règle
Ne pas réveiller le nourrisson pour le faire manger.	Favoriser l'autonomie.
Amener progressivement à l'utilisation des couverts.	Favoriser la sociabilisation.
Faciliter les échanges au cours du repas.	Favoriser l'apprentissage du goût.
Proposer des aliments variés et adaptés à l'âge.	Respecter le rythme de l'enfant.

Activité 2 La prise du biberon

OBJECTIF : Justifier la technique et les précautions à prendre lors de l'aide à la prise du biberon

L'installation de l'enfant pour la prise du biberon doit se faire dans un lieu propre, calme, avec une température et une luminosité adaptées. Donner le biberon aux enfants est une activité qui peut durer un certain temps, l'adulte doit pouvoir tenir ce temps, il est donc impératif qu'il n'ait pas d'effort à faire pour supporter le poids de l'enfant et le maintenir en position. C'est pourquoi, il doit adopter une position totalement relâchée grâce à une assise confortable. Les éléments essentiels sont :

- dossier haut, légèrement incliné vers l'arrière ou inclinable ;
- assise permettant d'avoir les pieds au sol, ou repose-pieds ;
- présence d'accoudoirs pas trop hauts, assez longs et larges pour offrir un bon appui et permettre de reposer l'avant-bras et soulager l'épaule ;
- soutien à prévoir pour le dos et le bras de l'adulte et pour caler l'enfant (coussin…).

La position de l'enfant est également importante pour faciliter la prise du biberon et limiter le risque de régurgitation. L'enfant doit être en position semi-assise, la tête posée sur le creux du coude de l'adulte. Il ne faut pas laisser un enfant boire seul car il pourrait se brûler ou s'étouffer.

Doc. 2 L'installation lors de la prise du biberon

1 **Indiquer,** sur le schéma ci-dessous, les différentes précautions à prendre en compte concernant l'assise de l'adulte lors de l'aide à la prise de biberon.

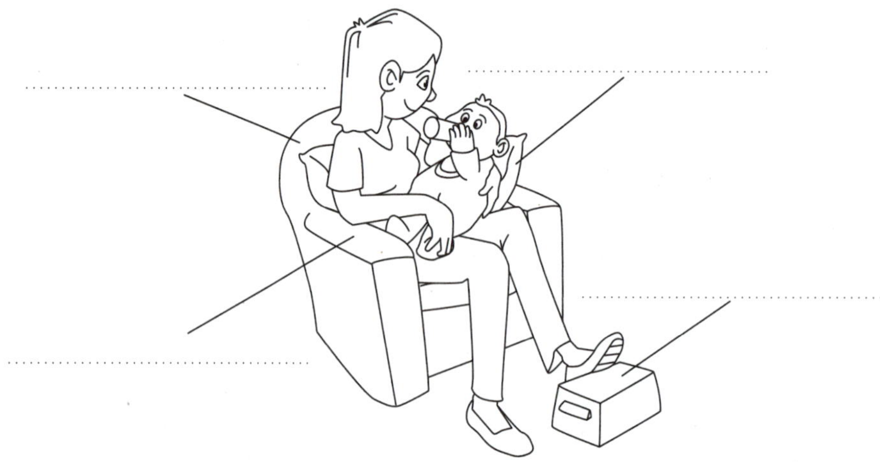

2 **Justifier** la nécessité d'une installation adaptée de l'adulte lors de l'aide à la prise d'un biberon.

……………………………………………………………………………………………………

……………………………………………………………………………………………………

……………………………………………………………………………………………………

……………………………………………………………………………………………………

3 **Justifier** la nécessité de bien installer l'enfant lors de la prise du biberon.

……………………………………………………………………………………………………

……………………………………………………………………………………………………

……………………………………………………………………………………………………

……………………………………………………………………………………………………

……………………………………………………………………………………………………

FICHE 67 BILAN

Le service et l'aide à la prise des repas

Synthèse
www.lienmini.fr/9664-syn13

Le service des repas et critères qualité

Trois possibilités :
- à table
- au fauteuil
- au lit

L'appétit des personnes doit être stimulé :
- en veillant à la présentation des plats
- en variant les plats
- en respectant les goûts des personnes

Pour la sécurité il faut :
- respecter les régimes
- veiller à la bonne installation de la personne

Les **critères de qualité** attendus lors du service des repas portent sur :
- la variété, la qualité et la quantité des repas ;
- le cadre du repas et la qualité de l'installation ;
- l'organisation (temps accordé, horaires…) et les critères sanitaires (température, régimes…)

Aide à la prise de repas des personnes non autonomes

Pour l'adulte, l'aide peut être partielle ou totale et permettre le maintien de l'autonomie.
Il faut :
- veiller à une installation confortable et sécurisée de la personne ;
- s'assurer des conditions d'hygiène ;
- annoncer le menu et respecter les goûts et habitudes de la personne ;
- favoriser les échanges et l'implication de la personne.

Des aides techniques peuvent être utilisées

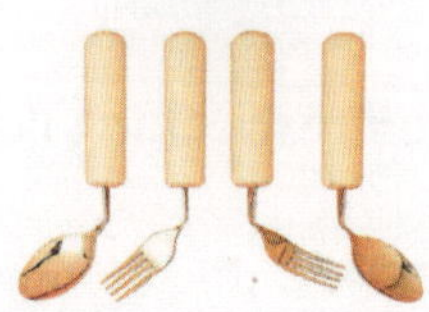

Pour l'enfant, l'aide doit :
- respecter le rythme de l'enfant, ses goûts… ;
- avoir une fonction éducative et développer l'autonomie

Prévention des fausses routes

La fausse route correspond au passage du bol alimentaire dans les voies respiratoires au lieu du tube digestif. Pour la prévenir il faut :
- une installation adaptée (buste bien droit, ne jamais pencher la tête en arrière, environnement calme…) ;
- une texture adaptée pour les aliments : fluide, purée, mixé, pas de fibre, pas de morceau dur, pas de liquide, l'eau peut être gélifiée…

Analyse de situation

QCM
www.lienmini.fr/9664-qcm13

Situation professionnelle

Vous travaillez à l'EHPAD Les Marguerites et aujourd'hui vous assurez le service des repas en salle à manger. En particulier, vous aidez, lors de sa prise de repas, Monsieur Guerin qui présente un risque de fausse route. Il souffre également de la maladie de Parkinson et a du mal à faire des gestes précis du fait de ses tremblements. Vous décidez d'utiliser une assiette à ventouse pour le service de son repas.

D'autre part, plusieurs résidents se plaignent que leur plat n'est pas assez chaud et est peu appétissant. Vous faites remonter cette information à votre responsable.

Assiette à rebord sur ventouse de marque Identités

Une vaisselle ergonomique

En cuisine, cette assiette ventouse est une solution sûre pour les personnes agitées mais également pour les personnes ayant des difficultés motrices importantes.

Sa fixation par ventouse procure un maintien optimal de l'assiette lors du passage à table dans votre salle à manger.

Vous disposerez par ailleurs de rebords, afin de pouvoir recueillir vos aliments sans les faire tomber hors de l'assiette.

Doc. 1 Extrait d'un catalogue d'aides techniques

Répondre sur une feuille à part en respectant l'ordre des questions et en soignant la rédaction.

Questions de savoirs associés

1. **Définir** une fausse route.
2. **Indiquer** trois moyens de prévention à mettre en œuvre concernant les aliments en cas de risques de fausse route.
3. **Indiquer** et **justifier** trois précautions à prendre lors de l'aide à la prise de repas de Monsieur Guerin.
4. **Présenter** les caractéristiques de l'assiette utilisée pour le service du repas de Monsieur Guerin.
5. **Justifier** l'intérêt de cette assiette pour le personnel et pour l'usager.
6. **Déterminer** les critères de qualité attendus lors du service des repas qui ne sont pas respectés dans la situation.

FICHE 71 ACTIVITÉS

Régimes hypoglucidiques et hypolipidiques ou alimentation thérapeutique contrôlée en glucides et lipides

COMPÉTENCES

- **C2.4** Distribuer des repas équilibrés conformes aux besoins de la personne (régimes, allergies, textures…), installer et accompagner la prise des repas

Activité 1 La consommation en sucre et ses conséquences

OBJECTIF : Justifier les régimes hypoglucidiques

Des sucres sont ajoutés dans la plupart des charcuteries industrielles pour limiter le développement microbien et atténuer l'acidité du produit. D'autres servent à donner de la texture et de la consistance (comme c'est le cas des sucres utilisés dans les mayonnaises ou les sauces crudités), de la croustillance, à colorer ou à atténuer des saveurs acides. Ceux-ci se cachent d'ailleurs sous des noms souvent méconnus du public. Il y a le sucre blanc, (appelé « **saccharose** »), mais aussi le **lactose** (sucre du lait), le **fructose** (sucre des fruits), le **maltose**, le **dextrose** ou encore le sirop de **glucose-fructose**. « Autant d'appellations qui permettent aux fabricants d'ajouter des sucres, au nom des contraintes technologiques ou organoleptiques, sans que le consommateur en soit conscient », souligne *60 millions de consommateurs*. Résultat : le consommateur n'a aucune idée de la quantité de sucres qu'il ingère au quotidien. Une situation d'autant plus délicate pour **les diabétiques**, pour qui la maîtrise de la consommation de sucre est un élément primordial dans la gestion de la maladie. « L'omniprésence de ce sucre dans notre alimentation pose un problème de santé publique », constatent l'INC et la Fédération française des diabétiques, qui rappellent que les sucres ajoutés sont directement mis en cause dans le surpoids et indirectement dans la survenue du diabète et de maladies cardiovasculaires.

Source : Cécile Thibert, sante.lefigaro.fr, 29/06/2016

Doc. 1 Quelle quantité de sucre se cache dans ce que vous mangez ?

1. **Souligner** les différentes fonctions du sucre ajouté dans les produits industriels.

2. **Indiquer** sous quelle(s) appellation(s) se trouve(nt) le sucre dans la liste des ingrédients d'un produit et **justifier** l'importance pour une personne diabétique de les connaître.

....

....

....

....

3. Le repas de midi est composé d'une portion de carottes râpées, d'une demi-pizza, d'un yaourt aux fruits et d'un verre de soda. **Calculer** la quantité de sucre consommée et **comparer** avec la quantité de sucre recommandée par jour selon l'OMS.

....

....

Activité 2 Les régimes hypoglucidiques

OBJECTIF : Caractériser les régimes hypoglucidiques

Un régime alimentaire ou **alimentation thérapeutique** est une adaptation et non une restriction stricte d'un constituant alimentaire.

Une certaine quantité de glucides est indispensable au fonctionnement de l'organisme, il n'existe donc pas **d'alimentation** « sans sucre » au sens propre. **L'alimentation** est adaptée en fonction de la pathologie à traiter : surcharge pondérale, obésité, diabète, hypercholestérolémie ou artériosclérose. **On parle d'alimentation thérapeutique contrôlée en glucides.**

L'alimentation est donc étudiée pour diminuer l'apport de certains aliments et en particulier les aliments riches en sucres ou glucides simples.

Doc. 2 Caractéristiques d'un régime hypoglucidique ou alimentation thérapeutique contrôlée en glucides

1 **Donner** la définition d'un régime alimentaire ou alimentation thérapeutique.

....

....

....

2 **Indiquer** les caractéristiques d'une alimentation thérapeutique contrôlée en glucides.

....

....

3 **Souligner** les pathologies impliquant une alimentation thérapeutique contrôlée en glucides (doc. 2).

« Sans sucre » : l'aliment est très peu sucré, il ne contient pas plus de 0,5 g de sucre pour 100 g ou pour 100 mL de produit.

« Allégé » en sucre : contient au minimum 30 % de sucre en moins qu'un produit similaire.

« Sans sucre ajouté » : le produit n'a pas été additionné de sucre mais peut en contenir à l'état naturel.

« Allégé » ou « sans sucre ajouté » ne signifie donc pas qu'il n'y a pas de sucre. Pour bien choisir, essayer, pour des produits similaires, de comparer sur les étiquettes les teneurs en sucre.

« Limitez votre consommation de sucre tout en restant gourmand ».

© www.inpes.sante.fr / DR

Doc. 3 Comprendre les informations nutritionnelles

4 Un adolescent en surpoids consomme du jus d'orange sans sucre ajouté. **Indiquer** les inconvénients de cette consommation.

....

....

5 NUMÉRIQUE Donner des conseils pour consommer moins de sucre au quotidien à l'aide du lien.
Site : www.lienmini.fr/9664-site15-1

Activité 3 L'alimentation des personnes diabétiques

OBJECTIF : Caractériser et justifier l'adaptation de l'alimentation pour une personne diabétique

Le diabète est une maladie qui est caractérisée par un excès de sucre dans le sang. On parle d'hyperglycémie. Cette anomalie est liée soit à une sécrétion insuffisante d'insuline soit à sa mauvaise utilisation par les cellules de l'organisme. Il existe plusieurs sortes de diabète. Le diabète de type 2, le plus fréquent, est souvent lié à une alimentation trop riche ou déséquilibrée et un manque d'activité physique. Il apparaît souvent après 20 ans et est associé à un surpoids ou une obésité. Le diabète de type 1, détecté dans l'enfance, lié au dysfonctionnement des cellules du pancréas, nécessite un traitement à vie et une autosurveillance rapprochée de la glycémie.

Une alimentation équilibrée et adaptée aux besoins fait partie du traitement du diabète.

Une attention particulière doit être apportée sur les apports en glucides et en lipides en particulier pour le diabète de type 2. Il est recommandé pour une personne diabétique de connaître la quantité de glucides consommée.

La personne diabétique doit prendre des repas réguliers, complets et équilibrés et contrôler sa consommation en glucides simples sans exclure de son alimentation les produits sucrés. Les aliments présentant un indice glycémique (IG) bas sont à privilégier car ils induisent une augmentation modérée de la glycémie. L'IG d'un aliment est calculé en fonction du glucose (dont la valeur de référence est 100).

Index glycémique de quelques aliments : élevé, moyen, faible

Élevé		Moyen		Faible	
Purée de pommes de terre	90	Pain complet	50	Petits pois	45
Pain d'épice	80	Pâtes « al dente »	50	Semoule complète	45
Carottes cuites	85	Carottes crues	50	Raisin	45
Pain blanc	85	Kiwi	55	Haricots blancs	30
Banane	65	Petit Beurre	55	Lentilles vertes	22
Saccharose (sucre)	65	Riz au lait	47	Tous les légumes	20
Taboulé	65				

Doc. 4 L'alimentation d'une personne diabétique

1 **Donner** la définition du diabète.

....

....

2 **Souligner** le type de diabète le plus fréquent et ses caractéristiques.

3 **Donner** trois conseils à une personne diabétique concernant son alimentation.

....

....

4 **Cocher** le menu qui convient à une personne diabétique et justifier.

Menu 1	Menu 2
Salade de tomates et concombres Purée de pommes de terre et poulet rôti Emmental Compote sucrée et pain d'épices	Salade de lentilles vertes Petit pois et sauté de veau Riz au lait Kiwi
❑	❑

....

....

Activité 4 Le régime hypolipidique ou alimentation thérapeutique contrôlée en lipides

OBJECTIF : Caractériser et justifier les régimes hypolipidiques

Une alimentation thérapeutique contrôlée en lipides modifie les apports en lipides en privilégiant les acides gras mono-insaturés et omega 3 au détriment des acides gras saturés. Elle est préconisée dans la prévention de l'obésité ou des maladies cardiovasculaires mais aussi en cas d'insuffisance biliaire, hépatique ou pancréatique et dans le diabète de type 2.

Doc. 5 Caractéristique d'une alimentation thérapeutique contrôlée en lipides

1. **Souligner** les caractéristiques d'une alimentation contrôlée en lipides.
2. **Préciser** les pathologies pour lesquelles cette alimentation peut être prescrite.

....

....

Monsieur Durand souffre d'obésité et d'un taux de cholestérol anormalement élevé. Son médecin lui prescrit une alimentation contrôlée en matière grasse. Voici le menu proposé à la clinique.

Entrée	❑ Crudités ou ❑ Pâté de campagne		
Plat principal	❑ Poulet et frites ou ❑ Poisson blanc et légumes		
Dessert	❑ Yaourt nature ou ❑ Portion d'emmental et ❑ Fruits cuits		

Doc. 6

3. **Cocher** dans le menu ci-dessus les aliments qui conviennent à M. Durand en s'aidant des ▸ Annexe 6, 7 et 8 et **justifier** votre réponse.

....

....

....

....

....

4. NUMÉRIQUE Donner des conseils à une personne pour réduire voire supprimer sa consommation en charcuterie à l'aide du lien. Site : www.lienmini.fr/9664-site15-2

Activité 2 Les principales textures pour les personnes adultes

OBJECTIF : Caractériser et justifier les principales textures proposées en fonction des besoins des personnes âgées

Les établissements de santé et médico-sociaux accueillent une population hétérogène présentant de multiples pathologies. Il convient de leur proposer des repas dont la texture sera adaptée à leurs besoins.

Qui est concerné ? Personnes victimes de traumatisme (de la mâchoire par ex.), AVC, sortant des soins intensifs, présentant un polyhandicap, des troubles de la déglutition, des personnes âgées (vieillissement de l'organisme, maladies chroniques, etc.)

Pourquoi ? Pour permettre aux personnes d'avoir leur besoin nutritionnel satisfait en soulageant la mastication et/ou la déglutition.

Comment ? En proposant des repas à textures modifiées :

– hachée : la viande est moulinée mais tous les autres aliments restent entiers

– moulinée : viande et légumes moulinés sont présentés séparément

– mixée : aliments mixés très finement (voire lisses) et séparés.

– liquide : l'alimentation est fluide, consommable au verre ou à la paille.

– épaississement des liquides : avec la poudre épaississante (texture sirupeuse, gel plus ou moins épais), pour les personnes présentant des troubles de la déglutition. On peut aussi jouer sur la température (glacé ou chaud) pour faciliter le réflexe de la déglutition, en fonction de la personne.

Doc. 2 Pourquoi des textures modifiées ?

1 **Retrouver** la texture en fonction de chaque déclinaison de repas.

Texture	Normale	....	....	....	....
Entrée	Carottes râpées	Carottes râpées puis hachées	Mousse de carottes	Carottes mixées	Jus de carottes
Plat	Poulet basquaise	Émincé de poulet basquaise	Émincé de poulet	Mousse de poulet	Poulet basquaise liquide
Accompagnement	Riz	Pâtes	Purée de poivrons	Riz mixé	Riz liquide
Fromage	Camembert	Camembert	Camembert	Vache qui rit	
Dessert	Pêche au sirop	Pêche au sirop	Pêche en morceaux	Compote de pêches	Jus de fruits

Doc. 3 Les déclinaisons des textures

2 Pour chaque situation, **souligner** les justifications des textures par patient.

Situation 1

Maé a eu un accident de la route, elle a une double fracture de la mâchoire. La mâchoire n'est pas bloquée. Elle souffre en mastiquant et arrive à déglutir très difficilement. Une texture mixée lui est conseillée.

Situation 2

Léon a 98 ans. Il a un appareil dentaire qui ne tient plus très bien depuis qu'il a perdu du poids l'empêchant de mastiquer. Il n'a pas de trouble de la déglutition. Son repas lui est proposé en texture moulinée.

3 **Préciser** ce qu'il faut faire en cas de trouble de la déglutition.

....

Activité 3 Les compléments alimentaires

OBJECTIF : Justifier l'utilisation de compléments alimentaires

On entend par compléments alimentaires, « *les denrées alimentaires dont le but est de compléter le régime alimentaire normal et qui constituent une source concentrée de nutriments ou d'autres substances ayant un effet nutritionnel ou physiologique seuls ou combinés...* ». Il existe de nombreux compléments alimentaires, à base de plantes, de vitamines et minéraux, ou d'autres concentrés de substances à but nutritionnel et physiologique (mélatonine, glucosamine...). Ils sont commercialisés sous forme de doses telles que les gélules, pastilles, comprimés, pilules, sachets de poudre ou encore en préparations liquides (ampoules, flacons munis de compte-gouttes). Ces compléments sont présentés comme des produits qui contribuent à améliorer les apports nutritionnels des consommateurs et les aident à mincir, affronter l'hiver, mieux digérer, avoir de beaux cheveux, réduire les désagréments de la grossesse ou de la ménopause, etc. De manière générale, en l'absence de pathologie, la couverture des besoins nutritionnels est possible par une alimentation variée et équilibrée dans le cadre d'une vie quotidienne physiquement active. La consommation de compléments alimentaires n'est alors pas nécessaire. En revanche, des carences en nutriments peuvent toucher davantage des groupes particuliers de la population ayant des besoins accrus ou des déficits d'apport tels que les femmes enceintes, les enfants, les personnes âgées... De plus, certains comportements alimentaires peuvent conduire à réduire, voire supprimer, la consommation d'aliments sources de nutriments indispensables. Par exemple, le régime végétalien est totalement dépourvu de vitamine B12, présente uniquement dans les denrées d'origine animale. De même, un régime alimentaire écartant la consommation de poissons et de fruits de mer ne permettra pas de couvrir les besoins en EPA et DHA (acides gras polyinsaturés à longue chaîne).

Source : Les compléments alimentaires, nécessité d'une comsommation éclairée, 26/03/2019, Anses.fr

Doc. 4 Compléments alimentaires

1 **Retrouver** la définition de « complément alimentaire ».

....

....

....

....

2 **Préciser** la composition des compléments alimentaires.

....

....

....

....

3 **Nommer** le type de personne concernée par les complémentaires alimentaires et **justifier.**

....

....

....

....

Les toxi-infections alimentaires

Synthèse
www.lienmini.fr/9664-syn16

Microorganismes et aliments responsables

- *Salmonella* : œufs et préparation à base d'œufs : mousse au chocolat, pâtisseries, mayonnaise, tiramisu
- *Clostridium perfringens* : plats contenant plusieurs ingrédients, plats cuisinés, plats prêts à être consommés
- *Staphylocoques aureus* : plats contenant plusieurs ingrédients, plats cuisinés, plats prêts à être consommés
- Virus : coquillages
- Autres : volaille, poisson, autres

Mode d'action :

Par action sur la muqueuse intestinale

Par action d'une toxine : présente dans l'aliment, endo ou exotoxine.

Toxi-infection alimentaire

Maladie due à l'ingestion d'un aliment contaminé par des bactéries, ou leurs toxines, les virus ou des parasites ou des agents non conventionnels.

TIAC : au moins deux personnes présentent les mêmes symptômes et ont consommé le même aliment.

Mesures réglementaires

Déclaration obligatoire auprès de l'ARS

- Consultation patient → analyses → investigations → alerte et mesures de contrôle
- **Qui :** CNR, Santé Publique ; ARS ; ministères

Préventions

- Utilisation de l'outil M par exemple
- Vérifier le niveau d'hygiène des établissements avec Alim-confiance
- Lavage des mains
- Bionettoyage du matériel
- Nettoyage de la vaisselle
- Respect des températures d'entreposage, de services
- Respect des protocoles de remise en température
- Vérification des emballages
- Respect des DLC et DDM
- Éviter les contaminations croisées
- Respect de la tenue professionnelle
- Se protéger en cas de maladie

Analyse de situation

QCM
www.lienmini.fr/9664-qcm16

Situation professionnelle

En stage au sein d'une structure d'aide à domicile vous intervenez chez M. et Mme Garrigues. Une fois par semaine, vous allez faire leurs courses, et au quotidien vous les aidez dans la préparation de leurs repas. Lors du transport des achats alimentaires ou lors la préparation des repas vous êtes vigilante car vous savez que les conséquences d'une TIA chez les personnes âgées peuvent être catastrophiques.

Doc. 1 Éviter les intoxications alimentaires

Répondre sur une feuille à part en respectant l'ordre des questions de savoirs associés et en soignant la rédaction

1. **Définir** TIA et TIAC.
2. **Nommer** quatre bactéries responsables des TIA.
3. **Expliquer** le mode d'action des bactéries responsables des TIA.
4. **Préciser** les mesures réglementaires à appliquer lors d'une TIAC.
5. **Lister** au moins quatre préventions à prendre pour éviter les TIA à domicile.

FICHE 84 BILAN

La coordination d'une équipe de bionettoyage

Synthèse
www.lienmini.fr/9664-syn17

Équipe de bionettoyage
Composée d'agents de bionettoyage sous la responsabilité d'un chef d'équipe et gérée par un cadre

→ En centre hospitalier, clinique, EHPAD

→ Assure le nettoyage et la désinfection
Assure l'activité hôtelière, lingère et de restauration
Travail collaboratif avec les équipes soignantes et les autres personnels pour accueillir les patients/résidents dans les meilleures conditions et pour agir face à des imprévus (plan blanc, dysfonctionnements…)

La préparation d'une réunion de travail

L'animateur choisit le type de réunion en fonction des objectifs :
- réunion d'information ;
- réunion d'échanges ;
- réunion de résolution de problème.

→ Prépare le contenu de la réunion
→ Choisit les participants
→ Prépare les conditions matérielles

L'animation de réunion

L'animateur

Fonctions	Attitudes	Qualités
Direction Régulation Production	Être respectueux de la parole de l'autre ; être coopératif ; être franc ; être responsable ; faire preuve de souplesse	Attentif ; esprit synthétique ; modérateur ; négociateur ; rigoureux ; méthodique ; organisé ; pédagogue

Choisit son mode d'animation : **directif, participatif, semi-directif**

Les documents nécessaires à une réunion

La convocation/invitation → **Permet d'informer de la tenue d'une réunion (date, heure, ordre du jour …)**

Liste ou feuille d'émargement → **Permet de justifier de sa présence pendant une réunion**

Un compte rendu → **Permet de résumer les échanges et conserver une trace écrite des informations et des décisions.**

Analyse de situation

QCM

www.lienmini.fr/9664-qcm17

Situation professionnelle

C'est l'hiver, une épidémie de gastro-entérite aiguë sévit dans l'EHPAD au sein duquel vous travaillez. La cadre de santé a convoqué les équipes de bionettoyage pour expliquer que la procédure prévoit l'application d'un protocole renforcé. La cadre anime la réunion et présente le protocole renforcé. En fin de réunion, elle demande au chef d'équipe de donner un protocole à chaque agent et d'en afficher un dans le local d'entretien afin que les agents absents à la réunion en prennent connaissance. Le chef d'équipe l'affiche. Cependant, le soir, un seau d'eau a été renversé et projeté contre le document qui est maintenant illisible.

IMPORTANT : Les épisodes de cas groupés de GEA en EHPAD étant le plus souvent dus à des norovirus, réaliser l'entretien des locaux avec un produit détergent-désinfectant norovirucide. S'assurer qu'il corresponde à la norme européenne EN 14476+A1.

Nettoyage et désinfection des surfaces et des locaux

- Nettoyer immédiatement toutes les surfaces souillées par des selles ou des vomissements : essuyage des salissures avec du papier à usage unique puis nettoyage et désinfection.
- Respecter le temps de contact nécessaire pour la désinfection (ex : 10 min pour l'Eau de Javel).
- S'assurer d'une fréquence de nettoyage au moins quotidienne en insistant particulièrement sur les salles de bain et les sanitaires.
- Nettoyer et désinfecter les surfaces en portant une attention particulière aux toilettes et aux chambres des personnes souffrant de GEA.
- Renforcer le nettoyage et la désinfection des surfaces fréquemment touchées (ex : poignées de porte, sonnettes, toilettes, lavabos, robinets…).

En l'absence de produit détergent-désinfectant norovirucide, un entretien avec de l'eau de Javel à 2,6 % de Chlore actif (Ca) diluée au 1/5 peut être réalisé.

Source : 2020, www.cpiasbfc.fr

Doc. 1 Extrait du protocole renforcé en cas de gastro-entérite aiguë (GEA)

Répondre sur une feuille à part en respectant l'ordre des questions et en soignant la rédaction.

1 **Relever** le dysfonctionnement et proposer une ou des actions correctives.

Questions de savoirs associés

2 **Citer** la composition d'une équipe de bionettoyage.

3 **Expliquer** les rôles des agents de bionettoyage.

4 **Nommer** le type de réunion citée dans la situation professionnelle et **justifier** ce choix.

5 **Préciser** le mode d'animation.

6 **Citer** les trois fonctions de l'animateur.

7 **Préciser** deux documents nécessaires pour préparer et animer la réunion et leur rôle.

FICHE 91 BILAN

Les facteurs du confort

Synthèse
www.lienmini.fr/9664-syn19

Luminosité naturelle

Acoustique

Confort du logement : ressenti personnel, sentiment de bien-être, environnement confortable physiologiquement et psychologiquement

Qualité de l'air

Polluants de l'air intérieur

Produits de la maison, produits de bricolage et travaux, tabac, présence d'allergènes (animaux domestiques), humidité et moisissures

Effets sur la santé en cas de mauvaise qualité de l'air intérieur : maux de tête, fatigue, irritation des yeux, du nez ou de la gorge, allergies respiratoires, ...

Surveiller la qualité de l'air intérieur dans les établissements recevant un public sensible

Aérer été comme hiver en ouvrant les fenêtres

Ventiler : ventilation naturelle ou ventilation mécanique contrôlée

Vérifier et contrôler les systèmes de ventilation

Utiliser des produits d'entretien naturels ou de construction labellisés qui émettent le moins de polluants possibles

Niveau de température

Confort thermique

Autres paramètres du confort thermique

Taux d'humidité de l'air

Absence de mouvement d'air

Température des parois

Important dans les structures accueillant des personnes sensibles aux changements de température (enfants et personnes âgés)

Maintenir le confort thermique en cas de fortes chaleurs

Fermer les fenêtres et les volets la journée et les ouvrir la nuit

Faire circuler l'air pour créer des courants d'air frais la nuit

Végétaliser

Analyse de situation

QCM
www.lienmini.fr/9664-qcm19

Situation professionnelle

Une surveillance de la qualité de l'air de la crèche « Les petits bouts » a été réalisée. Vous êtes responsable de l'équipe de nettoyage et vous prenez connaissance des résultats de l'enquête.
Vous devez en informer votre équipe et proposer des solutions afin de maintenir le confort pour les enfants accueillis dans la structure.

Activités	Bonne pratique respectée ? ✓	✗	SO
★ Prendre connaissance des bonnes pratiques (recommandations fournies par la collectivité) via un support de communication adaptée (affiche, flyer, …).	✓		
★ Veiller à ramasser quotidiennement les poubelles dans les pièces occupées.	✓		
★ Porter une attention particulière pour le nettoyage quotidien des toilettes.	✓		
★ Privilégier un nettoyage humide des sols et du mobilier pour éviter un réenvol des poussières.	✓		
★ Utiliser les produits d'entretien conformément aux instructions d'emploi (pas de mélange, pas de surdosage pour éviter tout risque de réaction chimique non contrôlée et potentiellement nocive).	✓		
★ Veiller à ranger l'ensemble des produits de nettoyage dans les locaux prévus à cet effet.		✗	
★ Privilégier un nombre limité de produits d'entretien différents.		✗	
★ Privilégier, autant que possible, des produits « naturels » (nettoyage à la vapeur, vinaigre blanc, bicarbonate de soude, savon noir, etc.).		✗	
★ Limiter l'utilisation d'Eau de Javel.	✓		

Aération/Ventilation	✓	✗	SO
★ Aérer les pièces pendant et après les activités de nettoyage, en veillant à refermer les ouvrants extérieurs avant de quitter les lieux.		✗	
★ Privilégier l'aération transversale (portes et fenêtres grandes ouvertes) ou en grand (battants des fenêtres entièrement ouverts) des pièces nettoyées.	✓		

Remarques
Un nombre important de produits d'entretien sont utilisés : détergents, détergents-désinfectants, détartrants sans label environnementaux reconnus et ils ne sont pas systématiquement rangés dans le local dédié après les opérations d'entretien.

D'après un guide du ministère de l'Écologie.

Doc. 3 Extrait des résultats de l'enquête sur la qualité de l'air

Répondre sur une feuille à part en respectant l'ordre des questions et en soignant la rédaction.

1 **Relever** le dysfonctionnement et proposer une ou des actions correctives.

Questions de savoirs associés

2 **Définir** la notion de confort.

3 **Rappeler** les paramètres physiques du confort thermique et l'importance de ce confort dans les structures accueillant des enfants.

4 **Indiquer** les effets sur la santé d'une mauvaise qualité de l'air intérieur.

5 **Préciser** les différents moyens existants pour renouveler l'air intérieur.

Activité 2 Le vocabulaire utilisé dans l'organisation de l'entretien des locaux

OBJECTIF : Justifier l'obligation d'un mode opératoire, d'un protocole et d'une organisation de nettoyage

Pour l'entretien des locaux, le personnel se réfère à un plan de nettoyage (ou protocole) validé par la structure. Celui-ci permet de définir la fréquence et le mode opératoire des opérations de nettoyage et/ou de désinfection des locaux.
Pour réaliser un plan de nettoyage, il faut suivre plusieurs étapes :
- définir le champ d'application, c'est-à-dire l'endroit où doit avoir lieu la tâche à réaliser ;
- nommer les tâches à réaliser ;
- définir les acteurs : les personnes intervenantes ;
- préciser la fréquence : quand la tâche doit être effectuée ;
- lister le matériel et/ou les produits nécessaires ;
- préciser le mode opératoire. Les étapes sont décrites ou présentées sous forme de petits schémas, ou il y a un renvoi vers une fiche technique d'entretien qui détaille les gestes à réaliser.

Suivant les structures, il est possible de retrouver sur ces plans : des conseils, la dilution des produits et d'autres précisions qui faciliteront au maximum le travail de l'opérateur.
Ces plans de nettoyage permettent que chaque opérateur applique les mêmes techniques pour assurer l'efficacité du nettoyage, pour préserver le mobilier, les surfaces et l'environnement, mais aussi pour éviter les biocontaminations et leurs transmissions.

Doc. 3 Le vocabulaire appliqué à l'entretien des locaux

1 **Replacer** sur l'extrait du plan de nettoyage de la zone 1 de l'hôpital ci-dessous les différentes parties du plan de nettoyage soulignées.

....	....	....	....	....	....
Bureau	Dépoussiérer le mobilier	ASH	Quotidien	Lavette bleue et détergent-désinfectant	Voir ▸ Fiche 9 • Technique
	Entretien des sols	ASH	Quotidien	Balayage humide et lavage au balai rasant	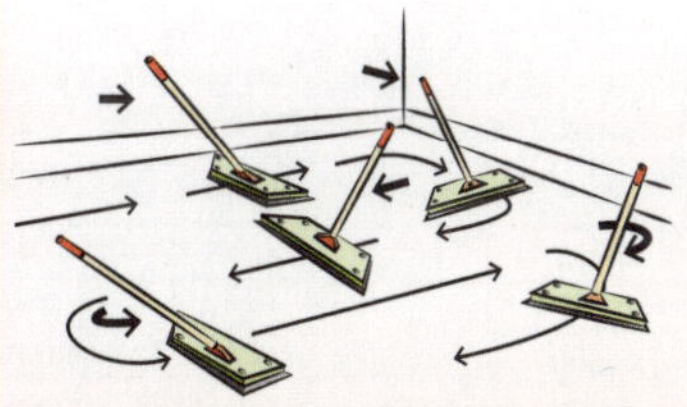
	Entretien des sols	ASH	Hebdomadaire	Lustrage à la monobrosse	
	Entretien des vitres	ASH	Mensuel	Raclette, mouilleur, détergent, serpillière (protection du sol)	– Réaliser le dépoussiérage – Laver la totalité de la vitre (détourer et spirales) – Essuyer à la raclette – Vérifier l'absence d'eau au sol Voir ▸ Fiche 10 • Technique

2 **Préciser** l'intérêt du plan de nettoyage et **nommer** les personnes auxquelles il s'adresse.

....

....

....

3 RÉDIGER En petit groupe, rédiger une fiche technique sur le nettoyage d'une porte en vous appuyant sur les fiches techniques du bionettoyage (Thème 6) et sur les activités réalisées.

FICHE 96 ACTIVITÉS

Les facteurs et méthodes dans les opérations de nettoyage

COMPÉTENCES
- **C3.2** Traiter et transmettre des informations en intégrant les différents outils numériques
- **C3.3** Participer à la démarche qualité et à la prévention des risques professionnels
- **C3.4** Coordonner et conduire une équipe de bionettoyage

Activité 1 Les facteurs intervenant dans les opérations d'entretien

OBJECTIF : Expliquer l'interdépendance des facteurs intervenant dans les opérations de nettoyage • Justifier les actions mises en œuvre dans la technique

Le cercle de Sinner s'articule autour de quatre facteurs interdépendants qui interviennent dans la majorité des opérations de nettoyage : la température de l'eau, l'action mécanique, l'action chimique, le temps d'action. La diminution d'un ou plusieurs de ces facteurs doit être compensée par l'augmentation des autres, afin d'obtenir des résultats équivalents.

Doc. 1 Le cercle de Sinner

Pour l'entretien du sol, je remplis un seau d'eau chaude dans lequel je dilue un produit détergent. J'étale le produit sur le sol et j'attends que le produit agisse avant de frotter avec une brosse.

Doc. 2 Un exemple d'entretien

1 **Compléter** le cercle de Sinner suivant pour le doc. 2 en citant un exemple pour chacun des quatre facteurs.

....

....

2 **Citer** les facteurs intervenant dans le balayage humide et **compléter** le cercle de Sinner correspondant en respectant les couleurs.

....

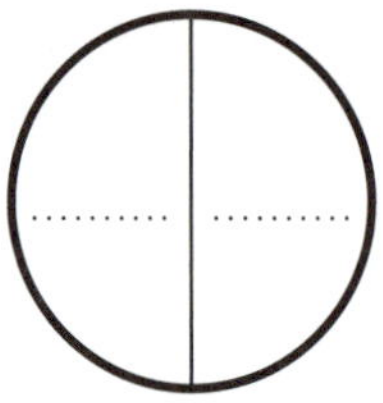

....

3 **Comparer** ce cercle à celui de la question **1** et **conclure**.

....

....

FICHE 99

BILAN

L'entretien de l'environnement de la personne

Synthèse
www.lienmini.fr/9664-syn20

Entretien de l'environnement de la personne

Objectifs et intérêts

Propreté

Enlever les salissures adhérentes et non adhérentes pour une bonne image des locaux, être bien dans un environnement, pour le confort

Hygiène

Enlever les micro-organismes pour éviter la transmission des maladies

Les salissures et dégradations rencontrées lors des opérations d'entretien

Salissures

- Organiques (végétale, animale ou humaine)
- Inorganiques (minérale ou métallique)
- Adhérentes ou non adhérentes

Dégradations

Détériorations irréversibles du support

Facteurs intervenant dans les opérations d'entretien

Cercle de Sinner

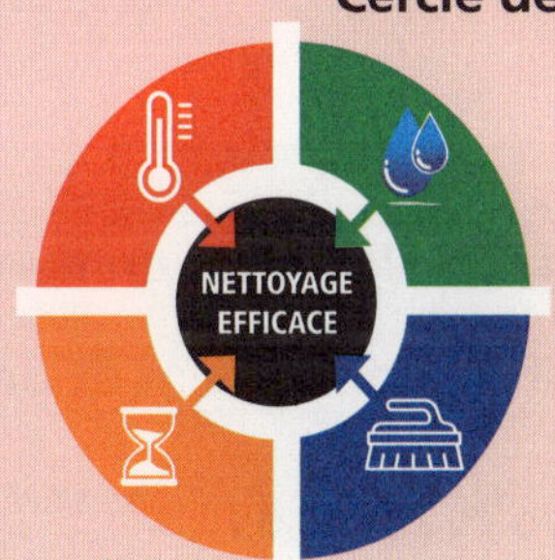

Un facteur absent ou diminué, les autres le compensent

Entretien des locaux

Locaux classifiés en 4 zones à risques
Classification -> détermine l'entretien à réaliser

Organisation du travail

1. Lecture du planning
2. Connaissance des procédures, du protocole ou plan de nettoyage
3. Connaissance des modes opératoires
4. Traçabilité de son travail
5. Évaluation du travail effectué

Application de protocoles standard et spécifiques en cas d'isolement du patient

Contrôle visuel et/ou Contrôle microbiologique

Analyse de situation

QCM
www.lienmini.fr/9664-qcm20

Situation professionnelle

Vous venez de prendre un poste en tant qu'agent de service hospitalier. Lors de votre embauche, votre responsable vous a présenté le livret d'accueil des nouveaux salariés ainsi que les différents services dans lesquels vous allez réaliser votre travail.

Maintenant, vous prenez connaissances des procédures et protocoles de la structure. Votre responsable vous demande de vous familiariser avec ces documents ainsi qu'avec les différentes fiches techniques et leur mode opératoire. Dans la procédure, est noté qu'en fin de bionettoyage des interrupteurs, vous devez réaliser un contrôle microbiologique une fois par semaine. Vous réalisez le prélèvement après l'entretien et le lendemain, après avoir observé les résultats, vous constatez que le bionettoyage réalisé est non conforme.

Fiche de traçabilité (extrait) : hygiène des surfaces chambre patient				
Opérateur : Marie B	**Semaine n° :** 38	**Date heure prélèvement :** 23/09/22 11 h	**Date heure de lecture :** 24/09/22 12 h	**Test :** Lame gélosée

Points de prélèvements	Contrôle visuel		Contrôle microbiologique		Actions correctives
	C	NC	C	NC	
Poignée de porte chambre	x		x		
Interrupteur	x			x	
C : conforme NC : non conforme					

Répondre sur une feuille à part en respectant l'ordre des questions et en soignant la rédaction.

1 **Relever** le dysfonctionnement et proposer une ou des actions correctives.

Questions de savoirs associés

2 **Expliquer** les concepts de propreté et d'hygiène.

3 **Citer** l'intérêt de classer les locaux en zones à risque.

4 **Justifier** l'obligation de mode opératoire et de protocole.

5 **Expliquer** les facteurs du cercle de Sinner.

6 **Justifier** l'intérêt des contrôles visuels et microbiologiques.

Les agglutinants

COMPÉTENCES
- **C3.1** Gérer ses activités en interagissant avec l'équipe pluriprofessionnelle dans une posture professionnelle adaptée
- **C3.3** Participer à la démarche qualité et à la prévention des risques professionnels
- **C3.4** Coordonner et conduire une équipe de bionettoyage

Activité 1 Les différents agglutinants

OBJECTIFS : Expliquer les principales caractéristiques physico-chimiques des agglutinants, leurs principales propriétés et leur mode d'action • Justifier les règles et les précautions d'utilisation

Les agglutinants sont des produits d'entretien dont le mode d'action est de capturer et retenir les salissures non adhérentes par agglutination. Ils collent les poussières et les particules solides sur un tissu d'essuyage ou sur une gaze pré-imprégnée. Leur structure en fibres torsadées et entremêlées leur confère une force électrostatique. Les gazes ou tissus sont imprégnés d'eau, d'huile minérale ou végétale.

Doc. 1 Mode d'action, principales propriétés et caractéristiques physico-chimiques des agglutinants

1 **Relever** le mode d'action des agglutinants.

....

....

Les gazes pré-imprégnées à usage unique (balayage humide) sont imprégnées d'une huile alimentaire pour coller et emprisonner les poussières les plus fines, mais aussi les poils et autres salissures volatiles. Pour la plupart jetables avec les déchets ordinaires, mais peu écologiques, elles sont hygiéniques, ergonomiques (légères et faciles d'utilisation) et offrent un bon rendement. Il faudra veiller à leur stockage : bien enfermées dans un sachet pour éviter un assèchement des produits.
Les plumeaux (dépoussiérage humide) sont l'outil idéal pour attirer et retenir des surfaces la poussière, les poils, les allergènes des acariens, des animaux grâce à leurs milliers de fibres attrape-poussière dotées d'un léger revêtement agglutinant huileux.

Doc. 2 Gazes et plumeaux de dépoussiérage à usage unique

2 **Relever** l'inconvénient des gazes à usage unique jetables.

....

....

3 **Associer** chaque composant d'un plumeau de dépoussiérage à sa fonction et son rôle.

Composant	Fonction	Rôle
Huile minérale •	• Agent agglutinant •	• Permet aux fibres du plumeau d'attraper et de retenir les particules de poussière et poils
Parfum •	• Donne une odeur particulière au produit •	• Procure une senteur agréable
Cire •		

Les détergents

Vidéo
Tensio-actifs
www.lienmini.fr/9664-video21

COMPÉTENCES
- **C3.1** Gérer ses activités en interagissant avec l'équipe pluriprofessionnelle dans une posture professionnelle adaptée
- **C3.3** Participer à la démarche qualité et à la prévention des risques professionnels
- **C3.4** Coordonner et conduire une équipe de bionettoyage

Activité 1 Composition et rôle des détergents

OBJECTIF : Expliquer les caractéristiques physico-chimiques des détergents

Dans un liquide, les molécules d'eau s'attirent et se lient fortement entre elles. Ces forces d'attraction agissent dans toutes les directions, se compensent et maintiennent en équilibre les molécules à l'intérieur du liquide. En revanche, ce n'est pas le cas des molécules situées en surface (à l'interface air/liquide). Ces molécules ne sont attirées que par les molécules voisines situées sur les côtés et en dessous ; il y a ainsi création d'une force qui tire les molécules vers le centre du liquide et réduit au minimum l'étendue de la surface : cette tension de surface est la tension superficielle. De même, à l'interface liquide/solide, une goutte d'eau sur un support lisse et imperméable a une forme arrondie due à cette même tension superficielle qui empêche l'eau de s'étaler.

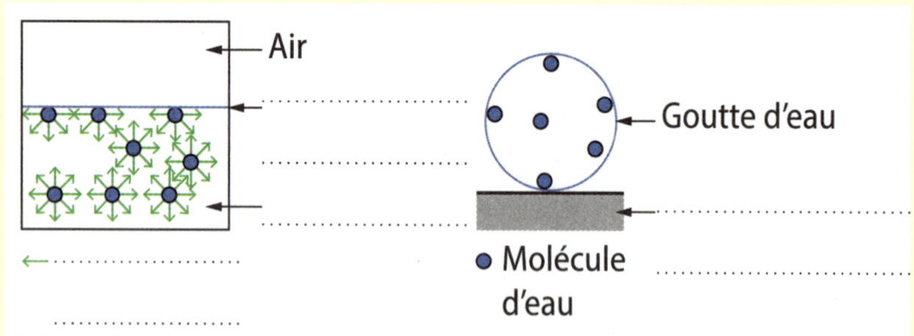

Doc. 1 La tension superficielle de l'eau

1 **Placer** les mots soulignés sur les schémas.

2 **Proposer** une définition de la tension superficielle de l'eau et **entourer** celle-ci sur le schéma de la goutte d'eau.

....

Les détergents sont des produits de nettoyage qui, en solution dans l'eau, permettent d'éliminer les salissures fixées sur les surfaces, la vaisselle, le linge, etc. Ils sont constitués principalement de tensio-actifs (ou agents de surface). Ces derniers ont pour rôle d'agir sur la tension superficielle de l'eau en la faisant baisser et en permettant à l'eau de s'étaler au maximum et d'imprégner les salissures. Selon le type de nettoyage envisagé, d'autres substances peuvent être associées aux tensio-actifs dans les détergents :
- agents séquestrants (ou complexants) : capturent les ions calcium et magnésium présents dans une eau dure (calcaire) afin de favoriser l'action nettoyante des tensio-actifs ;
- acides : permettent de dissoudre les dépôts calcaires, le tartre et la rouille ;
- bases (ou produits alcalins) : solubilisent les souillures grasses ;
- enzymes (protéines) : transforment les matières organiques en résidus solubles dans l'eau, agissent à basse température (inférieure à 60 °C) et sont biodégradables à 100 % ;
- adjuvants divers (conservateurs, agents de blanchiment, composés antimousse, anticorrosion, colorants, parfums, etc.).

Doc. 2 Composition des détergents

3 **Relever** la fonction des détergents.

....

4 **Nommer** les composés essentiels d'un détergent et **souligner** leur rôle (**doc. 2**).

....

5 **Identifier** les composés de certains détergents sensibles à la température.

....

Activité 2 Les propriétés des détergents

OBJECTIF : Expliquer les propriétés et mode d'action des détergents

Les tensio-actifs confèrent leurs principales propriétés nettoyantes aux détergents (mouillante, moussante, émulsionnante, dispersante, pénétrante), toutes nécessaires à l'élimination des salissures. Ce sont des molécules amphiphiles, c'est-à-dire qu'elles sont constituées de deux parties de polarités différentes ayant chacune une action particulière. Quel que soit le type de tensio-actif utilisé, le mode d'action pour éliminer les salissures reste identique :

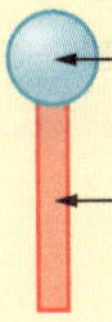

Une partie hydrophile (attirée par l'eau) : s'insère entre les molécules d'eau, diminuant ainsi la tension superficielle afin de favoriser l'action mouillante.

Une partie lipophile (attirée par le gras) : se fixe sur la salissure afin de la décoller du support et la maintenir en suspension dans l'eau.

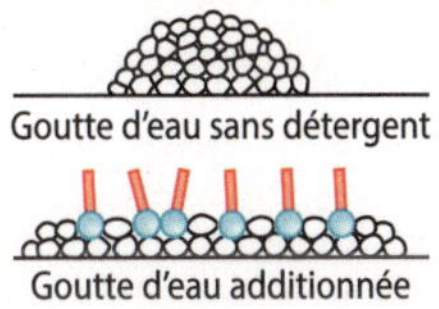

1. Les tensio-actifs abaissent la tension superficielle de l'eau. Ainsi l'eau s'étale, ce qui permet de mouiller rapidement la surface à nettoyer et d'imprégner les salissures.
→ **Pouvoir mouillant**

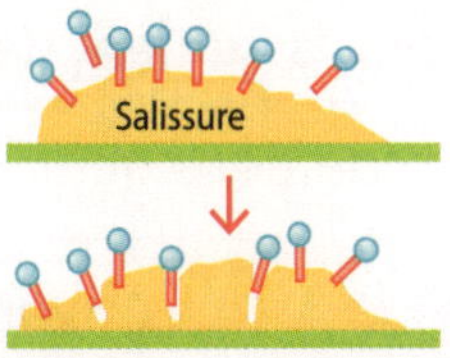

2. Les tensio-actifs se fixent sur les salissures, les pénètrent et les désagrègent partiellement.
→ **Pouvoir pénétrant**

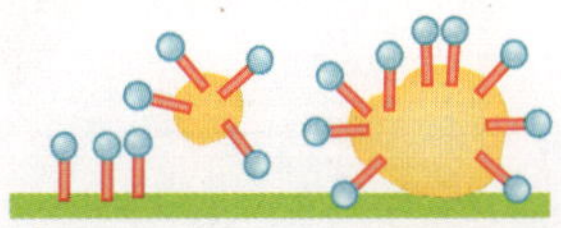

3. Les tensio-actifs fractionnent les salissures et entourent complètement chaque fragment qui se décolle du support et se retrouve en suspension dans la solution de lavage.
→ **Pouvoir émulsifiant ou émulsionnant**

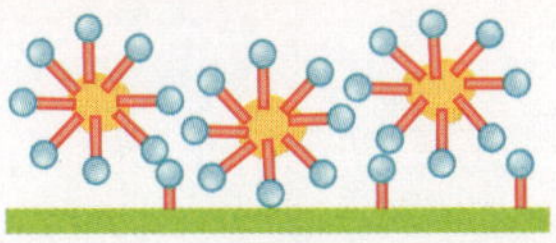

4. Les fragments de salissures insolubles enveloppés de tensio-actifs sont maintenus en suspension dans l'eau grâce aux forces qui repoussent les pôles hydrophiles entre eux et empêchent les salissures de se redéposer.
→ **Pouvoir dispersant et anti-redéposition**

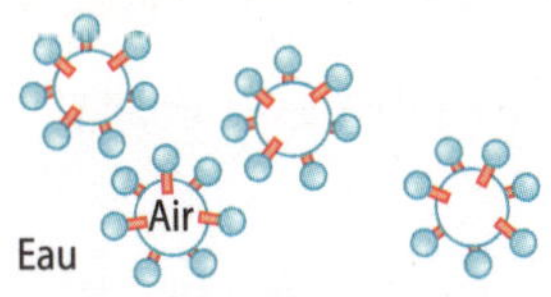

5. Les tensio-actifs emprisonnent l'air sous forme de bulles entraînant ainsi la formation de mousse. Celle-ci favorise une bonne dispersion des salissures. → **Pouvoir moussant**

Doc. 3 Caractéristiques et mode d'action des tensio-actifs

1 **Expliquer** le mode d'action des détergents.

....

....

....

....

Activité 3 Le choix des détergents, les règles et précautions d'utilisation

OBJECTIF : Justifier le choix des détergents, les règles et précautions d'utilisation

Les détergents sont classés en fonction de leur pH, ils sont soit acides (éliminent les salissures de type tartre, rouille, calcaire), soit alcalins (éliminent les salissures grasses) ou bien neutres (ils sont alors multi-usages et éliminent les salissures courantes, grasses ou non). Plus les salissures sont anciennes et difficiles à enlever, plus le détergent employé devra être, soit fortement alcalin (décapant), soit très acide (détartrant).

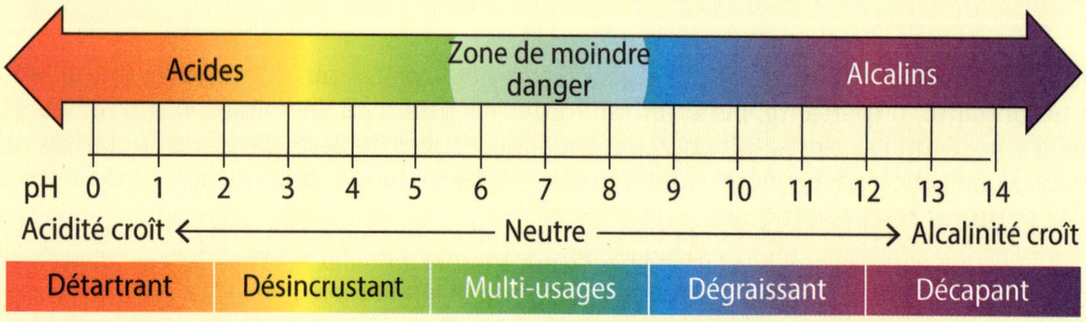

Les critères de choix d'un détergent sont : la nature des salissures à éliminer (et leur ancienneté dans le temps), la nature du support, les procédés de nettoyage, ainsi que la préservation de la santé et de la protection de l'environnement (détergents composés de matières premières renouvelables, biodégradables, certifiés par les labels NF Environnement, Écolabel EU, ou Ecocert et présentant moins de risques que les détergents issus de l'industrie pétrochimique).

Doc. 4 Classement, choix et règles et précautions d'utilisation des détergents

1. **Compléter** le tableau suivant de classement des détergents en fonction de leur pH.
2. **Souligner** les critères de choix d'un détergent.

Classement des détergents en fonction de leur pH

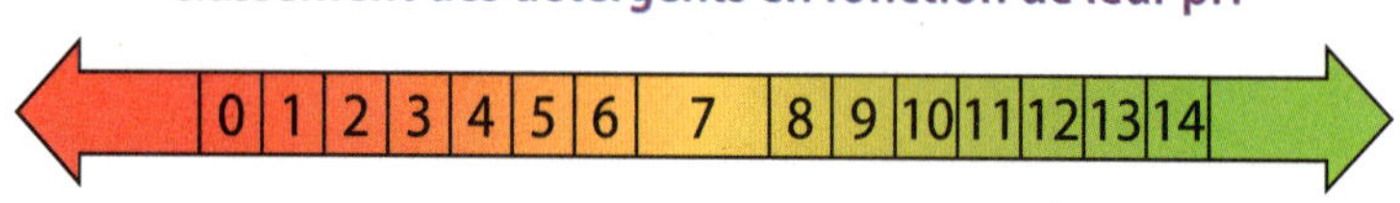

Échelle de pH	....	....	....
Type de détergent	....	....	....
Type de salissures éliminées	....	....	....

3. **Relever** le moyen de savoir si un détergent est écoresponsable.

....

....

....

....

PROPRIÉTÉS

Nettoyant dégraissant, élimine les souillures grasses ou cuites, résidus alimentaires ou salissures organiques.

Concentré et polyvalent, est utilisé en lavage manuel ou mécanisé pour dégraisser les sols ou toutes surfaces résistantes aux nettoyants alcalins concentrés, faïence, carrelage, inox…

PRÉCAUTIONS D'EMPLOI

En cas de surfaces sensibles, telles que l'aluminium, réaliser un test de compatibilité.
Le port d'Équipement de Protection Individuelle est recommandé (Exempté aux dilutions ≤ 2 %).
Informations complémentaires sur les étiquettes et la FDS*. FDS disponible sur www.quickfds.com.
Stocker dans son emballage d'origine à une température conseillée entre 5 et 40 °C.
Réservé à un usage professionnel.

CARACTÉRISTIQUES

Aspect : Liquide fluide jaune à brun.

Parfum : Agrumes (citron, orange).

pH : >13 (à 50 %:13,7 - à 10 %:12,9 - à 2 %:11,7 - à 0,5 %:11,2)

Densité : 1,08 ±0,02

Solubilité : Totale dans l'eau.

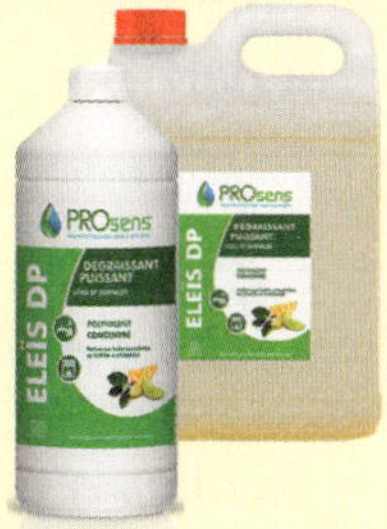

COMPOSITION

Selon règlement détergent (648/2004CE)
< 5 % agents de surface anioniques, agents de surface non ioniques, parfum.
Selon référentiel ECODETERGENT contient aussi : eau, bases, colorant (extrait de marc de raisin*(BD)), agents viscosants.

- 99,9 % du total des ingrédients sont d'origine naturelle.

*1 % du total des ingrédients sont issus de l'Agriculture Biologique.

- (BD) Issu de notre domaine, en biodynamie.
- Écodétergent certifié par ECOCERT Greenlife selon le référentiel ECOCERT disponible sur http://detergents.ecocert.com
- Les agents de surface sont d'origine végétale.

** Fiche de Données et Sécurité : document qui fournit des explications sur les risques de santé liés à l'exposition ou l'utilisation de produits dangereux et sur l'utilisation et les précautions à prendre lors de leur manipulation.*

Doc. 5 Extrait de la fiche technique d'un dégraissant puissant sols et surfaces

4 **Placer** à l'aide d'une flèche sur l'échelle de pH ci-dessous le pH du produit dilué à 2 %.

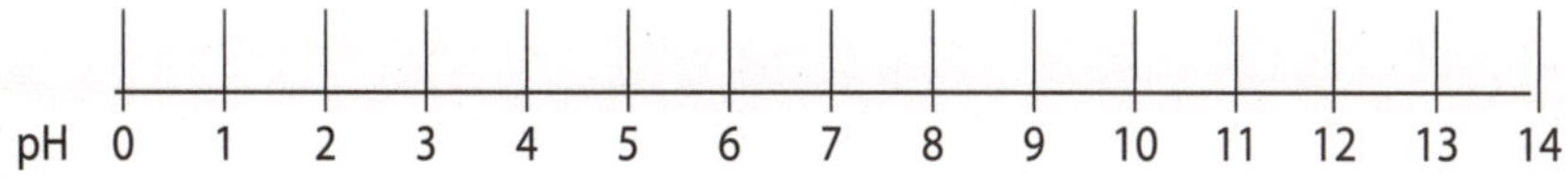

5 **Justifier** à partir de votre réponse précédente si ce produit est très acide, peu acide, neutre, peu alcalin ou très alcalin.

……………………………………………………………………………………………………

……………………………………………………………………………………………………

6 **Argumenter** pourquoi ce produit convient parfaitement pour éliminer les salissures grasses.

……………………………………………………………………………………………………

……………………………………………………………………………………………………

7 **Relever** les composants indiquant que ce produit est un détergent.

……………………………………………………………………………………………………

……………………………………………………………………………………………………

8 **Préciser** si ce produit est éco-responsable.

……………………………………………………………………………………………………

……………………………………………………………………………………………………

9 **Compléter** le tableau ci-dessous pour réaliser les dilutions du produit en fonction de son utilisation à partir des données suivantes :

- Appliquer en lavage manuel, frottoir, ou mécanisé, autolaveuse, monobrosse…
- Laisser agir si nécessaire (détrempage).
- Rincer et racler si besoin ou laisser sécher

Dilution nettoyage manuel : 2 %
Dilution nettoyage mécanisé : 0,5 %

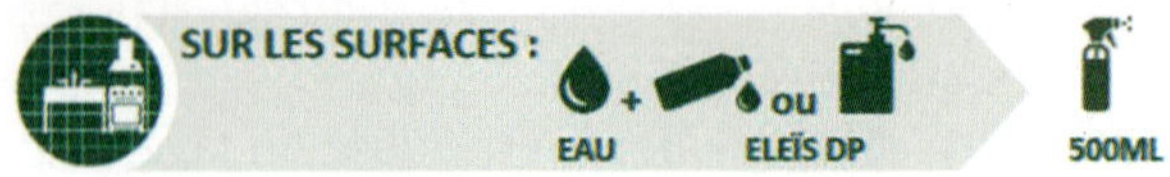

- Ranger les surfaces.
- Appliquer avec flacon spray, lavette, brosse…
- Activer, brosser si nécessaire et laisser agir
- Rincer et essuyer si besoin ou laisser sécher.

Dilution surface grasses : 10 %
Dilution graisses cuites : 50 %

Type de lavage	Volume final de la solution	Quantité de produit
Sol par nettoyage mécanisé dilution à 0,5 %	Seau de 10 L	
Nettoyage pour surfaces grasses avec dilution à 10 %	Spray de 500 mL	
Sol par nettoyage manuel à 2 %	Seau de 5 L	
Nettoyage pour graisses recuites avec dilution à 50 %	Spray de 500 mL	

10 **Justifier** ci-après les règles et précautions d'utilisation de ce produit.

Règles d'utilisation	Justifications
Différentes dilutions proposées.	
Dilutions plus faibles en nettoyage mécanisé qu'en nettoyage manuel.	
Rincer.	
Respecter les doses recommandées.	
Précautions d'utilisation	**Justifications**
Réaliser un test de compatibilité sur certains matériaux.	
Port d'équipement de protection individuelle (EPI) recommandé.	

FICHE 102 ACTIVITÉS

Les désinfectants

COMPÉTENCES
- **C3.1** Gérer ses activités en interagissant avec l'équipe pluriprofessionnelle dans une posture professionnelle adaptée
- **C3.3** Participer à la démarche qualité et à la prévention des risques professionnels
- **C3.4** Coordonner et conduire une équipe de bionettoyage

Activité 1 Le mode d'action des désinfectants

OBJECTIFS : Expliquer les principales caractéristiques physico-chimiques des désinfectants, leurs principales propriétés et leur mode d'action

Les désinfectants sont des produits biocides, c'est-à-dire des produits chimiques destinés à lutter contre les micro-organismes nuisibles à l'homme. Les désinfectants contiennent un principe actif qui agit sur les micro-organismes en les détruisant ou en les rendant inactifs. Ils peuvent être bactéricides et/ou fongicides et/ou virucides et/ou sporicides et/ou levuricides.

Doc. 1 Les désinfectants

1 **Souligner** le rôle des désinfectants.

2 **Relier** le nom du biocide à son action.

Biocide	Action sur les
Bactéricide •	• Spore
Fongicide •	• Virus
Virucide •	• Champignon microscopique
Sporicide •	• Bactérie

Les désinfectants agissent selon trois modes d'action possibles : par destruction de la membrane cytoplasmique, en réduisant les échanges avec le milieu extérieur ou en détruisant par oxydation le matériel cellulaire. L'action du désinfectant dépend du principe actif qu'il contient. Ce principe actif permet également de classer les désinfectants en plusieurs familles : les halogénés à base de chlore, les aldéhydes, les alcools, les oxydants, les phénols, les ammoniums quaternaires, les biguanides. Il faut se référer au spectre d'activité d'un désinfectant pour effectuer un choix, qui se fera également en fonction de la tâche à réaliser.

Familles	Spectre d'activité							
	Bactérie Gram +	Bactérie Gram –	Mycobactérie	Levures	Moisissures	Virus nus	Virus enveloppés	Spores
Halogène chloré	+	+	+	+	+	+	+	+
Aldéhydes	+	+	+	+	+	+	+	+
Alcools	+	+	+	+/-	+/-	+/-	+	-
Oxydants	+	+	+	+	+	+	+	+
Phénols	Action variable selon le composé							-
Ammonium quaternaire	+	+/-	-	+	+	+/-	+	-
Biguanides	+	+	+/-	+	+/-	+/-	+	-

+ : produit actif   +/- : produit inconstamment actif   - : produit inactif

Doc. 2 Les modes d'action des désinfectants

3 **Définir** le spectre d'activité d'un désinfectant.

....

4 **Souligner** les familles de désinfectants ayant le plus grand spectre d'activité et **justifier** ce choix (doc. 2).

....

....

5 **Expliquer** les 3 modes d'action des désinfectants.

....

....

PROPRIÉTÉS

- Réservé à un usage professionnel. SOLIGERM DÉSINFECTANT DE CONTACT est prêt à l'emploi. Il ne nécessite pas de rinçage et ne laisse aucune trace. Il est sans colorant et sans allergène.
- Produit certifié par ECOCERT : 98,4 % des ingrédients sont d'origine minérale ou végétale.
- Le jerrican 5 L permet de recharger le pulvérisateur 750 ml.
- Propriétés microbiologiques : utilisation pure.
- **Bactéricide** pur en conditions de saleté à 20 °C en 1 minute selon les normes EN 13697 et EN 1276.
- **Levuricide** pur en conditions de saleté à 20 °C en 1 minute selon la norme EN 13697 (Candida albicans).
- **Virucide** pur en conditions de saleté à 20 °C en 15 minutes selon la norme EN 14476 spectre total.
- **Activité virucide** pur en conditions de saleté à 20 °C en 1 minute selon la norme EN 14476 spectre limité : Adénovirus, Norovirus murin.

SOLIGERM DÉSINFECTANT DE CONTACT est conforme à la réglementation française relative aux produits utilisés pour le nettoyage des matériaux et objets destinés à entrer en contact des denrées, produits et boissons pour l'alimentation (arrêtés du 8 septembre 1999 et du 19 décembre 2013).

MODE D'EMPLOI

Utiliser SOLIGERM DÉSINFECTANT DE CONTACT sur une surface propre. Pulvériser à 30 cm de la surface à désinfecter. Laisser agir 15 minutes pour un spectre de désinfection complet, ou selon l'activité souhaitée. Ne nécessite aucun rinçage.

CARACTÉRISTIQUES PRODUIT/COMPOSITION

- Liquide incolore
- pH : 9,5 +/- 1
- Densité : 0,870 +/- 0,005
- Contient : alcool éthylique, eau.

Informations relatives au règlement biocide EU n° 528/2012 : désinfectant de surfaces TP2, TP4. Liquide prêt à l'emploi.
Composition : > 30 % d'Actif désinfectant : Alcool éthylique (N°CAS 64-17-5; 70 % m/m), Contient aussi : eau, dénaturants.

Doc. 3 Extraits de l'étiquette du produit désinfectant « Soligerm »

6 **Souligner** comment doit être la surface pour la bonne utilisation du produit désinfectant.

7 **Encadrer** la famille du désinfectant.

8 **Relever** un critère déterminant l'efficacité du produit et en **préciser** un autre d'après vos connaissances.

....

9 **Expliquer** si un rinçage est nécessaire.

....

....

10 **Justifier** si le spectre d'activité du désinfectant est large ou non.

....

Les abrasifs

COMPÉTENCES
- **C3.1** Gérer ses activités en interagissant avec l'équipe pluriprofessionnelle dans une posture professionnelle adaptée
- **C3.3** Participer à la démarche qualité et à la prévention des risques professionnels
- **C3.4** Coordonner et conduire une équipe de bionettoyage

Activité 1 Les différents abrasifs

OBJECTIFS : Expliquer les principales caractéristiques physico-chimiques des abrasifs, leurs principales propriétés et leur mode d'action

Les abrasifs contiennent des particules minérales sous forme de grains plus ou moins gros. Leur dureté (abrasion) varie selon la nature du minéral et la grosseur des grains. On les trouve sous forme de poudre (**poudre à récurer**) pour une utilisation sur des matériaux non fragiles, sous forme de **crème ou de liquide** pour une action plus douce sur des matériaux plus fragiles, ou encore sous forme de **fibres synthétiques** (disques monobrosse), ou **de tampons en acier**. Les abrasifs agissent par action mécanique, c'est-à-dire frottement par usure, pour éliminer des salissures adhérentes sur un support.

Doc. 1 Les abrasifs

1 **Souligner** le mode d'action des abrasifs.

2 **Attribuer** sous chaque abrasif représenté la dénomination correspondante (noté en gras dans le texte) et l'**associer** à ses caractéristiques.

Caractéristiques

- Pelote de fils d'acier avec ou sans savon. •
- Fines particules de calcite minéral semi-dur, présenté sous forme de poudre. •
- Mélange plus ou moins pâteux à base d'eau et détergent, avec une suspension d'un minéral tendre (blanc d'Espagne, poudre de marbre, talc, terre de Sommières...). •
- Fibres synthétiques enchevêtrées (nylon, polyester) sur lesquelles des grains d'abrasifs sont fixés par de la résine. Plus la couleur du tampon est sombre, plus celui-ci est abrasif. •

Exemples d'abrasifs

• 

....

• 

....

• 

....

• 

....

Activité 2 Le choix d'un abrasif

OBJECTIFS : Justifier les règles et les précautions d'utilisation des principaux abrasifs

Éponge cellulosique 100 % végétale avec abrasif vert : utilisation pour le nettoyage courant des surfaces résistantes. Faire un essai préalable sur une surface cachée, porter des gants lors de tout travail en milieu humide, lavable en machine à 90 °C.

Éponge cellulosique 100 % végétale avec abrasif blanc : utilisation pour le nettoyage des surfaces fragiles. Porter des gants lors de tout travail en milieu humide, lavable en machine à 90 °C.

Spirales de fils torsadés en acier inoxydable : utilisation pour le nettoyage difficile des surfaces dures et de la vaisselle, très bonne résistance. S'utilise en milieu humide pour une plus grande efficacité.

Doc. 2 Les éponges abrasives à domicile

La crème à récurer nettoie et fait briller sans faire de rayures grâce à la poudre de marbre. Elle s'utilise sur les surfaces dures, même fragiles (émail, inox, faïences, stratifié, aluminium...), rinçage facile, apte au contact alimentaire après rinçage à l'eau potable.

Entretien courant : appliquer sur la surface à nettoyer, frotter et rincer.

Précautions d'emploi : tenir hors de portée des enfants. Porter des gants de protection et un équipement de protection des yeux. Ne pas mélanger avec des produits différents.

Doc. 3 La crème abrasive

3 **Relever** deux critères à prendre en compte lors du choix d'un abrasif.

....

....

4 **Souligner** le composant qui donne sa propriété abrasive à la crème présentée (doc. 3).

5 **Indiquer** les équipements de protection et une condition d'utilisation d'un abrasif.

....

....

6 **Donner** l'abrasif le plus adapté pour chaque situation.

Situations	Abrasif adapté
Nettoyage d'un lavabo sensible aux rayures à domicile.	....
Entretien d'une batterie de casseroles en acier inoxydable.	....
Nettoyage d'un plan de travail en inox en cuisine collective.	....
Lavage courant de la vaisselle à domicile.	....

FICHE 104 BILAN

Les produits d'entretien

Synthèse
www.lienmini.fr/9664-syn21

LES PRODUITS D'ENTRETIEN

Les agglutinants

- Composés d'huile végétale, minérale ou d'eau.
- Collent la poussière sur une gaze ou un tissu.

Les détergents

- Composés de tensio-actifs.
- Pouvoir mouillant/pénétrant/émulsifiant/dispersant/moussant.
- Utilisations différentes selon leur pH :

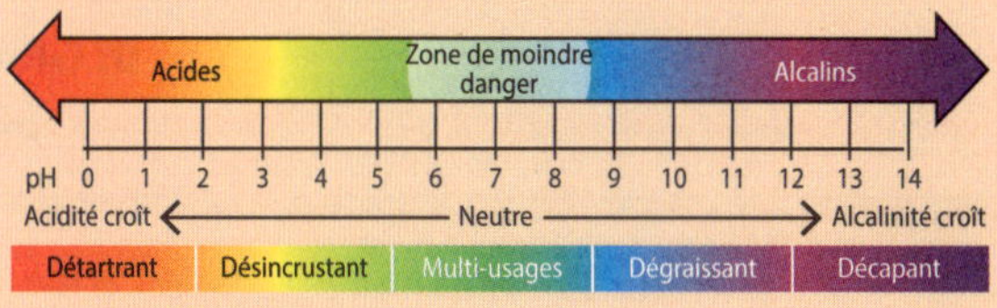

Les abrasifs

- Particules minérales plus ou moins grosses.
- Sous forme de crème, poudre, fibres synthétiques ou tampon en acier.
- Agissent par action mécanique : frottement par usure de la salissure.
- Choix dépend de la surface à nettoyer et du type de nettoyage (courant ou difficile).

Les désinfectants

- Principe actif qui détruit ou rend inactifs les micro-organismes.
- Bactéricide – fongicide – virucide – sporicide.
- Plusieurs familles selon le principe actif.
- Spectre d'activité : large lorsque le désinfectant agit sur plusieurs types de micro-organismes.

Analyse de situation

QCM
www.lienmini.fr/9664-qcm21

Situation professionnelle

Vous travaillez dans un établissement pour personnes âgées. Vous êtes chargé de l'entretien quotidien du sol des parties communes. Pour cela, vous avez à votre disposition un produit d'entretien (fiche technique ci-dessous) et le matériel de lavage nécessaire dont un chariot de lavage double seau (chaque seau ayant une contenance de 10 L).

sanipousse
bonnes pratiques d'hygiène · HACCP · traçabilité

DÉGRAISSANT DÉSINFECTANT DÉTARTRANT
SOLS, SURFACES ET ÉQUIPEMENTS

Descriptif

Détergent acide désinfectant moussant à base d'acide lactique destiné au nettoyage des sols et des surfaces en milieu alimentaire ou non alimentaire

Bonnes propriétés dégraissantes grâce aux agents tensio-actifs. Le principe actif (Acide lactique) confère au produit de bonnes propriétés détartrantes. Compatible avec tous les équipements et surfaces résistants aux acides faibles, tel que l'inox. Faire des essais pour les métaux/alliages légers (aluminium…).

Composition

Substance active biocide (désinfectant) : Acide lactique. 5 % ou plus, mais moins de 15 % d'agents de surface anioniques et non ioniques. Contient aussi : eau, acide, séquestrant.

Caractéristiques

Aspect physique : liquide Couleur : incolore
Odeur : caractéristique Densité : 1,12 +/– 0,05 pH : 2,1

Propriétés désinfectantes

Actif sur	Dilution	Normes	Temps de contact	T°C	Souches
Bactéries	produit dilué à 2 %	EN 1276 EN 13697	15 min	40 °C	
Levures	produit dilué à 2 %	EN 1650 EN 13697	30 min 15 min	40 °C	
Virus	produit dilué à 0,5 %	EN 14476	15 min		Virus enveloppés tels que Coronavirus, VIH, VHB, VHC, Herpès virus

Utilisation

Solution concentrée. Adapter le dosage selon l'activité désinfectante souhaitée entre 2 et 6 %. Application mousse par canon à mousse ou lance haute et basse pression. Application par pulvérisation manuelle de la solution diluée. Nettoyage manuel par essuyage, brossage ou balayage humide. Application en centrale de désinfection. Application par trempage.

Respecter le temps de contact indiqué. Rincer à l'eau potable.

Précaution d'emploi

Contient : Acide lactique. Provoque une irritation cutanée. Provoque de graves lésions des yeux. Se laver les mains soigneusement après manipulation. Porter des gants de protection, des vêtements de protection, un équipement de protection des yeux. EN CAS DE CONTACT AVEC LA PEAU : laver abondamment à l'eau. EN CAS DE CONTACT AVEC LES YEUX : rincer avec précaution à l'eau pendant plusieurs minutes. Enlever les lentilles de contact si la victime en porte et si elles peuvent être facilement enlevées. Continuer à rincer. Appeler immédiatement un CENTRE ANTIPOISON ou un médecin. Éliminer le contenu et le récipient dans une installation d'élimination des déchets agréée.

Contacter la permanence médicale du centre anti-poison français : +33 (0)1 45 42 59 59.

Fiche technique et fiche de sécurité disponibles à info@sodel-sa.eu.

Répondre sur une feuille à part en respectant l'ordre des questions et en soignant la rédaction.

1. **Indiquer** l'étape préalable à tout lavage de sols.
2. **Indiquer** toutes les propriétés du produit d'entretien utilisé.
3. **Relever** et **justifier** le port d'EPI lors de l'utilisation d'un tel produit d'entretien.
4. **Établir** le calcul pour diluer ce produit à 2 % dans le seau de lavage prévu à cet effet.
5. **Justifier** le fait d'avoir un temps de contact nécessaire avant tout rinçage du produit.

Les matériaux des surfaces et des équipements

Vidéo
Inox et recyclage
www.lienmini.fr/9664-video22

COMPÉTENCES
- **C3.1.1** Planifier et organiser son travail en lien avec l'équipe, dans le cadre de son champ d'intervention
- **C3.1.3** Évaluer son activité et ajuster si besoin
- **C3.3** Participer à la démarche qualité et à la prévention des risques professionnels
- **C3.4.2** Planifier et organiser des activités et prévoir les équipements de protection associées

Activité 1 Le nettoyage de l'acier inoxydable

OBJECTIFS : Préciser les critères de choix d'une technique en fonction de la nature du support • Énoncer les précautions à prendre pour respecter l'intégrité des matériaux et de l'environnement • Identifier les matériaux et les équipements à entretenir et mettre en relation leur usage et les méthodes en fonction des matériaux

L'acier inoxydable, communément nommé inox, est un alliage de plusieurs métaux dont le chrome et le nickel. Le chrome réagit avec l'oxygène de l'air en formant une couche protectrice. C'est un alliage extrêmement résistant à la corrosion, aux chocs, à la chaleur et à l'usure, il est donc souvent utilisé dans les cuisines professionnelles (chariot de service, armoires, revêtement mural, éviers, tables d'emballage, etc.). Il est également utilisé dans les services de soins (chariot médical, table d'instrument, matériel médical, etc.) pour sa résistance aux agents chimiques et ses qualités hygiéniques. Du fait de sa haute résistance, on peut lui appliquer toutes les méthodes usuelles de nettoyage et les produits de nettoyage puissants comme les dégraissants. Cependant, en fonction de la proportion de ses composants (chrome, nickel), l'inox est parfois sensible aux tampons abrasifs.

Doc. 1 Les propriétés de l'inox

1 **Identifier** les secteurs où l'inox est particulièrement utilisé.

....

2 **Souligner** les propriétés de l'inox.

3 **Cocher** les techniques et produits pouvant être utilisés pour l'entretien du chariot de service puis **justifier** vos choix.

Techniques et produits d'entretien		Justifications
Bionettoyage avec une lavette et un détergent-désinfectant	......	....
Nettoyage à la centrale d'hygiène avec un dégraissant	......	....
Nettoyage avec un abrasif et un tampon abrasif		....
Bionettoyage avec un nettoyeur vapeur	......	....

Activité 2 L'entretien du verre et de la faïence

OBJECTIFS : Préciser les critères de choix d'une technique en fonction de la nature du support • Énoncer les précautions à prendre pour respecter l'intégrité des matériaux et de l'environnement • Identifier les matériaux et les équipements à entretenir et mettre en relation leur usage et les méthodes en fonction des matériaux

• **Les carreaux de faïence** sont des céramiques recouvertes d'un émail qui vitrifie la surface, ce qui rend celle-ci parfaitement imperméable. Utilisée en pose murale du fait de sa finesse et sa fragilité, elle présente une surface lisse et brillante, très sensible aux chocs et aux abrasifs durs, mais qui résiste à tous les produits chimiques.

• **Le verre** est un matériau fragile, transparent, lisse et imperméable. Il peut se rayer et se briser dès que sa limite de résistance est atteinte. Il résiste à la plupart des produits d'entretien, mais est sensible aux produits très alcalins qui peuvent diminuer sa brillance et la visibilité par transparence. Ce matériau isolant attire et retient les poussières sous l'effet de l'électricité statique. On retrouve le verre sur de nombreuses surfaces modernes (tables, miroir, plaques vitrocéramiques).

Doc. 2 La faïence et le verre

1 **Souligner** les propriétés de la faïence et du verre qui facilitent leur entretien.

2 **Justifier** les méthodes d'entretien sur les surfaces en verre et en faïence.

Méthodes d'entretien	Justifications
En présence de calcaire incrusté sur les carreaux de faïence, il est possible d'utiliser un détergent acide pour l'éliminer.	....
Le rinçage des carreaux de faïence peut se faire avec la douchette pour éliminer les produits de nettoyage.	....
On ne peut pas utiliser de tampon abrasif dur pour éliminer les salissures très adhérentes sur la faïence.	....
La brillance des carreaux de faïence ne facilite pas le nettoyage.	....
Pour éliminer les traces de ruban adhésif sur une baie vitrée, il est possible d'utiliser de l'acétone.	....
Le verre est lavable avec un manchon, de l'eau savonneuse et une raclette.	....
On ne peut pas éliminer les taches de peinture sèche sur les vitres à l'aide d'un tampon à récurer.	....

3 **Justifier** l'affirmation : Pour entretenir le verre, il est conseillé d'utiliser des lavettes en microfibres plutôt que des chiffons en coton qui peluchent.

....

....

Activité 3 L'entretien du bois, du mélaminé et du stratifié

OBJECTIFS : Énoncer les précautions à prendre pour respecter l'intégrité des matériaux et de l'environnement • Identifier les matériaux et les équipements à entretenir et mettre en relation leur usage et les méthodes en fonction des matériaux

• **Le bois**, présent dans de nombreux mobiliers, est très poreux, il est donc souvent protégé soit par du vernis, soit par de la peinture ou de la cire.

• **Le mélaminé** (mélange de particules de bois et de résine) est également utilisé dans la fabrication de meubles comme alternative au bois massif pour sa rigidité et sa légèreté.

• **Le stratifié** est constitué de plusieurs couches de papier de haute qualité imprégnées de résine transparente. Les meubles en stratifié résistent bien à la chaleur et aux chocs.

Avant d'utiliser un produit d'entretien, il est donc important de connaître la finition du meuble à traiter.

• **Les meubles en bois cirés** ont une protection esthétique qui dure quelques mois et qui doit être entretenue régulièrement. On peut les dépoussiérer avec des produits spécifiques à base de cire, qui entretiennent la couche de protection. Une fois par an, il est important de cirer le meuble, de le laisser sécher et de le lustrer avec un chiffon doux. Le bois ciré est très sensible à l'humidité et aux taches d'eau.

• **Les meubles en bois vernis** sont protégés et cette protection (vernis) dure plusieurs années. En vieillissant, le vernis s'écaille et n'est plus imperméable, il faut le renouveler.

• **Les meubles en mélaminé ou en stratifié** sont faciles d'entretien, ils ne se tachent pas et supportent n'importe quel produit d'entretien, mais il faut éviter toute matière abrasive ou décapante.

Doc. 3 Les matériaux des mobiliers

1. **Encadrer** un inconvénient des meubles en bois ciré.

2. **Indiquer** trois moyens de protéger le bois.

....

....

3. **Souligner** les avantages des meubles en mélaminé et en stratifié.

4. **Relier** les propriétés des meubles et les conséquences sur l'entretien.

Propriétés des meubles			Conséquences sur l'entretien
Les meubles en bois deviennent imperméables grâce au vernis.	•	•	Nettoyage possible avec une éponge, un chiffon doux ou un tissu microfibre.
Les meubles vernis sont sensibles aux produits chimiques agressifs.	•	•	Ne jamais utiliser d'abrasifs qui rayent.
Les meubles vernis sont sensibles aux rayures.	•	•	Choisir des détergents « doux » (pH neutre).
Les meubles en stratifié ou en mélaminé s'entretiennent facilement et ne se tachent pas.	•	•	Ils peuvent être mouillés ou lavés.

Activité 4 Les matériaux innovants

OBJECTIFS : Préciser les critères de choix d'une technique en fonction de la nature du support • Énoncer les précautions à prendre pour respecter l'intégrité des matériaux et de l'environnement

De plus en plus de structures collectives adoptent, pour la conception de leurs bâtiments ou pour l'aménagement de leurs locaux, des matériaux « anti-bactériens ». Ce sont des matériaux qui présentent une surface très lisse ce qui évite aux micro-organismes d'y adhérer et cela facilite l'entretien.

Pour les plans de travail, il est conseillé l'utilisation de surfaces planes sans joint tels que les résines ou le béton de synthèse. Les surfaces sont découpées en une seule pièce évitant les joints et donc le dépôt des saletés et de micro-organismes. Ils sont faciles d'entretien notamment par bionettoyage avec l'application possible de détergent-désinfectant. L'utilisation de produit abrasif est interdite pour éviter de rendre la surface rugueuse. Certains fabricants appliquent sur les surfaces des gels contenant des ions métalliques dont l'objectif serait la lyse des microbes qui s'y déposent.

Des tissus autonettoyants voient le jour. Le textile est traité à base de dioxyde de titane qui lui donne des pouvoirs très résistants aux bactéries et aux virus grâce au principe de la photocatalyse (exposition naturelle ou artificielle aux rayonnements UV qui détruisent les micro-organismes). D'autres tissus sont biocides : conçus à base de particules d'argent actif. Le tissu peut recouvrir les poignées de porte, les bureaux ou encore du mobilier urbain. Concrètement, au contact de cette toile, la charge virale des coronavirus est réduite de 95 % en quinze minutes, et de 99,5 % après une heure.

Doc. 4 Des matériaux innovants pour faciliter l'entretien

1 **Nommer** les matériaux innovants et **justifier** l'intérêt de leur utilisation.

....

....

....

2 **Nommer** la technique et le produit d'entretien conseillés pour entretenir ce type de matériaux.

....

....

....

3 **Citer** le type de produit d'entretien à proscrire et **justifier**.

....

....

....

4 **Lister** les techniques que certains fabricants mettent en place sur des surfaces pour éviter le dépôt de micro-organismes ou les détruire.

....

....

....

Les matériaux des revêtements du sol

COMPÉTENCES
- **C3.1.1** Planifier et organiser son travail en lien avec l'équipe, dans le cadre de son champ d'intervention
- **C3.1.3** Évaluer son activité et ajuster si besoin
- **C3.3** Participer à la démarche qualité et à la prévention des risques professionnels
- **C3.4.2** Planifier et organiser des activités et prévoir les équipements de protection associés

Activité 1 L'entretien des revêtements textiles

OBJECTIFS : Énoncer les précautions à prendre pour respecter l'intégrité des matériaux et de l'environnement • Identifier les matériaux et les équipements à entretenir et mettre en relation leur usage et les méthodes en fonction des matériaux

Les sols textiles sont utilisés pour différents types de sols en milieu familial et dans certaines collectivités : moquette (en rouleaux ou en dalles), tapis, sols en fibres végétales ou tapis d'accueil et de propreté.

Le velours, ou couche d'usage, est la partie visible de la moquette. Elle peut être constituée de fibres naturelles animales (laine), végétales (sisal, fibre de coco) ou de fibres synthétiques (polyamide, polyester ou polypropylène). Les moquettes synthétiques sont généralement traitées antistatiques et anti-taches. Les fibres de laines absorbent l'humidité et influencent la teneur en humidité de l'air. Les fibres végétales sont légères, résistantes à l'usure et insensibles aux taches d'eau.

En général, les revêtements textiles absorbent les bruits de choc, assurant ainsi une isolation phonique ; ils constituent une sécurité contre les chutes et sont souvent choisis pour leur confort et leur aspect décoratif. En revanche, ces matériaux sont sensibles aux taches, aux produits chimiques et ils retiennent les poussières, ce qui peut provoquer des risques d'allergie. Seul le dépoussiérage mécanique permet d'entretenir régulièrement ces revêtements ; il existe des produits et matériels spécifiques pour nettoyer en profondeur ces revêtements textiles.

Doc. 1 Les revêtements textiles

1. **Encadrer** les différents sols possibles des revêtements textiles.

2. **Compléter** le tableau en indiquant un exemple et un avantage de chaque type de fibres.

Fibres	Exemple	Avantage
Fibres naturelles animales	....	....
Fibres naturelles végétales	....	....
Fibres synthétiques	....	....

3. **Indiquer** trois inconvénients des revêtements textiles.

....
....
....

4. **Souligner** les opérations d'entretien courant à réaliser sur un revêtement textile.

Activité 2 Les sols en structures collectives accueillant des publics sensibles

OBJECTIFS : Énoncer les précautions à prendre pour respecter l'intégrité des matériaux et de l'environnement • Identifier les matériaux et les équipements à entretenir et mettre en relation leur usage et les méthodes en fonction des matériaux

Les sols dans les structures collectives doivent présenter les caractéristiques suivantes : lisses, lessivables, résistants aux différents produits de nettoyage et de désinfection, aux charges lourdes et au fort trafic. Il est également conseillé de choisir des coloris rassurants, dynamiques et reposants en fonction des zones concernées.

• **Les sols souples** répondent à ces exigences et notamment le PVC (polychlorure de vinyl) qui représente 80 % des sols dans le milieu hospitalier. Ce matériau, issu de la chimie du pétrole, peut de plus bénéficier d'un traitement de type « Sanitized ». Ce traitement bactériostatique et fongistatique agit dans toute l'épaisseur du revêtement et reste efficace durant toute la durée de vie du produit.

• **Le linoléum**, revêtement naturel, est également adapté aux établissements de santé. Sa composition à base d'huile de lin, de résine naturelle, de liège et de poudre de bois lui permet d'être résistant aux opérations d'entretien (balayage humide et lavage). De plus, il possède des propriétés antibactériennes naturelles, dues à la présence de résine de pin et d'huile de lin.

Doc. 2 Les revêtements de sols en structure de soins

1. **Souligner** les caractéristiques des sols en structures collectives.
2. **Expliquer** pourquoi les sols en PVC et linoléum sont adaptés aux exigences du milieu hospitalier.

....

....

3. **Relier** à chaque revêtement ses différentes caractéristiques.

	• Constitué de composants naturels
Linoléum •	• Résiste au balayage humide et au lavage
	• Issu de la chimie du pétrole
	• Propriétés antibactériennes naturelles
PVC •	• Traitements bactériostatique et fongistatique
	• Résistant aux trafics et charges lourdes

4. **Indiquer** l'intérêt des traitements « Sanitized », bactériostatiques et fongistatiques.

....

....

....

....

....

FICHE 107 BILAN

Les matériaux des équipements à entretenir

Synthèse
www.lienmini.fr/9664-syn22

Les matériaux des surfaces et des équipements

Inox

Propriétés :

- Résistant à la corrosion, aux chocs, à l'usure, aux agents chimiques.
- Utilisé en cuisine professionnelle, services de soins.

Entretien : nettoyage avec tous les produits d'entretien, même les dégraissants puissants, sensible aux tampons abrasifs.

Stratifié

Propriétés : résistant à la chaleur, aux chocs.

Entretien : avec éponge, lavette. Ne pas utiliser d'abrasifs ou de produits concentrés en acide/base.

Bois et mélaminé

Propriétés : aspect esthétique, sensible à l'humidité et aux taches d'eau (meuble ciré).

Entretien : dépoussiérage régulier avec des produits spécifiques à base de cire.

Matériaux innovants

Matériaux antibactériens : surface très lisse, sans joint

Textiles autonettoyants ou biocides

Verre

Propriétés : transparent, imperméable, résistant à la plupart des produits chimiques, sensible aux rayures, aux produits très alcalins et aux chocs.

Entretien : entretien avec matériel et produit spécifiques.

Faïence

Propriétés : lisse, brillante, très sensible aux chocs et abrasifs, résiste à la plupart des produits chimiques.

Entretien : entretien avec des détergents acides, rinçage à grandes eaux.

Les matériaux des sols

Sols en collectivités : sols souples

- PVC et linoléum.
- Souvent utilisés en structure collective.

Avantages : lessivables, lisses, résistants aux produits de nettoyage et de désinfection, résistants à l'usure et au fort trafic.

Revêtements textiles

Fibres naturelles, végétales ou synthétiques.

Avantages : isolant acoustique, confort et aspect esthétique, sécurité pour les chutes.

Inconvénients : retient la poussière, sensible aux taches et difficile à entretenir (dépoussiérage mécanique).

Analyse de situation

QCM

www.lienmini.fr/9664-qcm22

Situation professionnelle

Après avoir effectué plusieurs semaines de stage en structure, vous effectuez une nouvelle période de formation dans une ADMR (Aide à domcile en milieu rural) où vous occupez le poste d'aide à domicile. Pendant ces différents stages, vous avez pu observer des équipements et des revêtements de sols dont les matériaux sont différents. Ce n'est pas toujours facile de retrouver la technique d'entretien et le produit qui correspondent aux divers matériaux. Votre tutrice vous demande de vous renseigner sur les matériaux que vous observez sur votre lieu de stage et de les comparer à ceux observés en structure afin d'identifier les techniques d'entretien en fonction de la nature des matériaux. En effet, il ne faudrait pas dégrader les supports en assurant leur entretien.

Votre tutrice vous demande de réaliser l'entretien des meubles en bois ciré de chez Mme Roux. Vous utilisez une lavette et de l'eau pour réaliser un dépoussiérage humide. Le lendemain. Mme Roux n'est pas contente car elle a constaté des taches sur le meuble.

Ce classement s'articule autour de quatre notions

U	P	E	C
Comme Usure	Comme Poinçonnement	Comme Eau	Comme Chimie
Usure à la marche	Chute d'objets, déplacement de meubles, chaises à roulettes, engins de manutention	Comportement à l'eau	Tenue aux taches et agents chimiques

Ces lettres sont suivies d'indices croissants correspondant à des niveaux de résistance croissante de 1 à 4. Plus l'indice est élevé, plus le comportement aux critères correspondants est bon :

1 : léger 2 : courant 3 : élevé 4 : très élevé

Doc. 1 Classification UPEC des sols souples

Répondre sur une feuille à part en respectant l'ordre des questions et en soignant la rédaction.

1. **Relever** le dysfonctionnement et proposer une ou des actions correctives.

Questions de savoirs associés

2. **Indiquer** les propriétés du verre qui facilitent son entretien.
3. **Rappeler** trois moyens pour protéger le bois et faciliter son entretien.
4. **Citer** trois inconvénients des revêtements textiles et les opérations d'entretien adaptées pour ce matériau.
5. **Rappeler** les caractéristiques des sols souples et leur avantage comme matériaux de sol.

FICHE 108 ACTIVITÉS

Les principaux risques liés à l'utilisation des produits d'entretien

COMPÉTENCES
- **C3.3.6** Participer à la mise en œuvre d'une démarche de prévention des risques professionnels

Activité 1 L'information du danger

OBJECTIF : Identifier les pictogrammes concernant les risques chimiques

Présents sur toutes les étiquettes des produits chimiques, ils permettent d'avertir l'utilisateur en donnant une indication de danger rapide. Ils sont accompagnés de « mentions de danger » (phrase qui décrit la nature du danger).

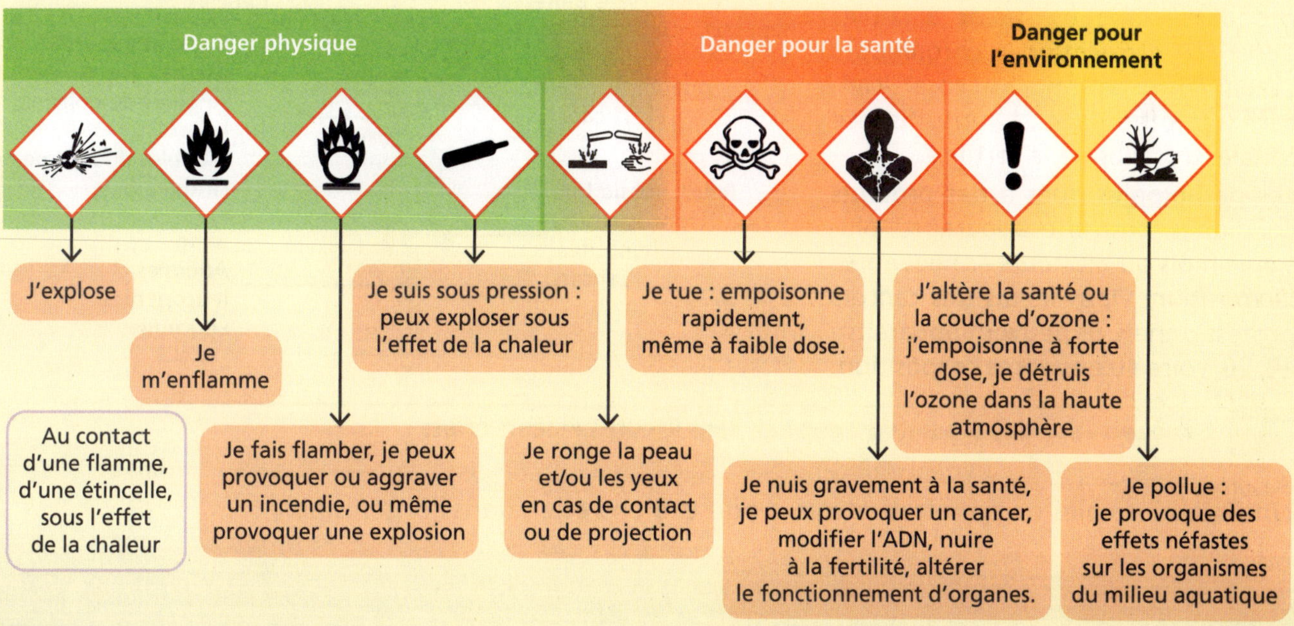

Doc. 1 Les pictogrammes de danger

1 **Souligner** l'objectif du pictogramme de danger.

2 **Relier** le pictogramme à sa signification.

Pictogrammes	Signification	Pictogrammes
	Peut provoquer des cancers Peut empoisonner à forte dose	
	Peut s'enflammer au contact d'une étincelle Peut ronger les yeux en cas de projection	

Activité 2 Les risques toxicologiques ou chimiques

OBJECTIFS : Énumérer les risques toxicologiques ou chimiques

La nature des effets des produits chimiques sur la santé dépend de plusieurs paramètres :
- les caractéristiques du produit chimique concerné (toxicité, nature physique…) ;
- les voies de pénétration dans l'organisme (respiratoire, cutanée ou digestive) ;
- le mode d'exposition (niveau, fréquence, durée…) ;
- l'état de santé et les autres expositions de la personne concernée (pathologies existantes, prise de médicaments, consommation d'alcool ou de tabac, expositions environnementales…).

Ces effets peuvent apparaître :
– en cas d'exposition à un produit chimique sur une brève durée (intoxication aiguë) : brûlure, irritation de la peau, démangeaison, convulsion, ébriété, perte de connaissance, coma, arrêt respiratoire… ;
– après des contacts répétés avec des produits chimiques, même à faibles doses, (intoxication chronique) : eczéma ou asthme, silicose, cancer (mésothéliome…), insuffisance rénale, troubles de la fertilité…

Les pathologies dues à des produits chimiques peuvent apparaître plusieurs mois ou plusieurs années après l'exposition. Dans le cas des cancers professionnels, ils peuvent apparaître 10, 20, voire 40 ans après l'exposition.

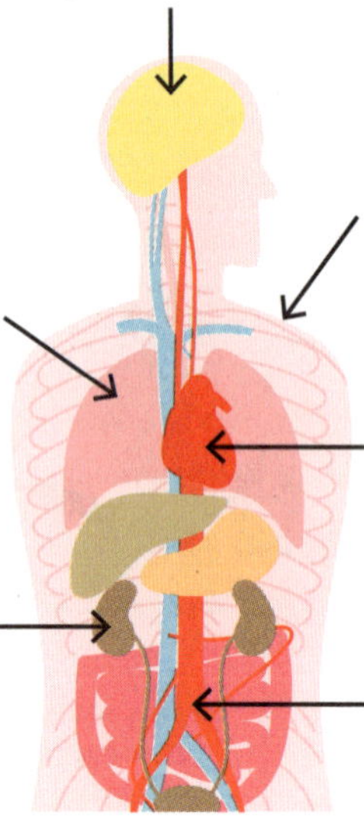

Doc. 2 La pénétration des produits d'entretien dans le corps et leurs effets

1 **Indiquer** les voies de pénétration des produits d'entretien dans l'organisme.

....

....

2 **Citer** les deux types d'intoxications possibles et leurs caractéristiques.

....

....

3 **Énumérer** au moins trois risques toxicologiques sur les systèmes suivants :

Systèmes	Risques / dommage
Nerveux	
Cutané	
Respiratoire	

FICHE 109 ACTIVITÉS

Mesures pour éviter les risques liés à l'utilisation des produits d'entretien

COMPÉTENCES
- **C3.3.6** Participer à la mise en œuvre d'une démarche de prévention des risques professionnels

Activité 1 Analyse d'une situation et moyens de prévention adaptés

OBJECTIFS : Analyser les risques professionnels, proposer des moyens de prévention adaptés • Justifier les règles et les précautions d'utilisation des produits d'entretien

Ruben, aide à domicile, réalise l'entretien quotidien du domicile de plusieurs personnes âgées. Il ne prend pas le temps de s'équiper correctement, il utilise les produits d'entretien tous les jours. Quelques semaines après son embauche, il présente un eczéma sur les mains.

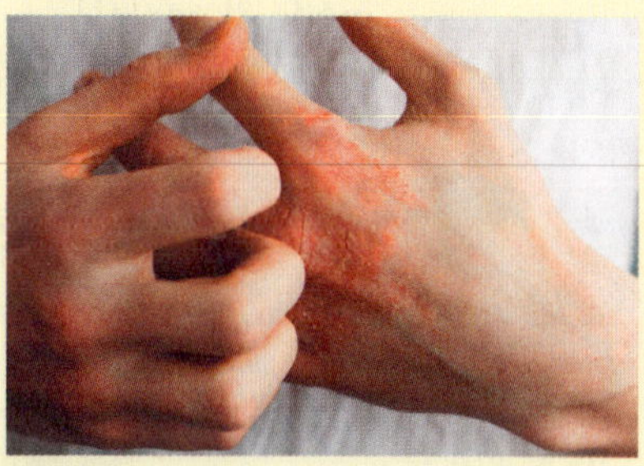

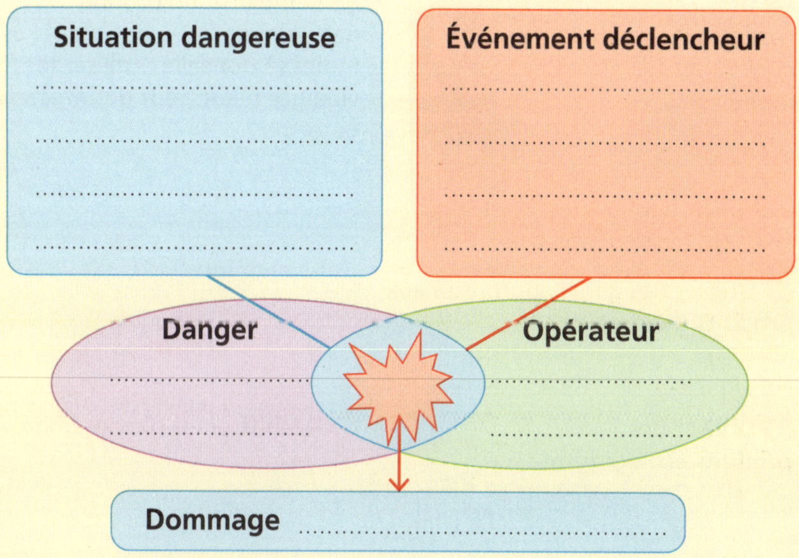

Doc. 1 Les activités de Ruben, aide à domicile

1 **Compléter** le processus d'apparition du dommage.

Après estimation du risque, il s'avère que la réduction du risque est nécessaire dans un délai raisonnable.

L'étiquette d'un produit chimique contient des informations sur son utilisation, sur le danger, le mode d'emploi, sa composition, son fabricant. Elle contient :
- le nom du produit et numéro d'identification ;
- le nom et l'adresse du fabricant ;
- sa contenance ;
- son mode d'emploi ;
- les pictogrammes de danger ;
- les phrases qui décrivent la nature du danger (notée H) ;
- les conseils de prudence : précautions à respecter et protections à utiliser (notée P) ;
- les gestes à effectuer en cas d'emploi inapproprié du produit ;
- la composition : exprimée en pourcentages de types de composants. Les substances allergisantes doivent être indiquées sur l'étiquetage au-delà de 0,01 % du poids.

Une fiche de données de sécurité est à disposition sur demande auprès des fabricants : elle recense notamment les dangers pour la santé et l'environnement, les moyens de protection et les gestes de premiers secours en cas d'accident.

L'étiquetage environnemental ou santé : la plupart des emballages affichent des slogans ou des logos écologiques ou santé pouvant concerner l'emballage ou le produit. Mais seuls deux labels sont reconnus par les autorités : *L'Ecolabel Européen* et *Le label Allergènes Contrôlés*

Doc. 2 L'étiquette d'un produit d'entretien

2 **Indiquer** les éléments de l'étiquette d'un produit d'entretien informant sur la sécurité.

....

....

3 **Nommer** le document à disposition qui complète l'étiquette du produit d'entretien

....

....

1. Lire l'étiquette du produit
2. Utiliser des nettoyeurs vapeur pour la désinfection
3. Utiliser des centrales à dilution

4. Utiliser des gants appropriés aux produits d'entretien
5. Utiliser des produits écologiques

EU Ecolabel www.ecolabel.eu

6. Former le personnel à l'utilisation correcte des produits d'entretien notamment pour la réalisation des dilutions
7. Remplacer un produit dangereux par un autre qui l'est moins (à domicile : utiliser le vinaigre blanc pour désinfecter, détartrer)

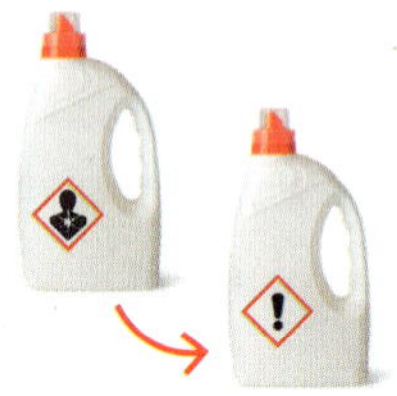

8. Déchiffrer les pictogrammes
9. Mettre un masque

10. Aérer pendant l'entretien
11. Penser à l'interdépendance des facteurs du cercle de Sinner.

12. Respecter le mode d'emploi
13. Se laver les mains après utilisation
14. Afficher les préventions dans le local de rangement des produits d'entretien.

Doc. 3 Préventions contre le risque chimique en structure ou à domicile

4 **Classer** les différentes préventions en mesures de niveau 1, 2 ou 3 en reportant les numéros correspondants.

		Mesures préventives
Niveau 1 : Suppression ou réduction du risque		....
Niveau 2 : protection	Individuelle	....
	Collective	....
Niveau 3 : Instructions (formation-information)		....

FICHE 110 BILAN

La santé au travail

Synthèse
www.lienmini.fr/9664-syn23

Identifier le danger :
Information sur l'étiquette :
les pictogrammes de danger avertissent rapidement du danger

L'utilisation des produits d'entretien

Risques sur la santé

Effets selon les
- caractéristiques du produit ;
- voies de pénétration dans l'organisme (respiratoire, cutanée ou digestive) ;
- mode d'exposition (niveau, fréquence, durée…) ;
- l'état de santé et autres expositions de la personne concernée.

Risques toxicologiques

- intoxication aiguë : brûlure, irritation de la peau, démangeaison, convulsion, ébriété, perte de connaissance, coma, arrêt respiratoire…
- intoxication chronique : eczéma ou asthme, silicose, cancer, insuffisance rénale, troubles de la fertilité…

Préventions

Niveau 1 : remplacer le produit par un moins dangereux, utiliser un nettoyeur vapeur, utiliser des centrales de dilution

Niveau 2 : utiliser des EPI, se laver les mains, aérer la pièce, déchiffrer les pictogrammes, respecter le mode d'emploi, lire les étiquettes

Niveau 3 : former le personnel, afficher les dangers, les conseils d'utilisation…

L'étiquette contient :

Nom et identification, nom du fabricant, contenance, mode d'emploi, pictogrammes de danger, phrase H, phrase P, gestes à effectuer en cas d'emploi inapproprié

Composition

Étiquetage environnemental

Analyse de situation

QCM
www.lienmini.fr/9664-qcm23

Situation professionnelle

En tant qu'ATSEM (Agent territorial spécialisé des écoles maternelles) dans une école maternelle depuis plusieurs semaines, vous travaillez auprès du professeur des écoles pendant le temps scolaire et en dehors vous participez à la distribution des repas et à l'entretien des classes. Vous vous préparez à réaliser l'entretien des classes mais vous découvrez que la mairie a renouvelé le stock des produits d'entretien. Vous découvrez le nouveau détergent dont l'étiquette est incomplète car déchirée. La fiche de données de sécurité n'a pas été ajoutée dans le classeur.

Nettoyant concentré tous sols

Doc. 1 Un exemple de détergent

Répondre sur une feuille à part en respectant l'ordre des questions et en soignant la rédaction.

1. **Relever** le dysfonctionnement et proposer une ou des actions correctives.

Questions de savoirs associés

2. **Entourer** et **nommer** les différents éléments de l'étiquette du produit d'entretien.
3. **Préciser** l'intérêt du pictogramme de danger.
4. **Lister** quatre risques toxicologiques des produits d'entretien.
5. **Citer** les facteurs dont dépend le risque toxicologique des produits d'entretien.
6. **Nommer** quatre préventions pour l'utilisation des produits chimiques afin de préserver sa santé.

FICHE 114 BILAN

L'adaptation de l'environnement à la personne

Synthèse

www.lienmini.fr/9664-syn24

Prévention des accidents domestiques

Éviter les accidents contribue à une vie à domicile sécurisée, confortable et autonome

Pour qui ?

- Personnes âgées
- Personnes en situation de handicap
- Jeunes enfants

Agencements et équipements pour la sécurité

- **Sécuriser ses déplacements :** mise en place d'un chemin lumineux…
- **Adapter en sécurisant la cuisine :** mise en place d'une plaque à induction…
- **Modifier sa salle de bains :** mise en place de tapis antidérapants, barres d'appui…
- **Adapter l'éclairage dans toutes les pièces**
- **Mise en place de Détecteur Autonome Avertisseur de Fumée**

Sécurisation et accessibilité du domicile

Visite d'un ergothérapeute avec remplissage de la grille → Repérage des risques → Proposition de solutions

Agencements et équipements pour l'accessibilité

Prise en compte de tous les types de handicap

- Moteur
- Psychique
- Sensoriel
- Cognitif

Respect des dimensions préconisées

- Porte d'entrée large 0,90 m
- Escalier 0,80 m de large
- Interrupteur hauteur de 0,90 à 1,30 m
- Pas de seuil de porte
- Prise électrique à 1,30 m de hauteur
- Espace de manoeuvre : cercle 1,50 m de diamètre

Analyse de situation

QCM
www.lienmini.fr/9664-qcm24

Situation professionnelle

Daniel, 89 ans est pris en charge par les infirmières libérales tous les jours pour l'aide à la toilette. Depuis plusieurs jours, Daniel n'arrive plus à accéder à la salle de bain qui est au premier étage. Monter les escaliers lui est devenu impossible. Il est fatigué, a des pertes d'équilibre. Les infirmières ne veulent pas prendre le risque qu'il chute dans les escaliers. Elles lui font donc une toilette dans la cuisine car aucune salle d'eau n'est présente en bas. L'infirmière recherche une solution avec la fille de Daniel pour permettre à celui-ci de rester à son domicile dans de bonnes conditions.

Un monte-escalier est un dispositif inventé à l'attention des personnes à mobilité réduite. Le plus souvent composé d'un siège mobile posé sur des rails, il permet aux personnes en situation d'handicap ou aux personnes âgées qui ne peuvent pas le faire, de parvenir à monter les escaliers sans encombre.

Même s'il existe différents modèles pour différents usages, le principe reste toujours identique. La personne s'assied dans le fauteuil, puis à l'aide d'une commande, n'a plus qu'à attendre que le moteur transporte le siège en haut ou en bas des escaliers. L'installation d'un monte-escalier se fait avec simplicité dans toutes les maisons, mais elle peut parfois être compliquée par des contraintes propres au bien immobilier. Dans tous les cas, il est nécessaire de faire appel à des professionnels. Ce sont eux qui seront à même de fournir une installation sur-mesure, adaptée à la personne et au logement. Ce n'est pas là le seul avantage à leur faire confiance. En effet, cela permet de diminuer les coûts grâce à une réduction d'impôt.

Doc. 1 La mise en place d'un monte escalier

Répondre sur une feuille à part en respectant l'ordre des questions et en soignant la rédaction.

1. **Exposer** le problème rencontré par Daniel et ses infirmières.
2. **Donner** la définition d'un accident domestique et les lieux où ils se produisent.
3. **Indiquer** trois risques d'accidents domestiques en donnant un exemple pour chacun.
4. **Justifier** l'importance d'aménager l'escalier de Daniel.
5. **Définir** l'outil qui permet de repérer les risques au domicile de la personne en donnant ses objectifs.
6. **Proposer** deux solutions pour sécuriser la toilette de Daniel.

FICHE 118 ACTIVITÉS

Les glucides

COMPÉTENCES
- **C4.2** Concevoir une action d'éducation à la santé

Vidéo
Parcours des glucides dans l'organisme
www.lienmini.fr/9664-video25-2

Activité 1 Les différentes catégories de glucides

OBJECTIFS : Citer les principaux constituants alimentaires

Les glucides sont les constituants organiques les plus abondants dans la matière vivante. Les aliments riches en glucides sont principalement d'origine végétale.

- **Les glucides simples** sont constitués de petites molécules, on les retrouve dans tous les produits sucrés : le sucre de table (saccharose), le miel et les fruits (fructose), mais aussi dans les friandises et biscuits. Le lactose présent dans les produits laitiers fait également partie des glucides dits simples.
- **Les glucides complexes** sont constitués d'un enchaînement plus ou moins long de molécules, ils n'ont pas la saveur sucrée des glucides simples. Ils sont indispensables pour leur apport énergétique. On les trouve principalement sous forme d'amidon et de fibres dans le pain, les pâtes, les pommes de terre, les céréales et les légumineuses.

Doc. 1 Les glucides

1 **Replacer** le nom des deux catégories de glucides en gras dans le texte sous le schéma correspondant.

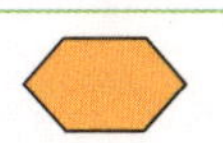	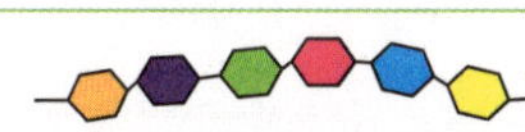
....	....

2 **Souligner** dans la liste ci-dessous les aliments contenant des glucides complexes.

Riz – Miel – Yaourt – Blé – Lentilles – Pamplemousse – Lait – Quinoa – Pâtes alimentaires

3 **Indiquer** à quels groupes alimentaires ils appartiennent. ▶ Annexe 2

....
....
....

4 **Retrouver** trois aliments riches en glucides dans le groupe des produits laitiers en donnant la quantité de glucides apportée pour 100 g et **préciser** s'il s'agit de glucides simples ou complexes. ▶ Annexe 4

....
....
....
....
....

Activité 2 Les rôles des glucides dans l'organisme

OBJECTIFS : Indiquer les rôles majeurs des glucides

Les glucides fournissent principalement de l'énergie utilisable par notre organisme (1 g de glucides apporte 17 kJ) et sont indispensables au fonctionnement des muscles et du cerveau. Apportés par l'alimentation, principalement sous forme de sucres composés ou complexes, ils sont dégradés en sucres simples par les enzymes de l'appareil digestif. Le glucose est ensuite acheminé dans l'organisme grâce à la circulation sanguine. Une partie est stockée sous forme de glycogène dans le foie et les muscles où elle servira de réserve d'énergie immédiatement mobilisable. Le taux de glucose dans le sang s'appelle la **glycémie**. Celle-ci doit être maintenue constante au cours de la journée.

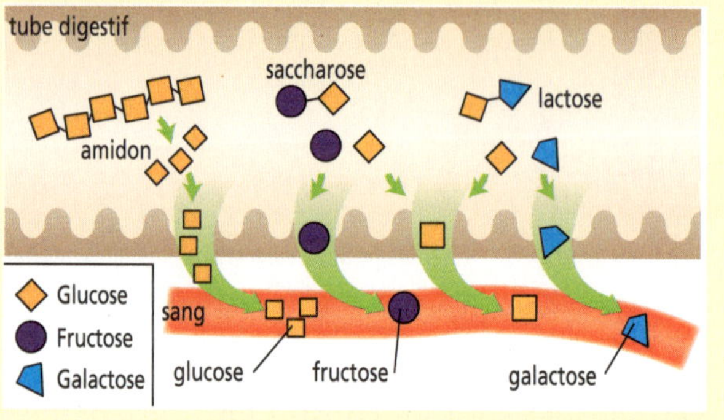

Dans un régime alimentaire équilibré, l'apport énergétique journalier devrait comporter 40 à 50 % de glucides en privilégiant les aliments riches en glucides complexes et en limitant l'apport en glucides simples. Si l'on consomme trop de glucides, l'organisme les stocke sous forme de graisse, ce qui contribue à augmenter la proportion de tissu adipeux.

Doc. 2 Le rôle des glucides

1 **Donner** le rôle principal des glucides dans l'organisme.

....

....

2 **Indiquer** la référence nutritionnelle en glucides pour un adolescent et **préciser** sous quelle forme.
▸ Annexe 3

....

....

....

3 **Souligner** une conséquence d'une consommation excessive de glucides.

Les fibres alimentaires, constituants des cellules végétales, sont des glucides non digestibles que l'on trouve principalement dans les légumes, les légumineuses, les fruits et les céréales (blé, orge, seigle...). Leur particularité est de posséder un fort pouvoir hydrophile, c'est-à-dire qu'elles peuvent gonfler en absorbant jusqu'à 20 fois leur poids en eau. Cette grande capacité à gonfler et à retenir l'eau réduit les prises alimentaires d'une part et augmente le volume des selles ce qui accélère le transit intestinal d'autre part.

Doc. 3 Fibres alimentaires : des glucides indispensables

4 **Entourer** ci-dessous le rôle principal des fibres alimentaires et **justifier** la réponse.

Rôle constructeur   Rôle énergétique   Rôle fonctionnel

Justification :

....

....

FICHE 119 ACTIVITÉS

Les lipides

COMPÉTENCES
- **C4.2** Concevoir une action d'éducation à la santé

Vidéo
Qu'est-ce qu'un acide gras ?
www.lienmini.fr/9664-video25-3

Activité 1 Rôles et origine des lipides

OBJECTIFS : Citer les principaux constituants alimentaires

Les lipides

1 g de lipide fournit 38 kJ, soit deux fois plus que les glucides et les protéines. Le tissu adipeux et les graisses constituent la principale réserve d'énergie.	Les lipides sous forme de phospholipides jouent un rôle fondamental dans la composition des membranes des cellules et assurent notamment leur fluidité.	Les lipides jouent un rôle dans le transport et l'absorption de certains nutriments liposolubles comme les vitamines A, D, E, K. Ils participent au fonctionnement du système nerveux. Le cholestérol par exemple est un précurseur des hormones stéroïdiennes (œstrogènes, testostérone...).
....	....	....

Doc. 1 Rôles des lipides

1 **Replacer** sous chaque description du **Doc. 1** les rôles des lipides correspondants : *Constructeur, Énergétique et Fonctionnel.*

Les graisses sont présentes naturellement dans l'alimentation et elles ont principalement deux origines :
- Une origine animale au travers des produits carnés, des œufs et des produits laitiers (lait, fromage, beurre et crème).
- Une origine végétale au travers des huiles végétales (huile de colza, olive, arachide...), certains fruits frais (olive, avocat) et des fruits oléagineux (amande, noix...).

Les huiles et les graisses sont soit clairement visibles dans les aliments (cuisson, assaisonnement, gras visible de la viande), soit mélangées à d'autres ingrédients alimentaires et par conséquent invisibles à l'œil nu. Environ 70 % de l'apport moyen de graisse provient de ces lipides cachés.

Doc. 2 L'origine des lipides dans l'alimentation

2 **Souligner** les deux origines des lipides présents dans l'alimentation (**doc. 2**).

3 Un paquet de chips de 100 g contient 38 g de lipides. **Comparer** cet apport par rapport aux recommandations en lipides pour un adolescent. ▶ Annexe 3

....

....

....

Activité 2 Classification des lipides et influence sur la santé

OBJECTIFS : Indiquer les rôles majeurs des lipides

Les lipides alimentaires sont très majoritairement des triglycérides (trois acides gras reliés à une molécule de glycérol). Les acides gras varient entre eux selon la longueur de leur chaîne d'atomes de carbone et le nombre de doubles liaisons (insaturations) entre atomes de carbone qu'ils contiennent. Cela leur donne des propriétés très différentes.

Les acides gras polyinsaturés (présence de plusieurs doubles liaisons) sont caractérisés par deux sous-familles : les acides gras oméga-3 ou acides gras alpha linoléiques et les acides gras oméga-6 ou acides gras linoléiques. On les appelle aussi les acides gras essentiels, car notre organisme est incapable de les synthétiser ; on doit obligatoirement les trouver dans notre alimentation et ils ont un rôle fondamental pour le bon fonctionnement du corps humain. On trouve des acides gras oméga-3 (ALA) dans les poissons gras (saumon, maquereau, truite...) et certaines huiles végétales (colza, lin, noix). Les acides gras oméga-6 se retrouvent dans les viandes, œufs, le beurre et certaines huiles végétales comme le tournesol.

Certains aliments d'origine animale sont particulièrement riches en acides gras saturés (pas de double liaison dans la structure) : beurre, fromage, laitages, viandes et charcuterie. L'huile d'olive ou d'arachide est, quant à elle, plus riche en acides gras monoinsaturés (une seule double liaison) comme les acides gras oméga-9.

Dans notre alimentation, on trouve également des acides gras ou graisses hydrogénées qui sont obtenus par procédé industriel à partir des acides gras insaturés. On les trouve dans les produits transformés comme les biscuits apéritifs, les pâtes à tartiner ou les barres de céréales. Ils sont à éviter dans la mesure du possible, car ils augmentent le risque de maladies cardio-vasculaires.

Doc. 3 Ne confondez pas lipide et lipide !

1 **Souligner** la définition d'acides gras essentiels.

2 **Relier** l'aliment avec l'acide gras majoritaire qu'il contient.

Acides gras saturés •	• Truite
Acides gras monoinsaturés oméga-9 •	• Huile de tournesol
Acides gras polyinsaturés oméga-3 •	• Emmental
Acides gras polyinsaturés oméga-6 •	• Huile d'olive

3 **Indiquer** les acides gras à éviter dans l'alimentation et justifier.

....

....

Les lipides doivent représenter 35 à 40 % de l'apport énergétique total chez l'adulte en bonne santé. Cette fourchette permet d'assurer la couverture des besoins en acides gras essentiels et prend également en compte la prévention de certaines pathologies. La qualité des acides gras est importante : on doit privilégier la consommation des acides gras monoinsaturés et polyinsaturés, en augmentant la part des acides gras oméga-3 et oméga-9 et en limitant la consommation des acides gras saturés (< 12 % de l'apport énergétique).

Doc. 4 Répartition des graisses dans l'alimentation

4 **Souligner** les acides gras à privilégier dans l'alimentation et **encadrer** ceux que l'on doit limiter

FICHE 120 BILAN

Les sources nutritionnelles (2)

Synthèse
www.lienmini.fr/9664-syn25-2

LES PROTIDES

Classification

- Un **acide aminé** : nutriment, il en existe 20. Il est dit **indispensable** quand il doit être apporté par l'alimentation
- Un **peptide**
- Une **protéine**

Rôles

- **CONSTRUCTEUR**
- **FONCTIONNEL**
- **ÉNERGÉTIQUE** (à très long terme, 1 g de protide libère 17 kJ)

Sources

- **Origine animale :** groupe Viande œuf poisson : apporte des protéines de bonne qualité ; groupe laits et produits laitiers
- **Origine végétale :** les céréales, les légumineuses

LES GLUCIDES

Classification

- Les **glucides simples**
- Les **glucides complexes**

Rôles

- **ÉNERGÉTIQUE** (1 g de glucide fournit 17 kJ)
- **FONCTIONNEL**

Sources

- Groupe **des féculents et légumineuses**
- Groupe **des produits sucrés**
- Groupe **des fruits et légumes**

LES LIPIDES

Classification

Lipides alimentaires principalement triglycérides composés d'acides gras :

- Les **acides gras saturés** d'origine animale
- Les **acides gras insaturés** (oméga-9)
- Les **acides gras polyinsaturés** (oméga-6 et 3) essentiels à l'organisme

Rôles

- **ÉNERGÉTIQUE** (1 g de lipide fournit 38 kJ)
- **CONSTRUCTEUR**
- **FONCTIONNEL**

Sources et origines

- **Origine animale** dans les produits carnés, les œufs et les produits laitiers
- **Origine végétale** (huiles végétales, certains fruits frais (olive, avocat...) et les fruits oléagineux (amande et noix...)

Analyse de situation

QCM
www.lienmini.fr/9664-qcm25-2

Situation professionnelle

Dans l'école où vous travaillez, le déjeuner du jeudi est un menu végétarien. La commune du village est sensible aux problèmes d'environnement occasionnés par la production de viande et souhaite inciter les enfants et leurs parents à consommer autrement.
Pour autant, certains constituants alimentaires présents dans la viande sont très importants pour l'organisme et les enfants doivent être sensibilisés.

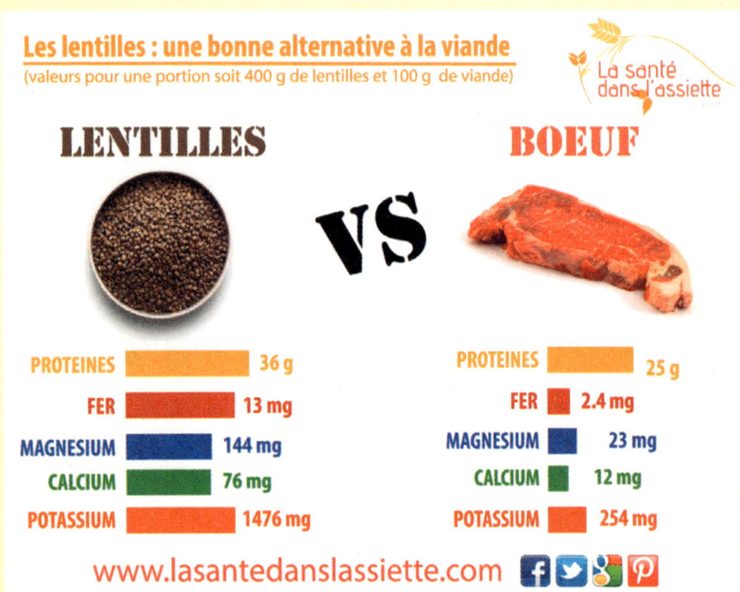

Doc. 1 Les lentilles, une bonne alternative à la viande

Jeudi :
Couscous végétarien aux pois chiches
Fromage Pont l'évêque
Orange bio
Pain de campagne

Doc. 2 Menu végétarien de l'école maternelle

Répondre sur une feuille à part en respectant l'ordre des questions et en soignant la rédaction.

1. **Identifier** les besoins dans la situation et indiquer une action d'éducation à la santé à mettre en place.

Questions de savoirs associés

2. **Lister** les aliments riches en protéines.
3. **Indiquer** les principaux rôles des protéines dans l'organisme.
4. **Nommer** le constituant majoritaire du pain de campagne et son rôle principal.
5. **Citer** le constituant présent dans la viande, absent dans les lentilles et dont le rôle principal est énergétique.

FICHE 121 ACTIVITÉS

L'eau

Vidéo
Quantité d'eau dans le corps humain
www.lienmini.fr/9664-video25-4

COMPÉTENCES
- **C4.2** Concevoir une action d'éducation à la santé
- **C4.1.2** Repérer et hiérarchiser les besoins d'un public

Activité 1 Le rôle de l'eau dans l'organisme

OBJECTIFS : Indiquer le rôle majeur de l'eau

L'eau représente 65 % du poids corporel chez l'homme adulte et 60 % chez la femme (en raison de la masse graisseuse supérieure, la proportion d'eau est inférieure). Elle est indispensable à la vie. L'être humain ne peut vivre que quelques jours sans eau. En effet, l'eau a de nombreuses fonctions dans l'organisme : constituant majoritaire des cellules et des liquides corporels, elle participe à de nombreuses réactions chimiques et au transit intestinal, elle favorise également l'élimination des déchets de l'organisme. Elle est essentielle au contrôle de la température corporelle. Il est donc essentiel de maintenir l'équilibre hydrique, c'est-à-dire de compenser les pertes en eau (urine, sueur, selles et respiration) par des apports. En moyenne, les besoins en eau sont de 2 à 2,5 L par jour. La consommation d'eau et de boisson représente 60 % de l'apport et le reste est apporté par l'eau des aliments.

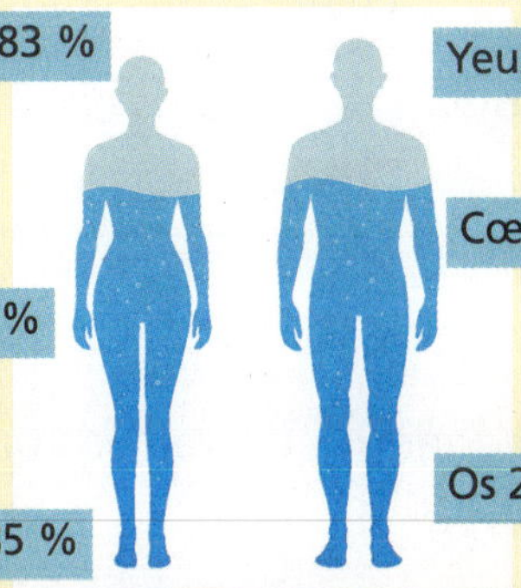

Doc. 1 L'eau dans le corps humain

1. **Calculer** la quantité d'eau contenue dans le corps d'une femme de 65 kg.

....

2. **Indiquer** la répartition de l'eau dans l'organisme et **citer** les trois organes les plus riches en eau dans l'organisme.

....
....
....

3. **Retrouver** en complétant le tableau ci-dessous des exemples du rôle de l'eau dans l'organisme.

Rôle plastique	Rôle fonctionnel
....	....
....	....
....	....
....	....

4. **Souligner** les différentes pertes en eau dans l'organisme et **encadrer** les apports dans l'organisme.

Activité 2 Les besoins en eau dans l'organisme

OBJECTIFS : Répertorier les principes du maintien de l'équilibre hydrique chez les enfants • Justifier les aliments choisis en raison de l'état physiologique ou pathologique

Parce qu'ils ont des caractéristiques physiologiques et un comportement bien spécifique, les enfants sont plus à risque de déshydratation que les adultes.

- Leur rapport surface corporelle/poids est supérieur à celui des adultes, ce qui augmente la perte cutanée en eau.
- En pleine croissance, leur métabolisme énergétique est plus élevé, ce qui accroit également leurs besoins hydriques.
- Ils n'ont pas toujours le réflexe de boire même quand ils ont soif et n'ont pas toujours d'eau à portée de main.
- Ils sont souvent en mouvement (jeux, sport...). Or, l'activité physique augmente les pertes en eau.

Besoins et conseils d'hydratation chez les enfants, 10/12/202. Nestlé Nutri Pro®

Doc. 2 Les besoins en eau des enfants : un risque accru de déshydratation

1 **Retrouver** les besoins en eau à différents âges de la vie. ▶ Annexe 3

Enfant de 1 à 3 ans	Femme adulte	Homme âgé de plus de 65 ans
....	....	....

2 **Souligner** quatre raisons qui expliquent pourquoi les enfants ont plus de risque de déshydratation que l'adulte.

3 À partir des photos ci-dessous, **retrouver** d'autres facteurs qui peuvent expliquer une augmentation des besoins en eau.

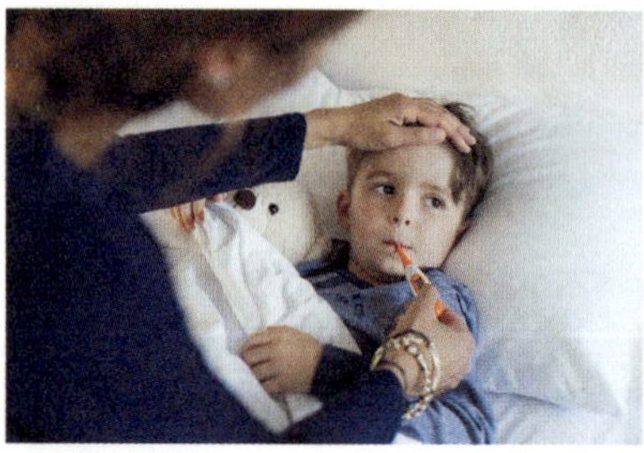	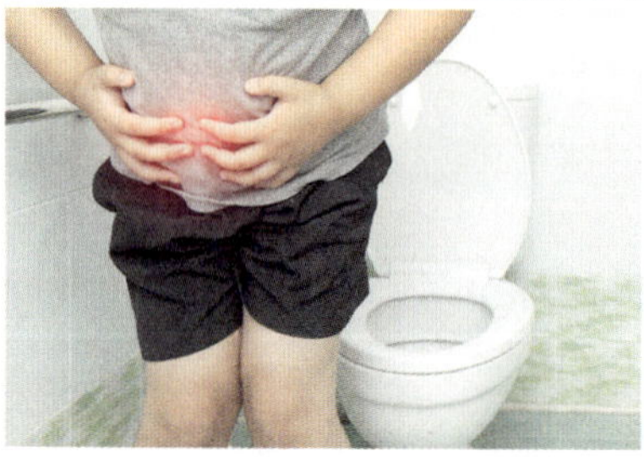	
....	....	....

4 NUMÉRIQUE **Rechercher** sur le site Mangerbouger.fr, rubrique « Bien manger en préservant la planète sans se ruiner c'est possible », l'article « L'eau indispensable à notre santé : conseils et astuces pour s'hydrater », les quatre points clés pour s'hydrater (www.lienmini.fr/6464-site25-1).

....
....
....
....
....

5 NUMÉRIQUE **Calculer** vos besoins en eau à partir du site *Hydration for health* (www.lienmini.fr/6464-site25-2) et **conclure** sur votre hydratation.

FICHE 122 ACTIVITÉS

Les minéraux et les vitamines

COMPÉTENCES
• C4.2 Concevoir une action d'éducation à la santé

Vidéo
Les vitamines, c'est quoi ?
www.lienmini.fr/9664-video25-5

Activité 1 Les vitamines et les minéraux

OBJECTIFS : Citer les principaux constituants alimentaires

Les vitamines sont impliquées dans le fonctionnement et l'entretien du corps : transformation et utilisation des macronutriments, vision, coagulation du sang, systèmes musculaire, nerveux et immunitaire, fabrication de l'ADN, etc. Notre corps ne sait pas les fabriquer (hormis les vitamines D et K), elles doivent donc être apportées par une alimentation équilibrée. Elles ne fournissent pas d'énergie.

On compte 13 vitamines classées en deux catégories :
– les vitamines liposolubles (qui peuvent se dissoudre dans les graisses) : A, D, E, K.
– les vitamines hydrosolubles (qui peuvent se dissoudre dans l'eau) du groupe B (B1 à B12) et C.

La majorité des vitamines hydrosolubles se retrouve dans les aliments riches en eau donc du groupe Fruits et légumes, alors que les liposolubles sont présentes dans les aliments gras, c'est-à-dire les groupes Viande, poisson, œuf, Corps gras et Produits laitiers.

Doc. 1 Les vitamines : 13 indispensables pour être en bonne santé

1 **Repérer** les rôles des vitamines en cochant les bonnes réponses.

☐ Constructeur ☐ Fonctionnel ☐ Énergétique

2 **Préciser** les deux catégories de vitamines et leurs spécificités.

....

....

Selon la masse qu'elles représentent dans l'organisme, les matières minérales, ou minéraux, sont classées en macro-éléments (1 kg pour le calcium et le phosphore) ou oligo-éléments, aussi appelés micro-éléments (quelques grammes pour le fer, le zinc, le fluor et moins de 1 mg pour le chrome, l'iode et le cobalt).

Les matières minérales représentent environ 4 % du poids corporel. Elles interviennent dans diverses fonctions : minéralisation (construction du squelette et des dents), contrôle de l'équilibre en eau, systèmes enzymatique et hormonal, systèmes musculaire, nerveux et immunitaire. Par exemple, il n'y a pas de fabrication d'hormone thyroïdienne sans iode, pas de fabrication d'hémoglobine sans fer et pas de contraction musculaire sans calcium, potassium et magnésium. La plupart des matières minérales exercent des rôles multiples.

Doc. 2 Les matières minérales dans l'organisme

3 **Repérer** les rôles des matières minérales en cochant les bonnes réponses.

☐ Constructeur ☐ Fonctionnel ☐ Énergétique

4 **Nommer** les deux catégories de minéraux en donnant deux exemples pour chacun.

• .... • ....

Activité 2 Les rôles et sources des vitamines et minéraux

OBJECTIFS : Indiquer les rôles majeurs des minéraux et des vitamines

Vitamines	
Nom et fonction	**Sources alimentaires**
A Croissance, vision nocturne	Huile de foie de morue, foie Thon Beurre
D Croissance osseuse	....
E Propriétés anti-oxydantes	Huiles de tournesol, de colza Noisettes
K Coagulation du sang	Légumes verts Œuf
C Lutte contre les infections, la fatigue	....
B Systèmes nerveux, cardiaque, cellulaire	Germe de blé Abats, viande Fruit Jaune d'œuf

Minéraux	
Nom et fonction	**Sources alimentaires**
Calcium Formation des dents et des os	Lait Fromage Légumes secs
Fer Formation des cellules sanguines	....
Zinc Synthèse des protéines	Produits de la mer Foie Céréales
Iode Synthèse des hormones thyroïdiennes	Produits de la mer Sel

Extrait de la composition de céréales

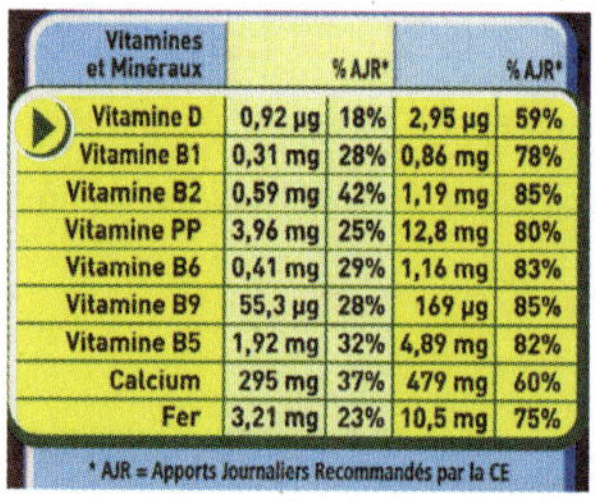

Vitamines et Minéraux		% AJR*		% AJR*
Vitamine D	0,92 µg	18%	2,95 µg	59%
Vitamine B1	0,31 mg	28%	0,86 mg	78%
Vitamine B2	0,59 mg	42%	1,19 mg	85%
Vitamine PP	3,96 mg	25%	12,8 mg	80%
Vitamine B6	0,41 mg	29%	1,16 mg	83%
Vitamine B9	55,3 µg	28%	169 µg	85%
Vitamine B5	1,92 mg	32%	4,89 mg	82%
Calcium	295 mg	37%	479 mg	60%
Fer	3,21 mg	23%	10,5 mg	75%

* AJR = Apports Journaliers Recommandés par la CE

Doc. 3 Quelques vitamines et minéraux

1. **Souligner** les vitamines liposolubles et **encadrer** les oligo-éléments dans le doc. 3.

2. **Rechercher** des aliments sources pour certaines des vitamines et minéraux du doc. 3 dans les ▸ Annexes 4 À 6 et les **reporter** dans la colonne « Sources ».

3. **Rechercher** dans le doc. 3 :

– La vitamine impliquée dans :
- La lutte contre la fatigue : ....
- La croissance osseuse : ....
- La protection du système nerveux : ....
- La capacité à absorber le gras : ....

– L'élément minéral impliqué dans :
- La formation des os : ....
- La formation des protéines : ....
- La lutte contre l'anémie : ....
- La synthèse d'hormone thyroïdienne : ....

FICHE 123 BILAN

Les sources nutritionnelles (3)

Synthèse
www.lienmini.fr/9664-syn25-3

L'EAU

60 % à 65 % du poids corporel

Eau majoritaire dans le sang et certains organes (poumons, reins et cerveau)

Rôles

- **PLASTIQUE :** constituant majoritaire des cellules et des liquides corporels.
- **FONCTIONNEL :** participe à de nombreuses réactions chimiques, au transit intestinal, élimination des déchets, thermorégulation.

Équilibre hydrique

2 ,5 L d'eau/jour

Pertes d'eau (urine, sueur, selles et respiration) = Apports (60 % eau de boissons et 40 % eau des aliments)

LES VITAMINES

Catégorie

- Vitamines hydrosolubles : C, B1 à B12
- Vitamines liposolubles : A D E K

Rôle fonctionnel

Chaque vitamine remplit plusieurs rôles.

- Lutte contre la fatigue (C)
- Protection du système nerveux (B)
- Croissance osseuse (D)…

Sources

- Fruits et légumes
- Huile, produits laitiers, céréales, viande, œuf, poisson

LES MINÉRAUX

Catégorie et sources

- Macro-éléments : Ex. : calcium, phosphore.
- Oligo-éléments ou micro-éléments : Ex. : fer, zinc.

Rôles

Chaque minéral remplit un ou plusieurs rôles.

- **CONSTRUCTEUR :** construction du squelette et des dents (calcium), etc.
- **FONCTIONNEL :** contraction musculaire (calcium), transports des gaz respiratoires (fer), synthèse des protéines (zinc).

Sources

- Produits laitiers, eaux
- Céréales, VOP

Analyse de situation

QCM

www.lienmini.fr/9664-qcm25-3

Situation professionnelle

La semaine prochaine s'annonce compliquée : une nouvelle canicule est envisagée. Votre chef de service au sein de l'EHPAD (Établissement d'hébergement pour personnes âgées dépendantes) où vous travaillez, a réuni ses équipes pour anticiper cette période. Il vous sera demandé d'être particulièrement vigilant concernant l'hydratation des personnes âgées. En effet, à la dernière période de ce type, quatre résidents ont été hospitalisés en raison de déshydratation. La direction de l'EHPAD est inquiète et préfère qu'une action soit mise en place dès maintenant pour éviter tout éventuel dysfonctionnement.

Doc. 1 En cas de canicule

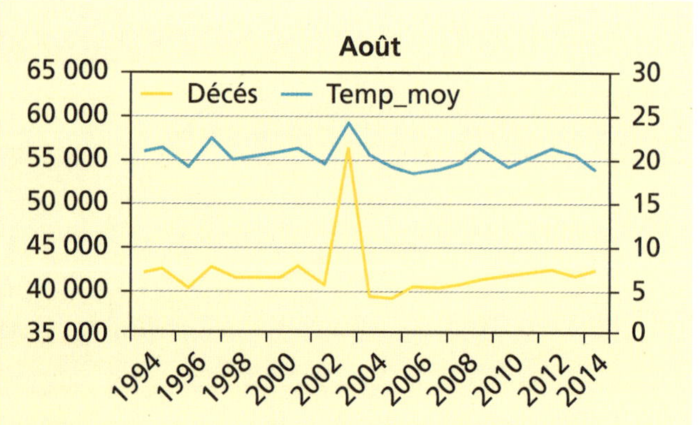

Doc. 2 Canicule 2003 : impact sur les décès

Répondre sur une feuille à part en respectant l'ordre des questions et en soignant la rédaction.

1. **Identifier** les besoins des personnes âgées et indiquer une action d'éducation à la santé à mettre en place.

Questions de savoirs associés

2. **Lister** au moins quatre aliments riches en eau.
3. **Nommer** les constituants majoritaires apportés par les boissons et leurs rôles principaux.
4. **Citer** au moins deux constituants non énergétiques présents dans les fruits et légumes et préciser leurs rôles.

FICHE 133 ACTIVITÉS

Les équivalences alimentaires

COMPÉTENCES
- **C4.1** Analyser les besoins du public
- **C4.2** Concevoir une action d'éducation à la santé

Activité 1 Les équivalences alimentaires

OBJECTIF : Justifier les différentes équivalences alimentaires

Pour être en bonne santé, nous devons manger équilibré et respecter les valeurs nutritionnelles de référence. Mais que se passe-t-il lorsqu'une personne ne consomme pas un aliment pourtant indispensable au bon fonctionnement de son corps ?
Parce qu'un consommateur n'aime pas un aliment ou ne peut pas le consommer (allergie ou intolérance, convictions religieuses ou culturelles) ou tout simplement pour varier l'alimentation, il peut être nécessaire de remplacer un aliment par un autre.
Mais attention, cette substitution doit permettre d'apporter la même quantité d'un constituant alimentaire donné : on parle alors d'équivalence alimentaire. Cette équivalence peut être réalisée à l'intérieur d'un même groupe alimentaire (intragroupe) ou entre groupes différents (intergroupes). Les aliments étant composés de constituants différents, l'équivalence doit être calculée en privilégiant un seul constituant alimentaire.

Doc. 1 Notions d'équivalence

1 **Justifier** la mise en place d'équivalence alimentaire.

2 **Citer** les six cas dans lesquels il est possible d'avoir recours aux équivalences alimentaires.

Il existe trois principales équivalences alimentaires (calcique, énergétique, protidique) mais ce ne sont pas les seules. Par exemple, les personnes présentant un diabète pourront utiliser une autre équivalence pour équilibrer leur alimentation et ne pas perturber leur glycémie.

1 fruit moyen
(de 10 à 20 g de glucides)

=

2 morceaux de sucre

=

2 c à s de pâtes sèches cuites

Doc. 2 Plusieurs équivalences

3 **Citer** l'équivalence que les personnes diabétiques doivent connaître pour équilibrer leur alimentation.

Activité 2 L'équivalence calcique

OBJECTIF : Justifier les équivalences calciques inter et intragroupe

Le calcium, utilisé par l'organisme principalement pour les besoins constructeurs (squelette et dents), est également impliqué dans d'autres fonctions importantes pour le corps. Les personnes allergiques au lactose ne peuvent pas consommer de lait ni de produits laitiers (aliments les plus riches en calcium). Cela pose un problème notamment pour les enfants qui, en pleine croissance, ont des besoins plus importants en calcium. Il va donc falloir mettre en place une équivalence calcique intergroupe, c'est-à-dire chercher, dans des groupes alimentaires autres que les produits laitiers, des aliments qui apportent du calcium en quantité suffisante pour couvrir les besoins calciques de l'enfant.

Doc. 3 Équivalence calcique : dans quel cas ?

1 **Définir** et **justifier** la notion d'équivalence calcique intergroupe.

....

....

2 **Préciser** dans quel cas il sera nécessaire de mettre en place une équivalence calcique intragroupe.

....

....

3 **Donner** deux conseils alimentaires permettant de respecter l'apport calcique dans les situations suivantes :

	Remplacer le lait par :
A. Lara, 4 ans, est allergique au lactose.	....
B. Lila, 16 ans, n'aime pas le lait.	....

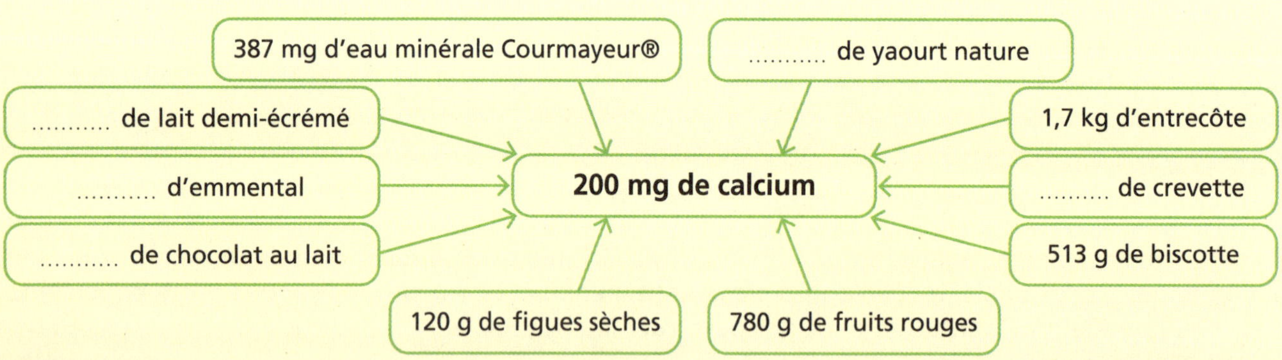

Doc. 4 Équivalences calciques intragroupes et intergroupes

4 **Compléter** le doc. 4 en calculant la quantité nécessaire des aliments pour avoir un apport de 200 mg de calcium (▶ Annexes 4 et 6).

5 **Préciser** la limite des équivalences alimentaires.

....

....

....

Activité 3 L'équivalence protidique

OBJECTIF : Justifier les équivalences protidiques en fonction du choix alimentaire d'une personne

En excluant de son alimentation la viande et le poisson, le végétarien et le végétalien limitent fortement leurs apports en protéines et notamment celles de bonne qualité. Il est donc indispensable qu'ils respectent leurs apports satisfaisants en protéines en apportant par leur alimentation des protéines autres qu'animales : par exemple en associant des céréales à des légumes secs au cours d'un repas.
Des idées de menus :

Semoule cuite + pois chiches = couscous

Maïs + haricots rouges = salade mexicaine

Riz + haricots blancs + lentilles = riz indien

Doc. 5 Des idées pour ne pas consommer de viande

1 **Justifier** les équivalences protidiques

....

....

M. Dioné, 35 ans, est en rééducation suite à une fracture de la cheville. Il est végétarien depuis 12 ans.

Menu de la clinique	Apport en protides (g)
• Rillettes d'oie (40 g)	6
• 120 g de steak	....
• 120 g d'haricots verts	1,7
• 115 g de riz au lait	4,1
• 1 portion de camembert (30 g)	....
TOTAL :	.... g

Doc. 6

2 **Calculer** la quantité de protides apportés par le déjeuner de la clinique et compléter le tableau ci-dessus. (▶ Annexes 4 et 6)

3 **Nommer** les aliments que M. Dioné ne consommera pas et **justifier**.

....

4 **Proposer** des équivalences protidiques à partir des ▶ Annexes 4, 5 et 6 et du **doc. 6** en notant la quantité de protide apportée quand cela est possible.

....

....

5 NUMÉRIQUE Lister au moins cinq protéines végétales pour l'équivalence protidique de 100 g de steak de bœuf. Site : www.lienmini.fr/9664-site29

Activité 4 L'équivalence énergétique

OBJECTIF : Justifier les équivalences énergétiques

1 **Retrouver** les constituants alimentaires énergétiques en les entourant

2 **Calculer** l'apport en kilojoule de 100 g de céréales.

....

....

Rappel :
1 g de glucides = 17 kJ
1 g de protides = 17 kJ
1 g de lipides = 38 kJ

NOS INFORMATIONS NUTRITIONNELLES

	Pour 100 g	Par portion de 30 g
ENERGIE		
MATIÈRES GRASSES	1,5 g	0,5 g
dont acides gras saturés	0,3 g	0,1 g
GLUCIDES	79 g	24 g
dont sucres	15 g	4,5 g
FIBRES ALIMENTAIRES	4,5 g	1,4 g
PROTÉINES	9 g	2,7 g
SEL	1 g	0,3 g
VITAMINES :	**(% AR)**	**(% AR)**
D	8,4 µg (167)	2,5 µg (50)
THIAMINE (B1)	1,8 mg (167)	0,55 mg (50)
RIBOFLAVINE (B2)	2,3 mg (167)	0,70 mg (50)
NIACINE (B3/PP)	13,4 mg (84)	4,0 mg (25)
B6	1,2 mg (84)	0,35 mg (25)
ACIDE FOLIQUE (B9)	334 µg (167)	100 µg (50)
B12	2,1 µg (84)	0,6 µg (25)
SELS MINÉRAUX :		
FER	11,6 mg (83)	3,5 mg (25)
ZINC	8,3 mg (83)	2,5 mg (25)

(%AR) = Apports de Référence

Doc. 7 Un exemple d'étiquette de céréale

Le menu 1 est plus rassasiant et contient plus de fibres, de protéines, et moins de sucres et graisses que le menu 2.
La densité énergétique (nombre de calories par gramme d'aliment) est plus importante dans le menu 2 et sa consommation aura des conséquences sur la sensation de satiété.

D'après une infographie du site www.maison-nutrition.fr

Doc. 8 Attention à certaines équivalences

1 **Expliquer** la densité énergétique.

....

....

2 **Comparer** les deux menus (composition et masse) et **justifier** l'importance de connaître les équivalences énergétiques.

....

....

....

....

....

FICHE 134 BILAN

Les sources nutritionnelles

Synthèse
www.lienmini.fr/9664-syn29

Convictions religieuses, culturelles

Allergie ou intolérance alimentaire

Aversion pour un aliment

Respect des valeurs nutritionnelles de référence
en réalisant des **équivalences alimentaires**

- Remplacer un aliment par un autre mais ce dernier doit amener la même quantité du même constituant alimentaire

Intragroupe
choix d'un autre aliment du même groupe alimentaire

Intergroupe
choix d'un aliment dans un groupe alimentaire différent

Exemple : équivalence calcique

- En cas d'aversion pour le lait : remplacer le lait par des yaourts ou fromages
- En cas d'allergie au lactose : remplacer les produits laitiers par des eaux riches en minéraux, des fruits secs, certains crustacés et certains fruits rouges

Exemple : équivalence protidique

- En cas d'alimentation végétarienne ou végétalienne : remplacer le groupe VOP par des céréales, des légumineuses, des légumes secs.

Exemple : équivalence énergétique
Faire attention à la densité énergétique (nombre de calories par gramme d'aliments) qui peut avoir des conséquences sur la santé et la sensation de satiété quand on substitue des aliments.

Analyse de situation

QCM
www.lienmini.fr/9664-qcm29

Situation professionnelle

Au sein de l'hôpital dans lequel vous travaillez, les parents de Romain vous font part de la difficulté qu'ils rencontrent. Ce dernier, âgé de 10 ans, est accueilli suite à une double fracture de la cheville. Il a de grandes difficultés pour consommer de la viande depuis quelques temps. Ses parents savent qu'il faut consommer des protides pour mieux guérir.

Une journée type pour une alimentation végétarienne équilibrée
Portions recommandées pour un adulte, à adapter en fonction des besoins et envies de l'enfant

1 portion équivaut à 250 mL

1 cuillère à soupe équivaut à 15 g

Doc. 1 Les alternatives à la viande

Répondre sur une feuille à part en respectant l'ordre des questions et en soignant la rédaction.

1. **Identifier** les besoins de l'enfant et **indiquer** une action d'éducation à la santé à mettre en place.

Questions de savoirs associés

2. **Définir** l'équivalence alimentaire et **expliquer** quand la mettre en place.
3. **Justifier** l'intérêt de l'équivalence alimentaire protidique à mettre en place pour la situation présente.
4. **Nommer** des aliments en équivalence protidique.
5. **Citer** deux autres types d'équivalence alimentaire.

FICHE 135 ACTIVITÉS

Les conséquences d'une alimentation non rationnelle

COMPÉTENCES
- **C4.1** Analyser les besoins du public
- **C4.2** Concevoir une action d'éducation à la santé

Activité 1 Les conséquences d'une alimentation hyperlipidique et/ou hyperglucidique

OBJECTIF : Énoncer les conséquences d'une alimentation hyperlipidique, hyperglucidique

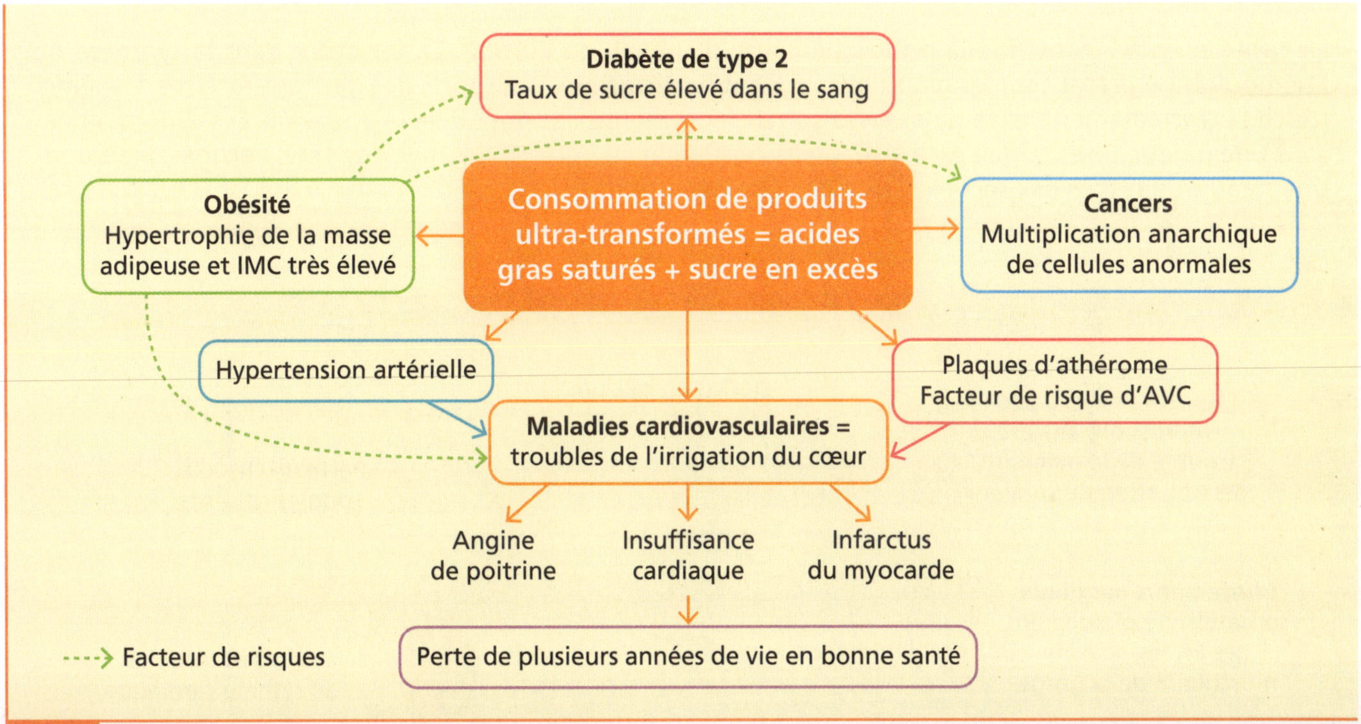

Doc. 1 Glucides et lipides ne font pas bon ménage

1 **Lister** les maladies liées à une consommation excessive de glucides et lipides.

....

....

....

....

2 **Observer et interpréter** les relations existantes entre les différentes maladies.

....

....

....

....

3 NUMÉRIQUE Expliquer la formation des plaques d'athérome dans les artères (ou athérosclérose) à partir du site suivant. Site : www.lienmini.fr/9664-site30-1

Activité 2 Les conséquences des carences nutritionnelles

OBJECTIF : Indiquer les conséquences des carences en fer, calcium, vitamines, protéines

La carence nutritionnelle se produit lorsque l'on n'absorbe pas la quantité suffisante de nutriments nécessaire à l'équilibre alimentaire de notre organisme. Les origines sont principalement une insuffisance nutritionnelle dans l'alimentation, un défaut dans l'absorption ou dans l'assimilation.

Doc. 2 Qu'est-ce qu'une carence nutritionnelle ?

La carence en fer constitue la principale cause d'anémie en Europe. Le fer entre dans la synthèse de l'hémoglobine présent sur les globules rouges et participe aux transports des gaz respiratoires. L'anémie touche principalement les femmes en raison de leurs menstruations ou de la grossesse. Les conséquences sont une pâleur, une fatigue excessive, un essoufflement à l'effort, des maux de tête, vertiges, mais aussi une peau et des cheveux secs ainsi que des ongles cassants.

Doc. 3 La carence en fer

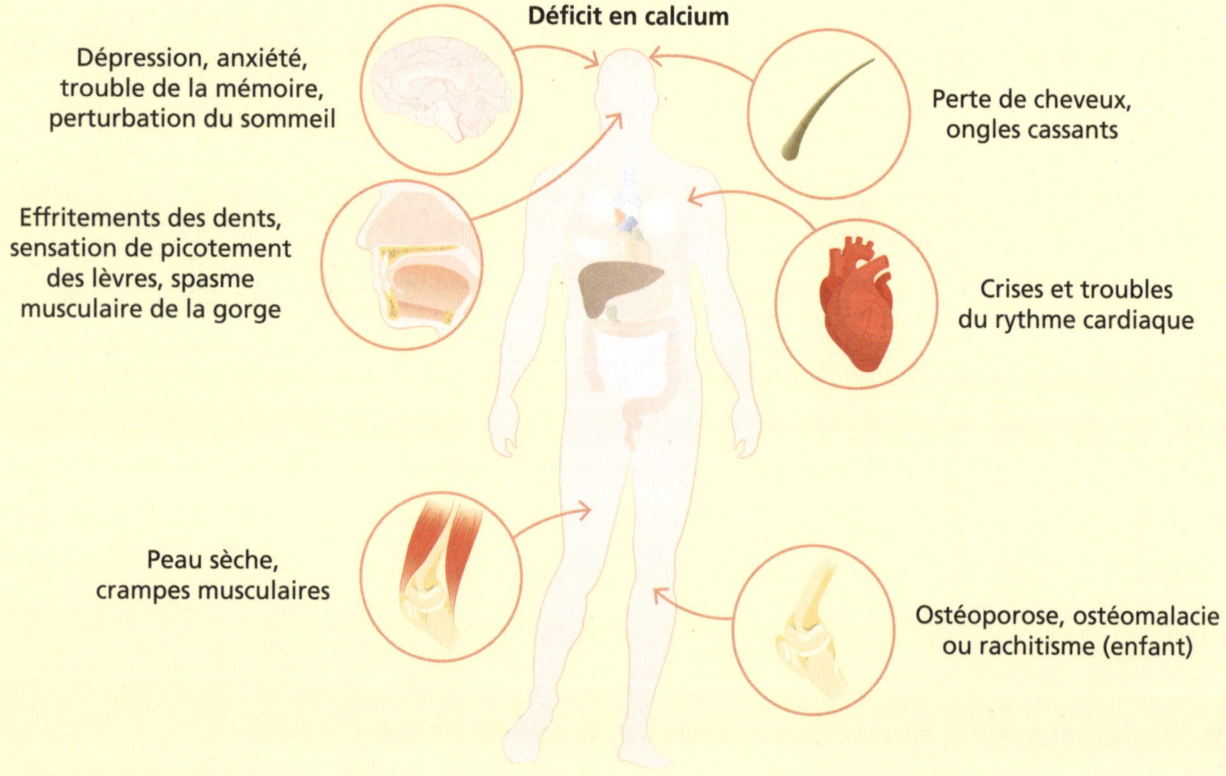

Ostéoporose : fragilité excessive du squelette causée par une diminution de la masse osseuse et une altération osseuse rendant l'os poreux et friable.

Ostéomalacie (adulte), **rachitisme** (enfant) : pathologies liées à un défaut d'accumulation des éléments minéraux au niveau du squelette entraînant des douleurs osseuses et musculaires, des déformations osseuses et un retard de croissance (enfant).

Doc. 4 Conséquences de la carence en calcium

Vitamines	Carences	Vitamines	Carences
A	Cécité nocturne, assèchement de la peau et des cheveux	B6 : pyridoxine	Convulsions, anémie, neuropathie
D	Faible minéralisation des dents et des os, baisse du tonus musculaire	B9 : acide folique	Douleurs articulaires, faible croissance des dents et os, faible cicatrisation
K	Troubles de la coagulation	B5 : acide pantothénique	Douleurs dans les membres, dépression, perte appétit
C	Scorbut : manifestations hémorragiques, chute des dents, gingivite, altérations osseuses	B8 : biotine	Épuisement, chute de cheveux, crampes, lésion cutanée
E	Problèmes neurologiques, faiblesse musculaire	B12 : cobalamine	Anémie, déficits neurologiques
B3 : niacine	Lésions cutanées, troubles digestifs et nerveux	B1 : thiamine	Beriberi : insuffisance cardiaque, neuropathie

Doc. 5 Conséquences de la carence de plusieurs vitamines

Le corps interprète un état de carence protéique comme un signal de famine. En conséquence, le corps tente de compenser la carence en retirant des protéines dans les réserves qui sont les muscles : c'est la perte de muscle ou fonte musculaire.

D'autres conséquences sont observables :

- perte de poids ;
- fatigue physique ;
- difficulté de cicatrisation ;
- susceptibilité aux infections ;
- altération de la qualité des phanères : cheveux cassants ou fragilisés, ongles striés ou tachés ou cassants, peau sèche, perte de cheveux, etc. ;
- altération du métabolisme des neuromédiateurs (difficultés à se concentrer, à la mémorisation) et des hormones (perturbation du fonctionnement de l'organisme).

Le kwashiorkor est la conséquence grave d'une carence en protéines. Il touche généralement les enfants dans les pays en développement, induit un retard de croissance et parfois un déficit cognitif.

Doc. 6 Conséquences d'une carence en protéines

1 **Définir** la carence nutritionnelle.

....

....

....

....

....

....

....

....

2 Associer la carence du nutriment responsable des effets sur l'organisme.

Conséquences	Carence nutritionnelle en	Conséquences
Anémie		Maux de tête
Fatigue		Trouble de la mémoire
	protéine	
Difficultés de cicatrisation		Trouble du rythme cardiaque
Cheveux cassants		Fragilité du squelette
	fer	
Vertige		Essoufflement
Pâleur		Crampe musculaire
	calcium	
Difficulté à se concentrer		Dépression
Infections plus fréquentes		Perte de cheveux

3 Retrouver les conséquences communes aux carences en fer, protéine et calcium.

....

....

....

....

....

4 Nommer la ou les vitamine(s) dont la carence entraîne les conséquences suivantes :

Conséquences	Carence en :
Problème de minéralisation des os	....
Problèmes neurologiques	....
Mauvaise coagulation sanguine	....

5 Citer le ou les nutriment(s) dont la carence est responsable des maladies suivantes :

Maladies	Conséquences d'une carence en :
Kwashiorkor	....
Béribéri	....
Scorbut	....
Anémie	....
Ostéoporose	....
Rachitisme	....

FICHE 136 BILAN

Conséquences d'une alimentation non rationnelle

Synthèse
www.lienmini.fr/9664-syn30-1

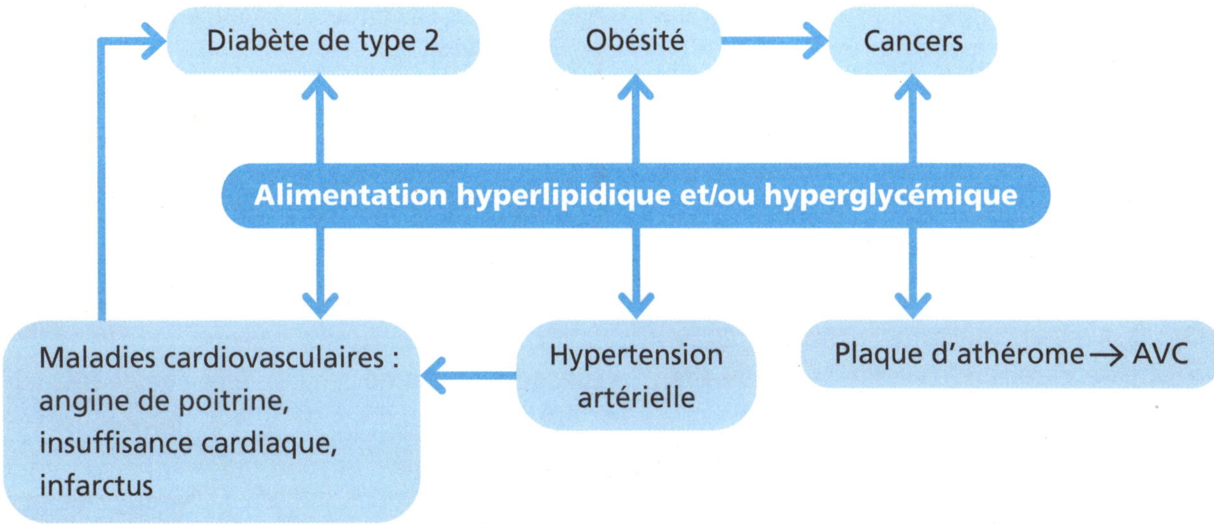

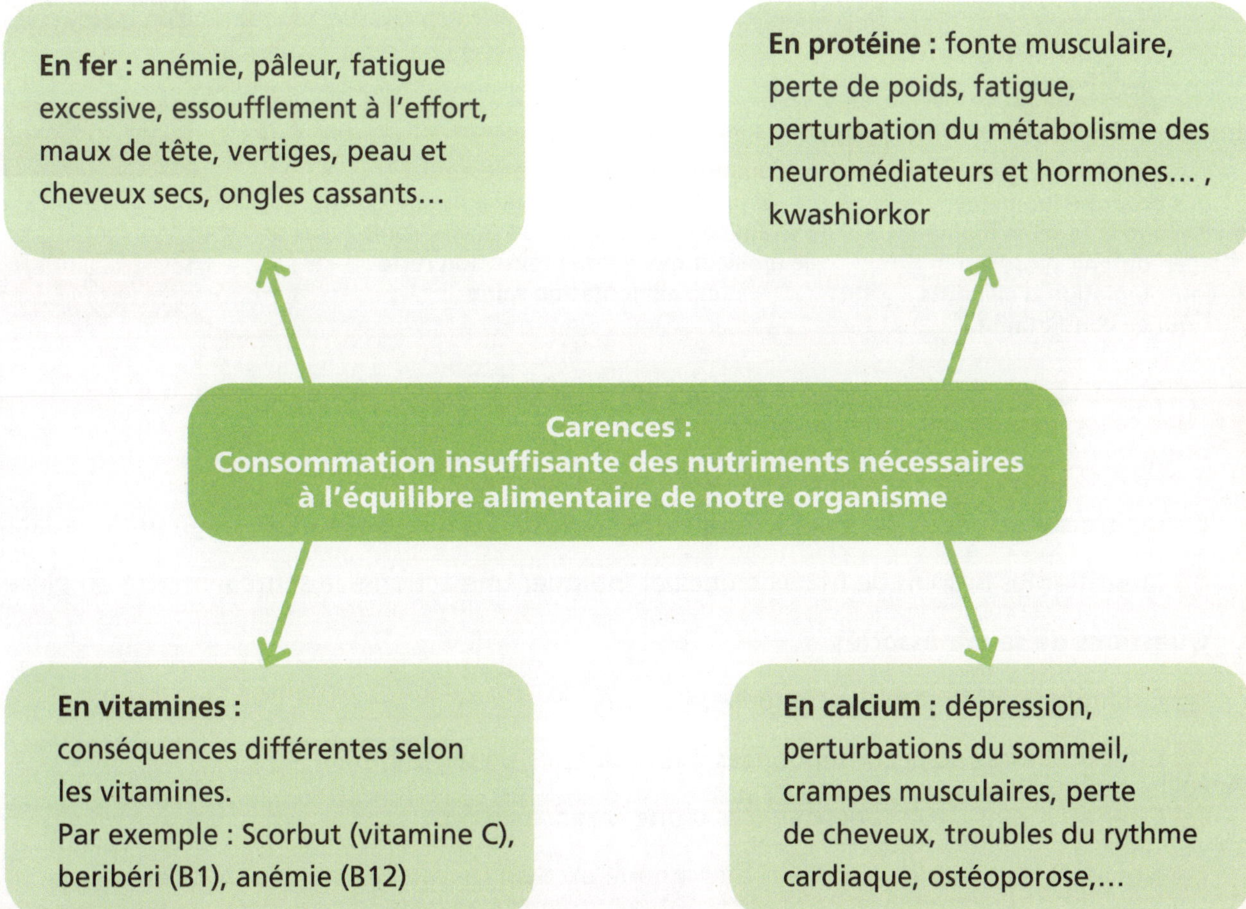

Analyse de situation

QCM
www.lienmini.fr/9664-qcm30-1

Situation professionnelle

Vous intervenez dans la structure d'aide à domicile « Domiaid ». Tous les jours vous aidez Mme Gimenez à son domicile. Lors de la toilette vous constatez qu'elle a maigri. En la questionnant, vous vous rendez compte qu'elle ne mange pas tous ses repas en entier. Elle souffre de carences.

Une maladie due à une carence en vitamine C

Une vitamine indispensable

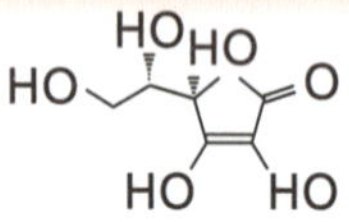

La **vitamine C**, ou **acide ascorbique**, maintient la **cohésion des tissus** dans l'organisme. **Sans elle, les tissus sont fragilisés, ce qui entraîne des problèmes de cicatrisation et des hémorragies**

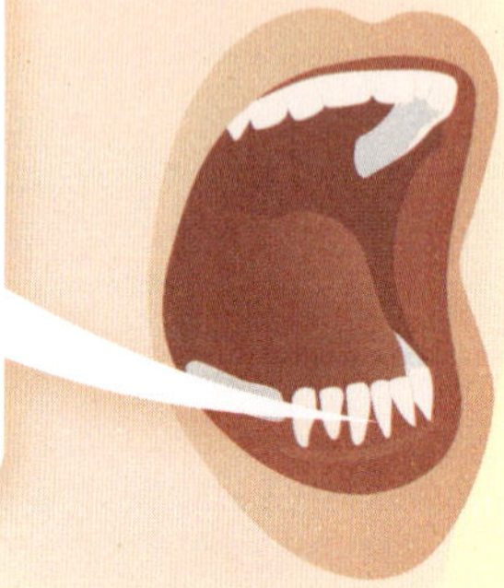

Le corps humain ne **pouvant pas produire lui-même de vitamine C**, la seule manière d'en obtenir passe par la **consommation d'aliments qui en contiennent.**

Comment soigne-t-on le scorbut ?
Si un **traitement médical** à base de **vitamine C** fait disparaître le syndrome, le meilleur moyen de prévention reste une **alimentation saine**.

Les principaux symptômes

- Déchaussement des dents
- Hémorragies des gencives
- Douleurs articulaires
- Fatigue
- Pertes de cheveux

Doc. 1 Une conséquence d'une carence en vitamine C

Répondre sur une feuille à part en respectant l'ordre des questions et en soignant la rédaction.

1. **Identifier** les besoins de Mme Gimenez et indiquer une action à la santé à mettre en place.

Questions de savoir associés.

2. **Expliquer** la carence nutritionnelle.
3. **Citer** au moins deux conséquences d'une carence en protéines.
4. **Citer** au moins deux conséquences d'une carence en fer.
5. **Nommer** les maladies associées au manque excessif de calcium et les expliquer.
6. **Citer** une conséquence d'une carence en vitamines A et C.

FICHE 137 ACTIVITÉS

Les besoins spécifiques des adolescents

COMPÉTENCES
- **C4.1** Analyser les besoins d'un public
- **C4.2** Concevoir une action d'éducation à la santé

Activité 1 Les besoins alimentaires des adolescents

OBJECTIFS : Indiquer et justifier les besoins et apports nutritionnels de l'adolescent • Énoncer les conséquences d'une alimentation non adaptée aux besoins de l'adolescent • Proposer une adaptation quantitative et qualitative aux besoins spécifiques des adolescents

L'adolescence représente une période de grands bouleversements : modification du corps, changements hormonaux, besoin accru d'indépendance et de reconnaissance par leurs pairs. Les habitudes alimentaires prises pendant l'enfance se retrouvent souvent modifiées. Les aliments préférés des adolescents sont souvent des aliments à forte densité énergétique comme les sodas, les glaces, les pâtisseries, les féculents en particulier les frites, les plats associant féculents et viandes comme dans les menus fast-food. En effet, les besoins énergétiques à cette période de la vie augmentent sous l'effet du développement pubertaire et donc logiquement les adolescents s'orientent plus facilement vers ce type d'aliments gras et/ou sucrés. Les besoins des filles et des garçons sont à l'image de leur développement respectif. En moyenne les filles voient leurs besoins augmentés fortement entre l'âge de dix et treize ans alors que ceux des garçons s'accroissent progressivement de treize à dix-huit ans. Leurs goûts respectifs changent également : les filles apprécient davantage les légumes et les garçons sont plus consommateurs de viande.

Bien que les adolescents aient des besoins nutritionnels élevés, il n'est pas nécessaire de mettre trop de pression sur le contenu de leur assiette : l'équilibre alimentaire peut se faire sur plusieurs jours et un repas fast-food ou une journée sans légumes ne sont pas préjudiciables pour leur santé. Un déséquilibre sur une longue période peut, par contre, avoir des conséquences plus importantes : carence, surpoids…

Doc. 1 Le comportement alimentaire spécifique des adolescents

1. **Souligner** les raisons d'une modification des habitudes alimentaires pendant l'adolescence.

2. **Retrouver** les besoins énergétiques pour un adolescent et les **comparer** à ceux des adultes.
▶ Annexe 3

....

....

....

....

3. **Indiquer** les constituants alimentaires dont les besoins augmentent à l'adolescence et **justifier**.
▶ Annexe 9

....

....

....

....

....

Activité 2 Les habitudes alimentaires des adolescents

OBJECTIFS : Énoncer les conséquences d'une alimentation non adaptée aux besoins de l'adolescent • Proposer une adaptation quantitative et qualitative aux besoins spécifiques des adolescents

On appelle « grignotage » la prise d'aliments en dehors des repas. Il peut être encouragé par des repas peu consistants, le stress, l'ennui, etc. Le grignotage répond à une sensation de faim qui n'est pas toujours fondée.

Lorsqu'on grignote, l'estomac travaille en permanence et il en prend l'habitude. Déréglé, il ne sait plus bien reconnaître la « vraie » sensation de faim. De plus, on a alors tendance à se jeter sur les distributeurs qui sont souvent remplis avec des aliments qui ne sont pas très intéressants nutritionnellement : pain au chocolat, gâteaux, bonbons, barres chocolatées, etc. [...]

Le souci avec les activités dites « sédentaires » (TV, ordinateur, console...), c'est que d'une part, on ne bouge pas trop, mais en plus, ça s'accompagne souvent de grignotage de produits sucrés ou gras et de consommation de boissons sucrées.

© www.mangerbouger.fr - DR

Doc. 2 Cocktail anti-santé « Canap'-TV-ordi-grignotage »

1. **Souligner** les raisons du grignotage chez les adolescents.
2. **Expliquer** pourquoi le grignotage favorise la prise de poids chez les adolescents.

....

....

....

Si tu as faim, fais un vrai goûter en rentrant du collège ou du lycée. C'est un moment de détente et de plaisir, profites-en. Et puis, cela te permettra d'attendre le dîner sans avoir envie de piocher dans le frigo ou les placards.

Si tu sors tard de cours, emporte un ou deux aliments dans ton sac, à choisir dans les groupes suivants : produits céréaliers, fruits, produits laitiers. Mais tu peux aussi t'offrir un gâteau de temps en temps.

« Oui, mais le goûter, c'est pour les bébés ! ». Détrompe-toi : en goûtant, tu coupes l'après-midi. Sinon tu vas passer presque huit heures sans manger jusqu'au dîner, presque autant qu'une nuit. Mais le goûter n'est pas obligatoire, fais selon ton appétit.

Source : solidarites-sante.gouv.fr

Doc. 3 Le goûter

3. **Justifier** l'intérêt d'un goûter pour un adolescent.

....

....

4. **Proposer** un goûter adapté à un adolescent.

....

....

5. NUMÉRIQUE Rédiger, à partir du site suivant, des conseils pour un adolescent qui a tout le temps envie de manger. Site : www.lienmini.fr/9664-site30-2

FICHE 138 BILAN

Les besoins nutritionnels des adolescents

Synthèse
www.lienmini.fr/9664-syn30-2

Adolescence
Croissance rapide
Modification du corps
Changements hormonaux
Besoin d'indépendance et de reconnaissance par les pairs

↓

Évolution des besoins alimentaires
↓
Augmentation des besoins énergétiques
Augmentation des besoins en fer, calcium, phosphore, protéines et vitamine D

Changement des habitudes alimentaires
↓
Augmentation de l'appétit
Appétence pour des aliments à forte densité énergétique
Augmentation du grignotage

Recommandations nutritionnelles

- Manger de tout en quantité raisonnable
- Faire 3 ou 4 repas par jour
- Goûter possible composé d'un ou deux aliments choisis dans les groupes alimentaires suivants : produits céréaliers, fruits et/ou produits laitiers

- Éviter le grignotage
- Matières grasses et produits sucrés : limiter la consommation

Analyse de situation

QCM
www.lienmini.fr/9664-qcm30-2

Situation professionnelle

Vous travaillez dans un centre de rééducation fonctionnelle qui reçoit de nombreux sportifs parfois mineurs suite à un traumatisme ou une opération chirurgicale.
Vous vous apercevez que quelques adolescentes sont souvent très fatiguées après les exercices physiques de rééducation. Le médecin vous informe que certaines sont végétariennes et présentent un déficit en fer.

Doc. 1 Les besoins en fer suivant l'âge

Doc. 2 Les aliments riches en fer

Répondre sur une feuille à part en respectant l'ordre des questions et en soignant la rédaction.

1. **Identifier** les besoins dans la situation professionnelle et indiquer une action d'éducation à la santé à mettre en place.

Questions de savoirs associés

2. **Rappeler** les besoins en fer des adolescentes et justifier.
3. **Proposer** des plats adaptés aux besoins des adolescents qui suivent un régime végétarien.
4. **Indiquer** les autres constituants alimentaires augmentés pendant l'adolescence et **justifier.**

FICHE 141 ACTIVITÉS

L'alimentation des adultes en fonction de leurs habitudes culturelles

COMPÉTENCES
- **C4.1** Analyser les besoins du public
- **C4.2** Concevoir une action d'éducation à la santé

Activité 1 L'alimentation végétarienne et végétalienne

OBJECTIFS : Proposer une adaptation qualitative aux personnes ayant une alimentation végétarienne ou végétalienne • Justifier les aliments choisis en raison des habitudes culturelles

Que ce soit par conviction personnelle ou par goût, de plus en plus de personnes deviennent végétariennes, c'est-à-dire qu'elles excluent la viande de leur alimentation.

Lorsqu'une personne consomme de façon occasionnelle de la viande ou du poisson, elle est dite flexitarienne. Les flexitariens le sont souvent pour des raisons de préservation de l'environnement ou dans le but de passer à une alimentation exclusivement végétarienne.

Les personnes qui, en plus d'exclure la viande, ne mangent aucun produit d'origine animale, c'est-à-dire, ni poisson, ni lait, ni œuf, etc. sont végétaliens.

Pour ces personnes qui n'ont peu ou pas d'apport en protéines animales, l'équivalence protidique devra être mise en place pour éviter des carences. Il leur est donc conseillé de veiller à consommer des protéines d'origines végétales principalement apportées par les groupes alimentaires des légumineuses et des féculents.

Concernant les enfants : l'alimentation végétalienne n'est pas conseillée, les professionnels indiquant des risques de carences et de retard de croissance.

Doc. 1 Quelle différence entre végétalien et végétarien ?

1 **Relier** le type d'alimentation à ses caractéristiques.

Alimentation	Caractéristiques
Végétarisme	Aucune consommation de viande
Végétalisme	Aucune consommation de produits issus d'un animal
Flexitarien	Consommation occasionnelle de viande

2 **Préciser** si une alimentation végétalienne est recommandée pour les enfants.

....

....

....

3 **Préciser** l'adaptation que doivent mettre en place les végétaliens pour avoir une alimentation équilibrée en **expliquant**.

....

....

....

4 **Rechercher** dans les annexes des aliments riches en protéines végétales.

....

....

....

	Midi	Soir
Entrée :	Surimi mayonnaise	Potagère de légumes
Plat et accompagnement :	Chipolatas grillées Petit pois aux carottes	Tortellini à la tomate Salade verte
Fromage et/ou dessert :	Fromage blanc aux cerises	Bleu d'Auvergne

Doc. 2 Menus de la clinique Amara

5 **Adapter** les menus suivants en fonction des situations puis **justifier.**

Situations	Adaptations et justifications
Mme Benhamou, 32 ans, est hospitalisée pour une opération du poignet droit. Elle a une alimentation végétarienne depuis 8 ans.	**Déjeuner :** .... **Dîner :** ....
M. Duhamel, 69 ans, est un fervent défenseur de la cause animale. Depuis ses 18 ans, il est végétalien. Récemment hospitalisé pour une opération aux yeux, il est anxieux pour ses repas.	**Déjeuner :** .... **Dîner :** ....

Activité 2 L'alimentation en fonction de sa culture ou religion

OBJECTIF : Proposer une adaptation qualitative aux personnes ayant une alimentation en corrélation avec leur religion ou culture

Chacun a le droit de pratiquer ses choix alimentaires que ce soit en fonction de ses convictions culturelles ou religieuses. Dans la mesure du possible, les établissements publics et privés s'efforcent de proposer des alternatives à la nourriture que ne consommeraient pas certains patients. En effet, il existe des restrictions alimentaires dans plusieurs cultures et/ou religions.

Religions	Exemple d'aliments interdits
Catholicisme	Pas de viande, ni d'aliment gras les vendredis
Islam	Pas de porc, de cheval La viande consommée doit être préparée selon les recommandations religieuses (halal)
Judaïsme	Pas de porc, de cheval, de lapin, de gibier, d'oiseaux ni certains poissons La viande consommée doit être préparée selon les recommandations religieuses (casher)
Hindouisme	En général végétarien. Pour ceux qui consomment de la viande, elle doit être casher ou halal. Pas de bœuf ni de porc. Les végétaux cultivés en milieu de matières impures sont interdits (poireau, ail, champignon…)
Bouddhisme	En général végétarien mais certains le sont uniquement les 4 jours sacrés de chaque mois.

Doc. 3 Savoir ce qui est autorisé dans l'alimentation selon les cultures ou religions

Vendredi 23 septembre 2022

Betterave en sauce

Filet mignon de Porc aux champignons et riz

Camembert

Salade de fruit

Doc. 4 Menu de l'EHPAD Les Mimosas

1 **Préciser** si le menu de jour de l'EHPAD peut être consommé dans les situations suivantes en **justifiant** puis **proposer** une adaptation quand cela est nécessaire.

Situations	Adaptations
Myriam pratique le catholicisme depuis plusieurs années	………………………………
Marie s'est convertie à l'islam l'an passé	………………………………
Aicha est juive tout comme sa famille	………………………………
Après un voyage à Bali, Agnès est devenue hindouiste	………………………………

Activité 3 L'alimentation responsable de son environnement

OBJECTIF : Justifier les aliments choisis en raison des habitudes culturelles ou convictions

Quand il s'agit d'acheter des aliments bons pour la santé ou la planète, éthiques, locaux ou protégeant les animaux, le consommateur est prêt à y mettre le prix. Mais attention à ne pas vous laisser abuser par des logos non reconnus ! Par exemple : le logo AB indique un mode de production excluant l'usage des produits chimiques de synthèse (produits phytosanitaires et engrais) et des OGM. Le label Pêche Durable MSC certifie une pêche plus respectueuse de l'environnement en garantissant la pérennité des stocks de poissons. Le Label made in France garantit l'origine et la traçabilité française des viandes.

En dehors des logos qui donnent des indications, il faut avoir du bon sens lors de ces achats. Par exemple préférer les aliments produits près de chez soi et de saison plutôt que d'acheter des aliments venant de l'autre bout de la planète ou encore ceux qui ont consommé beaucoup d'énergie pour leur pousse hors saison.

Source : quechoisir.org

Doc. 5 Des aliments bons pour la santé et la planète

Plus de 1900 espèces d'insectes sont actuellement utilisées comme nourriture dans le monde. Leur élevage a une faible empreinte environnementale et hydrique. Il suffit de 2 kg d'aliments pour produire 1 kg d'insecte, les déchets alimentaires pouvant, en plus, leur être donnés comme nourriture. Leur apport nutritionnel est très intéressant puisqu'ils apportent 45 à 75 % de leur masse en protéine, mais aussi des acides gras poly-insaturés, des minéraux : fer, zinc, cuivre, sélénium... Depuis 2021 une réglementation européenne indique les exigences à la vente de produits à base d'insectes.

Doc. 6 Manger autrement

2 Justifier le choix des aliments dans les situations suivantes.

Situations	Justifications
Marie préfère manger des fraises en été et des oranges en hiver.	....
Lola mange du poisson uniquement si le logo MSC est présent.	....
Iara a décidé de manger des insectes deux fois par semaine suite aux restrictions d'eau de cet été.	....
Lorea a un enfant de 8 mois à qui elle ne donne que des petits pots de légumes avec ce logo. Elle ne mange que des légumes bio.	....

3 NUMÉRIQUE Réaliser un calendrier avec au moins 5 fruits et légumes de saison par mois à partir du site suivant. Site : www.lienmini.fr/9664-site30-3

FICHE 142 BILAN

L'alimentation des adultes en fonction des habitudes culturelles

Synthèse
www.lienmini.fr/9664-syn30-4

Alimentation en fonction de ses convictions personnelles

végétarienne, flexitarienne, végétalienne

- végétarienne : exclut la viande
- flexitarienne : Consomme de façon occasionnelle de la viande et du poisson
- végétalienne : exclut tous les aliments d'origine animale

Alimentation en fonction de sa religion

Catholicisme : Pas de viande, ni d'aliment gras les vendredis

Islam : Pas de porc, de cheval. La viande consommée doit être préparée selon les recommandations religieuses

Judaïsme : Pas de porc ni de cheval. La viande consommée doit être préparée selon les recommandations religieuses

Hindouisme : En général végétarien. Pour ceux qui consomment de la viande, elle doit être casher ou halal. Pas de boeuf ni de porc. Les végétaux cultivés en milieu de matières impures sont interdits (poireau, ail, champignon...).

Alimentation respectueuse de l'environnement

- Alimentation locavore
- Remplacer la viande par des insectes
- Manger bio
- Aliments de saison
- Aliments abellisés

Analyse de situation

QCM
www.lienmini.fr/9664-qcm30-4

Situation professionnelle

Mme Amadou est âgée de 78 ans et vit dans sa maison. Jeune, elle a beaucoup voyagé et lors d'un séjour en Indonésie, elle a décidé de pratiquer l'hindouisme. Elle a toujours cultivé son potager mais n'a plus la force de le faire. Elle est soucieuse de son environnement et est végétarienne depuis ses 35 ans. En tant qu'aide à domicile, vous lui faites ses courses et l'aidez à préparer ses repas.

Option 1

ASSOCIATION D'UNE ALTERNATIVE VÉGÉTALE AVEC UNE GARNITURE

Composante protidique
Galette végétarienne, boulettes végétales… (à la place de la portion de viande ou de poisson)

+

Garniture
Légumes et/ou féculents

Option 2

ASSOCIATION DE DIVERSES SOURCES VÉGÉTALES

1/3 légumes secs
Pois chiches, haricots rouges et blancs, lentilles, fèves, petits pois…

+ 2/3 céréales
Riz, maïs, avoine, blé et dérivés (pâtes, boulgour…)

À COMPLÉTER POUR UN MENU ÉQUILIBRÉ PAR DES LÉGUMES, DES PRODUITS LAITIERS ET DES FRUITS

D'après une infographie www.terrazur.fr

Doc. 1 Mettre en place un menu végétarien

Répondre sur une feuille à part en respectant l'ordre des questions et en soignant la rédaction.

1. **Identifier** les besoins de Mme Amadou et **indiquer** une action d'éducation à la santé à mettre en place.

Questions de savoir associés

2. **Expliquer** la différence entre végétarien et végétalien.
3. **Rappeler** les rôles des protéines.
4. **Lister** les aliments que Mme Amadou ne peut pas consommer.
5. **Nommer** des aliments pouvant les remplacer dans son alimentation.

FICHE 143 ACTIVITÉS

L'éducation alimentaire et la prévention de l'obésité

COMPÉTENCES
- **C4.1** Analyser les besoins d'un public
- **C4.3** Concevoir une action d'éducation à la santé

Activité 1 Les enjeux de l'éducation alimentaire

OBJECTIF : Justifier l'intérêt de l'éducation alimentaire

Elle concerne tout le monde et plus particulièrement les enfants scolarisés de la maternelle au lycée. L'éducation à l'alimentation et au goût prend en compte 4 dimensions :

nutritionnelle : l'équilibre alimentaire est indispensable à une bonne santé.

sensorielle : l'éducation au goût c'est-à-dire les préférences alimentaires jouent un rôle sur la régulation de la prise alimentaire pendant et après le repas.

environnementale et écologique : les comportements alimentaires engagent des impacts sur l'environnement.

patrimoniale et culturelle : l'alimentation constitue un patrimoine vivant, une culture commune faite de partage et d'échanges.

Doc. 1 L'éducation alimentaire et au goût

1 Pour chaque situation, **nommer** la dimension de l'éducation alimentaire concernée puis la **relier** à sa justification.

Situations	Dimensions	Justifications
Le professeur des écoles explique aux enfants que le logo Nutri-Score (NUTRI-SCORE A B C D E) renseigne sur la qualité nutritionnelle des aliments (A étant la meilleure)	.... •	• Lutter contre les néophobies alimentaires (rejet d'aliments nouveaux)
En PSE, les élèves apprennent que l'empreinte carbone pour le transport d'1 kg de fruit est de 21,9 kg de CO_2 rejeté pour l'avion, de 1,3 kg pour le bateau ou le camion et de 0,3 kg pour la production locale	.... •	• Découvrir des pratiques culinaires différentes
À la cantine, une balance pesant le pain qui n'a pas été consommé a été installée.	.... •	• Pour prévenir le surpoids et l'obésité
La classe de 2ASSP compare les recettes des crêpes proposées par différentes élèves de la classe : la recette traditionnelle de Julie, la recette « mille trous » (baghrirs) de Layla.	.... •	• Avoir une attitude écoresponsable, de développement durable
À la cantine, l'ATSEM demande à Léo de goûter les fallafels qu'il n'a jamais mangés.	.... •	• Lutter contre le gaspillage alimentaire

Activité 2 Le surpoids et l'obésité et leur prévention

OBJECTIF : Différencier surpoids et obésité en se basant sur l'IMC en proposant des moyens de prévention dans une situation donnée

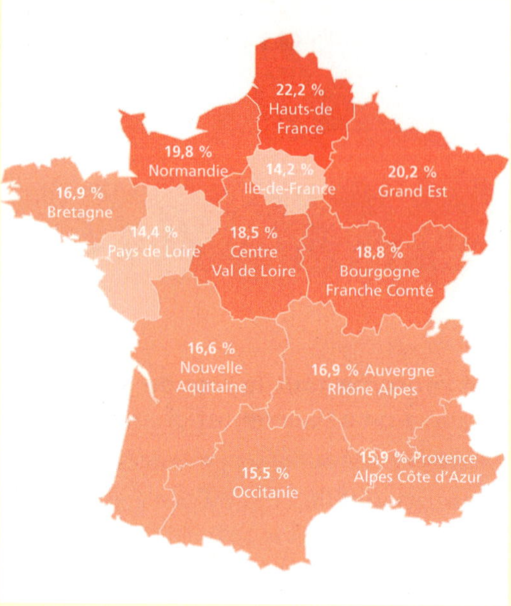

Le surpoids et l'obésité sont dus à une accumulation anormale et excessive de graisse corporelle.
Plusieurs facteurs peuvent expliquer l'obésité :
– des facteurs génétiques ou hormonaux ;
– des facteurs environnementaux et des comportements individuels : accessibilité et consommation en excès d'aliments riches en gras, en sel et sucre, très caloriques et peu nutritifs ;
– un manque d'activité physique et trop de temps passé devant la télévision ou l'ordinateur.

Quelles sont les conséquences ?

Une personne en surpoids présente un risque plus élevé de développer : une maladie cardiovasculaire (hypertension artérielle, taux anormalement élevé de graisses dans le sang, infarctus du myocarde...) ; un diabète de type 2 ; des problèmes articulaires ; des fuites urinaires ; des cancers. En plus des complications physiques s'ajoutent des problèmes psychologiques de mal-être.

La probabilité qu'un enfant obèse le reste à l'âge adulte varie selon les études de 20 % à 50 % avant la puberté et de 50 % à 70 % après la puberté, d'où l'importance de mettre en place des solutions dès le plus jeune âge dont l'éducation alimentaire.

Doc. 2 Surpoids et obésité

1. **Définir** surpoids et obésité.

....

2. **Indiquer** l'importance du dépistage du surpoids et de l'obésité chez l'enfant et l'adolescent.

....

....

....

3. **Nommer** les facteurs qui conduisent au surpoids.

....

....

....

4. **Indiquer** les conséquences du surpoids et de l'obésité.

....

....

....

....

....

....

....

L'IMC se définit comme l'Indice de Masse Corporelle ou de corpulence. Il rend compte de la corpulence de l'individu et il est un des critères de diagnostic et de pronostic de l'excès de poids chez l'enfant. Il se calcule suivant la formule :

IMC = poids (kg) / taille^2 (m)

La valeur obtenue est reportée sur les courbes de corpulence de référence pour permettre de situer la corpulence d'un enfant selon l'âge et le sexe.

Signes d'alerte à repérer :
- un rebond d'adiposité précoce (avant l'âge 6 ans) ;
- une ascension continue de la courbe IMC depuis la naissance ;
- un changement de courbe vers le haut.

Doc. 3 L'IMC, un outil de dépistage

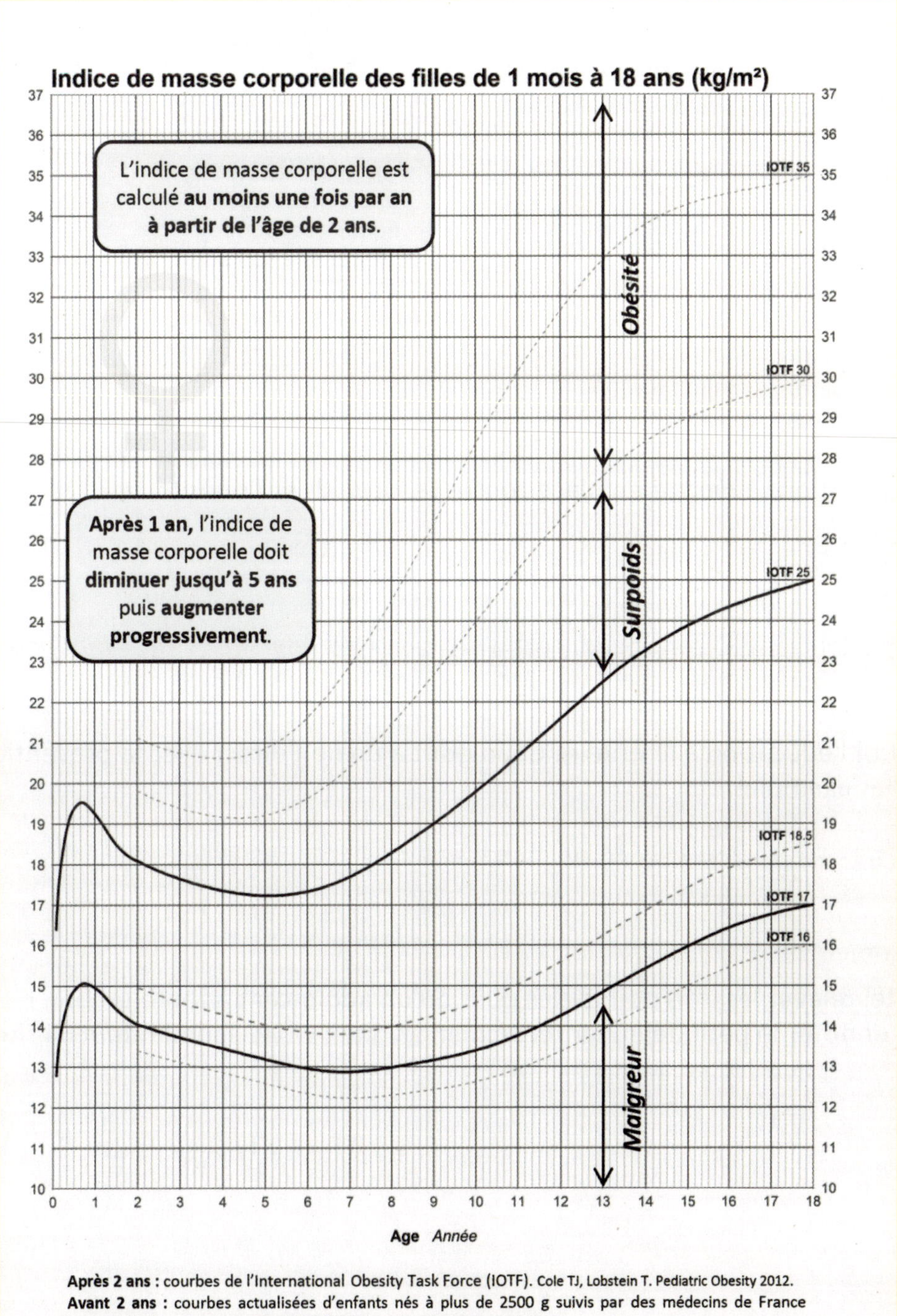

Après 2 ans : courbes de l'International Obesity Task Force (IOTF). Cole TJ, Lobstein T. Pediatric Obesity 2012.
Avant 2 ans : courbes actualisées d'enfants nés à plus de 2500 g suivis par des médecins de France métropolitaine. Courbes AFPA – CRESS/INSERM – CompuGroup Medical, 2018.

Doc. 4 Courbes de référence des IMC chez la fille de 1 mois à 18 ans

5 **Indiquer** les deux autres facteurs à prendre en compte pour définir la corpulence d'un enfant ou d'un adolescent.

....

6 **Souligner** les signes permettant de repérer une éventuelle obésité (**doc. 3**).

7 **Calculer** l'IMC d'une jeune fille de 15 ans mesurant 1 m 60 et pesant 70 kg. **Reporter** cette donnée sur la courbe de corpulence et **conclure.**

....

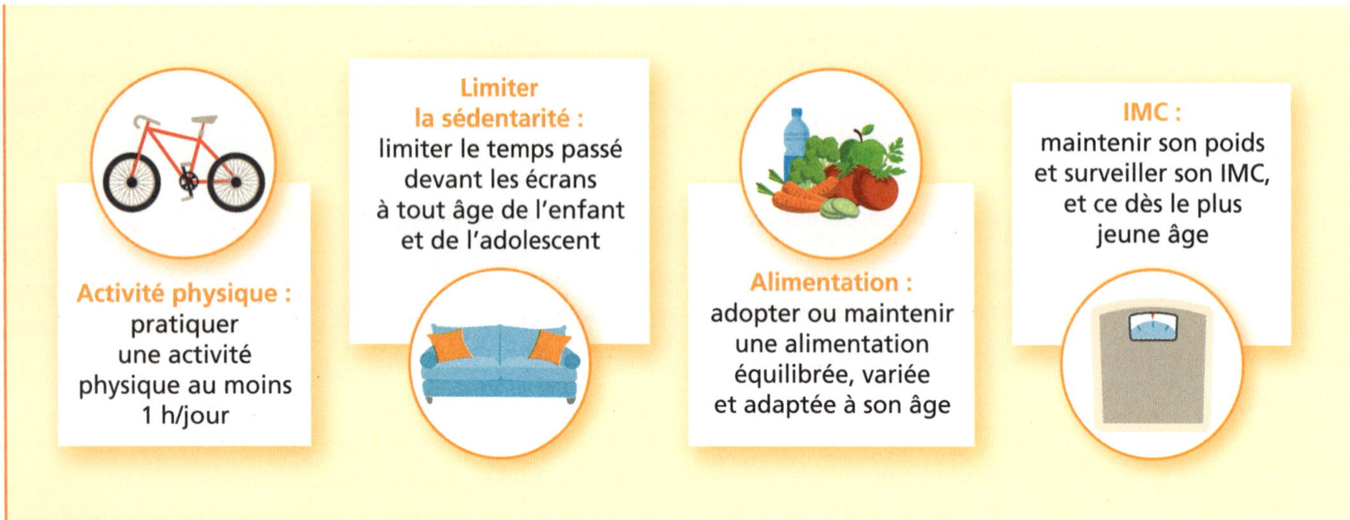

Doc. 5 **Prévenir le surpoids et l'obésité**

8 **Lister** les 4 préventions à mettre en place contre le surpoids et l'obésité

....

....

....

....

9 **Préciser** en quoi l'éducation alimentaire et au goût a un lien direct avec la prévention de l'obésité, en donnant des exemples.

....

....

....

10 À partir du site, **relever** les trois points-clés pour qu'un adolescent adopte un bon rythme alimentaire au quotidien et **noter** le petit déjeuner recommandé. Site : www.lienmini.fr/9664-site31-1

....

....

....

....

....

11 NUMÉRIQUE Rechercher les pièges de l'alimentation pour un adolescent.
Site : www.lienmini.fr/9664-site-31-2

FICHE 144 BILAN

Éducation alimentaire et au goût et prévention de l'obésité

Synthèse
www.lienmini.fr/9664-syn31-1

Éducation alimentaire et au goût

4 dimensions : **nutritionnelle – sensorielle – environnementale et écologique - patrimoniale et culturelle**
Pour :
Lutter contre les néophobies alimentaires - Découvrir des pratiques culinaires différentes
Prévenir le surpoids et l'obésité - Avoir une attitude écoresponsable, de développement durable - Lutter contre le gaspillage alimentaire

Surpoids et obésité sont dus à une accumulation anormale et excessive de graisse corporelle

Les causes du surpoids
- Facteurs génétiques ou hormonaux
- Consommation de produits gras et sucrés
- Manque d'activité physique et activités sédentaires

Conséquences
Maladies cardiovasculaires ; diabète de type2 ; problèmes articulaires, fuites urinaires, cancers, problèmes psychologiques de mal-être

Les mesures de prévention
- Surveiller l'IMC dès le plus jeune âge
- Manger équilibré, varié et adapté à son âge
- Pratiquer une activité physique régulière
- Limiter la sédentarité

Outil de dépistage
- IMC (poids/taille^2)
- Courbes de références qui prennent en compte l'âge et le sexe de l'enfant.

Obésité possible si :
Rebond d'adiposité, ascension continue de la courbe IMC, changement de courbe vers le haut

Analyse de situation

QCM
www.lienmini.fr/9664-qcm31-1

Situation professionnelle

Vous êtes en PFMP dans la clinique Princess où sont prises en charge les personnes souffrant de surpoids ou d'obésité. Demain, vous accueillerez un groupe de jeunes âgés de 12 à 15 ans pour un atelier. Votre tutrice vous demande de proposer plusieurs ateliers différents.

Doc. 1 Comment est calculé le nutri-score

Source : www.mangerbouger.fr/
Santé publique France

Doc. 2 La fabrique à menu

Répondre sur une feuille à part en respectant l'ordre des questions et en soignant la rédaction.

1. **Identifier** les besoins dans la situation et **indiquer** une action d'éducation à la santé à mettre en place.

Questions de savoirs associés

2. **Citer** deux dimensions de l'éducation alimentaire.
3. **Citer** deux rôles de l'éducation alimentaire.
4. **Nommer** un outil permettant de déceler un surpoids ou une obésité.
5. **Expliquer** l'importance de prévenir l'obésité dès le plus jeune âge.
6. **Citer** quatre préventions contre l'obésité.

FICHE 145

ACTIVITÉS

Les troubles du comportement alimentaire

COMPÉTENCES
- **C4.1** Analyser les besoins d'unpublic
- **C4.2** Concevoir une action d'éducation à la santé

Activité 1 Les obstacles à l'alimentation

OBJECTIFS : Expliquer les obstacles physiologiques, socio-économiques, psychosociaux à l'alimentation

Une alimentation insuffisamment riche en énergie, en protéines et en nutriments pour couvrir ses besoins peut entraîner un amaigrissement. Cette perte de poids, si elle est trop importante, peut provoquer un état de dénutrition avec des conséquences sur la santé.

Quelles sont les situations qui peuvent faire obstacle à une alimentation de qualité ?

– la perte de l'envie de manger liée à un isolement social, une entrée en maison de retraite ou une hospitalisation ;
– une alimentation insuffisante due à des difficultés financières ou à des difficultés de mobilité ou un handicap ;
– un régime alimentaire restrictif, soit volontaire (régime amaigrissant), soit imposé (alimentation thérapeutique sans sel, sans résidu…) ;
– des troubles psychologiques ou cognitifs conduisant à réduire son alimentation : anorexie mentale, addiction à des substances non médicamenteuses (surtout chez les jeunes), dépression, maladie d'Alzheimer ;
– une perte d'appétit due à des douleurs prolongées, à une maladie chronique (cirrhose, cancers, BPCO (bronchopathie chronique et obstructive), insuffisance rénale, mucoviscidose par ex) ou à un alcoolisme ;
– un traitement : la prise de médicaments (chimiothérapie anticancéreuse, neuroleptiques…)

Source : www.ameli.fr

Doc. 1 Les obstacles à l'alimentation

1 **Classer** dans le tableau ci-dessous les facteurs obstacles à l'alimentation soulignés dans le **doc. 1**.

Facteurs physiologiques	Facteurs socio-économiques	Facteurs psychosociaux
………………	………………	………………
………………	………………	………………
………………	………………	………………
………………	………………	………………
………………	………………	………………
………………	………………	………………

2 **Citer** quatre troubles psychologiques ou cognitifs qui peuvent faire obstacle à l'alimentation.

…………………………………………………………

…………………………………………………………

…………………………………………………………

Activité 2 La dénutrition

OBJECTIFS : Définir la dénutrition et présenter les signes des états de dénutrition

On est dénutri quand on ne mange pas assez par rapport à ses besoins, parfois même sans s'en rendre compte. On perd du poids, des muscles et de la force. Sont plus particulièrement touchées les personnes hospitalisées, celles présentant une perte d'autonomie, souffrant d'une maladie chronique, d'un cancer, d'une maladie aiguë grave ou d'un Covid long.
Les personnes en surpoids ou obèses peuvent être dénutries lorsqu'elles ont perdu du muscle.

La dénutrition concerne tous les âges : enfants, adultes et personnes âgées.
– **Une personne âgée** qui n'a plus la force ou l'envie de faire les courses et la cuisine.
– **Un malade traité pour un cancer** qui a perdu l'appétit ou qui a des nausées.
– **Un enfant** qui ne grossit pas et ne grandit plus.
– **Une personne qui a du mal à mâcher ou à avaler.**

Points d'alertes chez la personne adulte :
– un réfrigérateur vide ou des restes qui s'accumulent ;
– la prise de moins de trois repas par jour et/ou une assiette non terminée ;
– la perte récente de 3 kg ou plus ;
– des vêtements qui « flottent » ou des crans de ceinture resserrés.

Source : ameli.fr

Doc. 2 La dénutrition : qu'est-ce que c'est ?

1 **Associer** chaque terme à sa définition.

Malnutrition •	• On ne mange pas assez par rapport à ses besoins
Dénutrition •	• On mange peu diversifié et souvent trop riche par rapport à ses besoins

2 **Indiquer** les personnes concernées par la dénutrition.

....

....

....

3 **Donner** trois raisons qui peuvent expliquer l'apparition de la dénutrition.

....

....

....

4 **Retrouver** les signaux d'alerte d'une possible dénutrition.

....

....

....

Activité 3 Les conséquences de la dénutrition chez la personne âgée

OBJECTIFS : Présenter les conséquences des états de dénutrition

La dénutrition a pour conséquence un affaiblissement global du corps et un déficit immunitaire avec :

– un risque d'infection plus élevé, notamment le risque d'infection nosocomiale est beaucoup plus élevé pour les personnes hospitalisées souffrant de dénutrition ;

– une altération des différentes fonctions physiologiques essentielles : musculaire, immunitaire, cicatrisation ;

– une fonte de la masse musculaire. Les muscles ne sont pas suffisamment alimentés en nutriments protéino-énergétiques et s'affaiblissent. Un état de faiblesse physique générale apparaît, ce qui conduit à des troubles de l'équilibre et dans certains cas à des chutes.

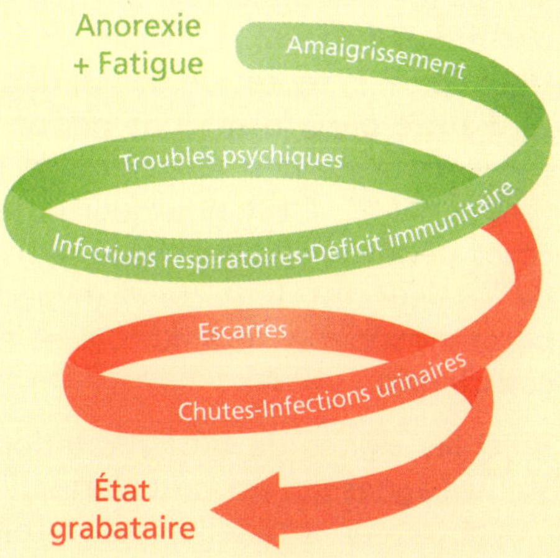

Cet état de faiblesse peut conduire rapidement à une situation de perte d'autonomie pour les gestes de la vie quotidienne. Cette perte d'autonomie est elle-même à l'origine de chutes, d'une altération de la qualité de vie qui aggrave la dénutrition déjà présente. C'est un cercle vicieux qui s'installe.

©CNSA, pour-les-personnes-agees.gouv.fr

Doc. 3 Quelles sont les conséquences de la dénutrition chez les personnes âgées ?

1 **Expliquer** pourquoi les personnes âgées sont particulièrement exposées au problème de la dénutrition.

....

....

....

....

2 **Indiquer** les conséquences de la dénutrition sur le système immunitaire.

....

....

....

3 **Expliquer** la fonte musculaire provoquée par la dénutrition et ses conséquences.

....

....

....

4 **Donner** les conséquences d'un état de dénutrition prolongé chez la personne âgée.

....

....

....

5 NUMÉRIQUE À partir du site, rédiger des conseils pour éviter la dénutrition des personnes âgées au domicile. Site : www.lienmini.fr/9664-site31-3

Activité 4 La déshydratation chez la personne âgée

OBJECTIFS : Présenter les signes et les conséquences de la déshydratation

Les personnes âgées de plus de 65 ans sont les personnes les plus à risques de déshydratation. D'une part, la sensation de soif diminue avec l'âge et d'autre part, lorsqu'une personne est âgée, le corps transpire peu et a donc du mal à se maintenir à 37 °C. C'est pourquoi la température du corps peut alors augmenter : le risque d'un coup de chaleur est important (hyperthermie : température supérieure à 40 °C avec altération de la conscience).

Voici les signes de déshydratation chez les personnes âgées qui doivent alerter :

– hypotension artérielle, tachycardie ;
– diminution de la production d'urines, urines foncées (possibilité pour les aidants de vérifier les protections ou les poches à urines), constipation ;
– soif importante : ce signe n'est pas toujours présent, car la sensation de soif diminue chez les personnes âgées, sécheresse de la langue et des lèvres ;
– confusion, trouble de l'humeur, agitation, diminution de la vigilance, somnolence jusqu'au coma, céphalées ;
– fatigue, chute, voire chutes à répétition ;
– perte de poids, fièvre.

©CNSA, pour-les-personnes-agees.gouv.fr

Doc. 4 Déshydratation : les personnes âgées les plus à risques

1 **Indiquer** les besoins en eau d'une personne âgée. ▶ Annexe 3

....

2 **Expliquer** pourquoi les risques de déshydratation sont plus importants chez une personne âgée en particulier lors des fortes chaleurs.

....

....

3 **Donner** trois signes observables de la déshydratation qui doivent alerter.

....

....

....

Buvez de petites quantités, tout au long de la journée. Pensez également à varier les plaisirs. D'autres boissons que l'eau nature peuvent participer à couvrir vos besoins :

– **l'eau aromatisée** aux fruits ;
– **le thé, le café, la chicorée, la tisane ;**
– **le lait**, nature ou aromatisé. En plus de vous hydrater, il vous apporte du calcium.
– **les jus de fruits** : pressés à la maison ou en bouteille, ils vous apportent aussi des vitamines. Préférez les produits 100 % pur jus sans sucres ajoutés.
– **les potages, les soupes et les bouillons de légumes**, qui ont le mérite de vous faire consommer des légumes.

Gardez toujours une bouteille ou une carafe d'eau avec un verre à proximité de vous. Si vous devez vous absenter, pensez à emporter avec vous une petite bouteille d'eau.

Source : www.mangerbouger.fr

Doc. 5 Comment boire davantage ?

4 **Proposer** des solutions pour faire boire une personne âgée qui ne veut pas d'eau plate.

....

....

....

Activité 5 Les troubles du comportement alimentaire

OBJECTIFS : Caractériser les troubles du comportement alimentaire (anorexie, boulimie)

Un trouble du comportement alimentaire peut être défini comme une perturbation de la relation à l'alimentation avec des conséquences physiques, psychologiques et sur la vie sociale. Ces troubles surviennent principalement chez les adolescentes ou jeunes femmes, mais peuvent également survenir chez les personnes de sexe masculin ou chez les enfants proches de la puberté.

Parmi les TCA : on peut citer l'anorexie mentale, la boulimie et l'hyperphagie boulimique. **L'anorexie mentale** toucherait 70 000 adolescentes et jeunes entre 15 et 25 ans. Elle débute le plus souvent après la puberté et se traduit par une crainte obsessionnelle de prendre du poids. Cela passe par une restriction alimentaire et dans certains cas par des vomissements provoqués, associés à une hyperactivité physique conduisant à un apport nutritionnel insuffisant, à un amaigrissement important pouvant entraîner une dénutrition.

La boulimie est définie par la survenue de crises d'ingestion incontrôlée, massive et rapide de grandes quantités de nourriture, associée à des vomissements provoqués, à une prise de laxatifs ou diurétiques pour éviter la prise de poids.

L'hyperphagie boulimique se définit par des crises d'hyperphagie impulsives comme dans la boulimie sans comportements compensatoires (vomissements ou prises de médicaments).

Les origines des **TCA** sont souvent mal connues et sont souvent multifactorielles. **La boulimie et l'anorexie** peuvent se déclencher sur des sujets prédisposés (vulnérabilité individuelle), à la faveur d'évènements déclenchants (adolescence, traumatismes, évènements de vie difficiles) et entretenus par des sentiments de contrôle sur soi.

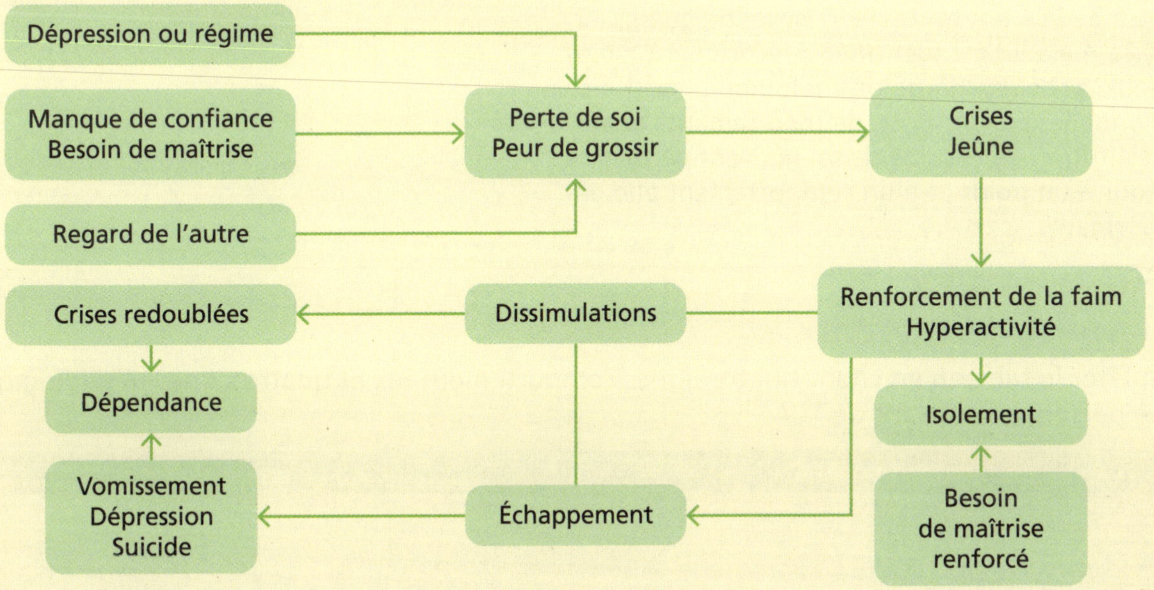

Doc. 6 Les troubles du comportement alimentaire (TCA)

1 **Souligner** la définition de trouble du comportement alimentaire (TCA).

2 **Citer** les différents TCA connus.

....

....

....

3 **Indiquer** les personnes le plus souvent concernées par les TCA

....

....

4 **Repérer** les caractéristiques de la boulimie et/ou de l'anorexie en les cochant dans le tableau.

Caractéristiques	Anorexie	Boulimie
Crainte obsessionnelle de prendre du poids		
Restriction alimentaire volontaire		
Hyperactivité physique		
Vomissements provoqués		
Crises d'ingestion impulsive de grandes quantités d'aliments		

Quels sont les signes d'un TCA ?
- Mensonge sur l'alimentation.
- Refus de manger devant les autres.
- Obsession de son poids en particulier pour l'anorexie.
- Isolement social.
- Faiblesse extrême.
- Ongles et cheveux cassants, peau sèche, sensation de froid.
- Un visage bouffi (du fait du gonflement des glandes salivaires) ou abrasion des doigts dans le cas de la boulimie.

Même si ce trouble est complexe, les personnes atteintes de TCA ont toutes les chances de guérir, surtout si la maladie est identifiée précocement. Soins médicaux, prise en charge psychologique, assistance nutritionnelle, parfois prise de médicaments et surtout restitution de l'estime de soi peuvent permettre un retour à un poids et à un comportement alimentaire normaux.

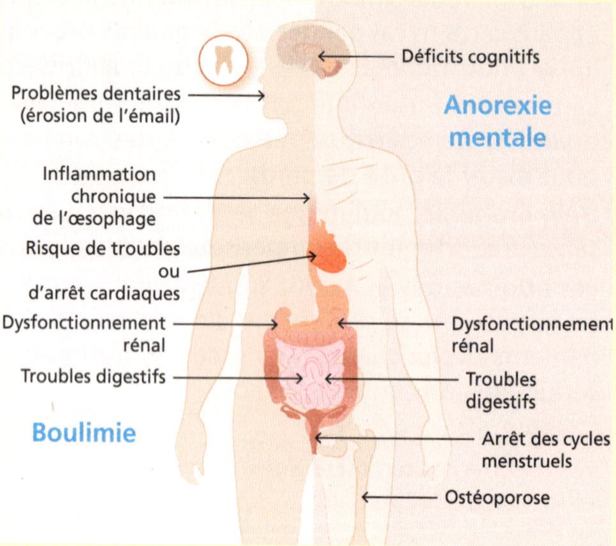

Doc. 7 Reconnaître les TCA

5 **Compléter** le tableau en citant quatre signes comportementaux et quatre signes physiologiques d'une personne souffrant de TCA.

Comportementaux	Physiologiques
....	....
....	....
....	....
....	....
....	....
....	....

6 **Proposer** des solutions pour prendre en charge les TCA.

....

....

....

....

Les troubles du comportement alimentaire

Synthèse
www.lienmini.fr/9664-syn31-2

Les obstacles à l'alimentation

Facteurs socio-économiques
Difficultés financières

Facteurs physiologiques
- Maladies chroniques
- Difficulté de mobilité, à avaler ou à mâcher
- Régime alimentaire volontaire ou imposé (alimentation thérapeutique)
- Prise de médicaments
- Traitement (cancer)

Facteurs psycho-sociaux
- Isolement social
- Troubles cognitifs (maladie d'Alzheimer)
- Troubles du comportement alimentaire (TCA)

Peut conduire

Dénutrition
Apport insuffisant par rapport aux besoins

Déshydratation
Signes : urines plus foncées, sécheresse de la peau, perte de poids

Altération de l'état général
- Risque d'infections plus élevé
- Faiblesse physique
- Chute
- Perte autonomie
- Dégradation de la qualité de vie

Peut conduire

Anorexie = Crainte obsessionnelle de prendre du poids

Signes spécifiques de l'anorexie
Amaigrissement
Arrêt des menstruations pour les filles
Ongles et cheveux cassants, peau sèche, sensation de froid

Boulimie = Consommation excessive de nourriture puis élimination par vomissements.

Signes spécifiques de la boulimie
Érosion de l'émail dentaire (vomissements)
Visage bouffi (gonflement des glandes salivaires)

Signes alertes
- Perte de l'estime de soi
- Isolement social
- Faiblesse physique
- État dépressif/ suicide

Que faire ?

- Prise en charge psychologique
- Soins médicaux avec prise de traitement (dans certains cas)
- Mise en place d'une éducation alimentaire

Analyse de situation

QCM
www.lienmini.fr/9664-qcm31-2

Situation professionnelle

Vous intervenez dans une clinique de soins de suites et de réadaptation. Vous remarquez qu'une adolescente sélectionne les aliments dans son assiette et mange très peu lors des repas servis en restauration collective. Elle a perdu du poids, elle n'a plus ses règles, elle a souvent froid et elle s'isole de plus en plus…

Doc. 1 Les troubles du comportement alimentaires

Répondre sur une feuille à part en respectant l'ordre des questions et en soignant la rédaction.

1. **Identifier** les besoins dans la situation et indiquer une action d'éducation à la santé à mettre en place.

Questions de savoir associés

2. **Définir** TCA ou trouble du comportement alimentaire.
3. **Nommer** les TCA qui touchent les adolescents.
4. **Indiquer** quatre signes comportementaux et physiologiques des TCA.
5. **Définir** la dénutrition et citer les conséquences chez une personne âgée.
6. **Expliquer** pourquoi une personne dénutrie peut également souffrir de déshydratation.

ANNEXE 1 Le vocabulaire de nutrition

• **Valeurs nutritionnelles de référence (VNR)**

Ce sont l'ensemble des valeurs alimentaires qui couvrent les besoins moyens, la référence nutritionnelle pour la population, l'apport satisfaisant et l'intervalle de référence pour les macro-éléments.

Ces valeurs guident les professionnels quant aux quantités de nutriments nécessaires pour maintenir l'équilibre alimentaire d'une personne ou d'un groupe de personnes.

• **Besoin nutritionnel moyen (BNM)**

C'est l'énergie quotidienne dont a besoin un individu pour couvrir les dépenses énergétiques. Ce besoin se mesure en kilojoule ou en kilocalorie.

• **Référence nutritionnelle pour la population (RNP)**

Ce sont les apports quotidiens, en nutriments, qui couvrent le besoin de presque toute la population considérée.

• **Apport satisfaisant (AS)**

C'est l'apport quotidien moyen d'une population ou d'un sous-groupe pour lequel le statut nutritionnel est jugé satisfaisant. L'AS est la référence nutritionnelle retenue dès lors que le BNM et donc la RNP ne peuvent pas être estimés, faute de données suffisantes.

• **Limite supérieure de sécurité (LSS)**

C'est l'apport journalier chronique maximal d'une vitamine ou d'un minéral qu'il ne faut pas dépasser.

• **Intervalle de référence (IR)**

C'est une valeur spécifiquement définie pour les macronutriments énergétiques. Elle est exprimée en pourcentage de l'apport énergétique total. Les IR représentent les intervalles d'apports considérés comme satisfaisants pour le maintien de la population en bonne santé.

ANNEXE 2 Les groupes alimentaires

Groupe alimentaire	Sous-groupes établis	Exemples d'aliments
Fruits et légumes	Fruits frais	Pommes, bananes, oranges
	Fruits secs	Abricots secs, pruneaux
	Fruits transformés	Compotes, fruits au sirop
	Légumes	Courgettes, carottes, tomates, haricots verts, maïs, petits pois
	Oléagineux	Amandes, noix
Féculents	Pain et produits de panification complets	Pain et biscottes complets
	Pain et produits de panification raffinés	Pain et biscottes blancs
	Produits à base d'amidon, transformés sucrés/gras	Céréales de petits déjeuners
	Produits à base d'amidon, transformés salés/gras	Frites, biscuits apéritifs
	Autres féculents complets	Riz complet, blé complet
	Autres féculents raffinés	Riz, pâtes, pommes de terre bouillies
Légumineuses	Légumineuses	Lentilles, pois chiches, fèves
Viandes et charcuteries, produits de la pêche, œufs (VPO)	Charcuterie	Saucisse, jambon, pâtés
	Œufs	Œufs
	Poissons gras	Saumon, maquereau, sardine, hareng
	Autres poissons, mollusques et crustacés	Cabillaud, bar, dorade, moules, crevettes
	Viande hors volaille	Bœuf, veau, porc, mouton, agneau, cheval, abats, gibier
	Volaille	Poulet, canard
Lait et produits laitiers	Desserts sucrés lactés	Crème dessert, crèmes glacées
	Fromages	Fromages à pâte molle, pressée
	Lait	Lait demi-écrémé, entier
	Produits laitiers frais nature	Yaourts nature, fromage blanc
	Produits laitiers frais sucrés	Yaourts sucrés
Matières grasses ajoutées	Beurre et beurre allégés	Beurre
	Huiles végétales riches en acide alpha linoléique	Huile de colza, de noix
	Huiles végétales riches en acide alpha linolénique et margarines	Huile de tournesol, d'olive
	Sauces, crèmes fraîches et condiments	Mayonnaise, ketchup, crème fraîche
Produits sucrés ou sucrés et gras	Produits sucrés ou sucrés et gras	Confiture, viennoiseries biscuits, pâtisseries
Eau	Eau de boisson	Eau
Boissons sucrées	Boisson sucrés type soda	Sodas, limonade
	Jus de fruits	Jus d'orange
Sel	Sel	Sel

ANNEXE 3 Les valeurs nutritionnelles de référence

	Enfants			Adolescents		Adultes		Personnes âgées	
	1 an	3 ans	4-6 ans	Garçon	Fille	Homme	Femme	Homme	Femme
Énergie (kJ) BNM	1 630	4 745	6 145	11813	9 518	10868	8 778	9 647	8 224
Énergie (kcal)	390	1 135	1 470	2 826	2 253	2 600	2 100	2 308	1 967
Protéines (g) RNP	6-14	17-42	22-58	70-140	55-110	85-115	50-100	85-115	50-100
(g/kg/jour)	0,97	0,97	0,69-0,85	0,87	0,84	0,83	0,83	1	0,83
Lipides (g) IR	19-21	56-62	24-81	110-125	100-115	65-90	80-90	65-90	55-90
Glucides (g) IR	40-50	112-140	145-180	280-350	255-320	255-340	200-260	255-340	220-300
Fibres (g) AS	10	10	14	21	26	30	30	25 - 30	25 à 30
Eau (L) AS Boisson + eau des aliments	1,1	1,3	1,6	2,5	2	2,5	2	2,5	2
Vitamines AS									
C (mg)	20	15	30	85-100	85-100	90-110	90-110	110	110
D (µg)	15-50	15	15-50	15-100	15-100	15-100	15-100	15	15
Minéraux (mg) LSS									
Calcium (mg)	390-450	390	800	960-1 150	960-1 150	750-950	750-950	950	950
Phosphore (mg)	250	250	440	640	640	550	550	2,5	2
Sodium (mg)	800-1 200	1 100	1 000- 1 500	1 500- 2 300	1 500- 2 300	1 500- 2 300	1 500- 2 300	1 500- 2 300	1 500- 2 300
Fer (mg)	4	5	7	11	11	11	11-16	11	11

Les données correspondent à la majorité des populations en bonne santé, avec une activité physique moyenne. BNM : besoin nutritionnel moyen – AS : Apport satisfaisant – LSS Limite supérieure de sécurité – IR : intervalle de référence – RPN : référence nutritionnelle pour la population

ANNEXE 4 Les tables de composition des aliments (1)

	Pour 100 g de	Énergie (KJ)	Eau (g)	Protides (g)	Lipides (g)	Glucides (g)	Sodium (mg)	Magnésium (mg)	Calcium (mg)	Fer (mg)	Vitamines			
											C (mg)	B1 (mg)	A (µg)	D (µg)
LAIT ET PRODUITS LAITIERS	Camembert	1 140	55,4	21,3	21,1	Traces	552	19,3	449	0,2	-	0,04	163	0.5
	Comté	1 730	33,2	27,2	34,6	0	322	51	993	0,2	-	-	263	-
	Emmental	1 590	38,7	28,2	30,2	Traces	362	48,9	898	0,1	0	0.04	230	1
	Fromage de chèvre	1 210	52,2	19,3	24,1	Traces	495	12,7	107	0,2	-	0,02	152	<0,5
	Roquefort	1 480	43,8	19,6	30,9	Traces	1460	31,5	645	0,1	0	0,04	212	-
	Lait demi-écrémé	192	89,7	3,2	1,5	4,8	42,6	12,1	117	0,04	1,5	0,06	19,2	<0,5
	Lait entier	272	87,5	3,2	3,7	4,8	44,2	9,8	120	0,01	<0,5	0,04	31,4	0,1
	Fromage blanc	485	79,5	6	7,6	3,3	40,8	9,6	104	<1	Traces	0,04	90	<0,2
	Yaourt nature	302	84,1	4,1	2,6	7,4	49,9	12,5	128	0,2	<0,5	0,04	11	0,8
	Yaourt aromatisé	370	80,2	3,4	2,6	11,9	50,9	10,8	120	0,1	<0,5	0,17	26	0,8
MATIÈRES GRASSES AJOUTÉES	Beurre	3 070	15,8	0,7	82	1,2	15,5	2	17,8	0,02	716	2,1	55,4	2,7
	Margarine	2 990	16,3	0,3	80,1	1,2	174	4,2	11,1	0,1	780	8,5	23,9	23,6
	Crème fraîche	1 240	64,2	2,3	31	2,8	26,7	7,5	75	0,08	212	0,5	22,1	0,8
	Huile de colza	3 700	0	0	100	0	1,1	<0,6	<2,7	0,02	0	27,7	7,2	26,9
	Huile d'olive	3 700	0	0	100	0	<1,1	<0,6	<2,5	0,04	0	21,7	11,9	7,4
	Huile de tournesol	3 700	0	0	100	0	<1,1	<0,5	<2,5	0,02	0	58,3	10,9	54,5

LÉGENDE : Traces : ne peut être quantifié ; 0 : valeur nulle ; - : aucune information donnée

ANNEXE 5 Les tables de composition des aliments (2)

	Pour 100 g de	Énergie (KJ)	Eau (g)	Protides (g)	Lipides (g)	Glucides (g)	Sodium (mg)	Magnésium (mg)	Calcium (mg)	Fer (mg)	Vitamine C (mg)	Vitamines B1 (mg)	Vitamine B9 (µg)	Fibres (g)
FRUITS ET LÉGUMES	Banane	306	80,2	1	0,2	15,2	1,1	34,9	12	0,26	2,1	0,04	29	1,9
	Cassis	267	80,7	1,3	0,8	7,8	2,5	23	57,1	1,1	181	0,03	8,2	5,1
	Melon	178	88,7	0,7	0,2	8,8	9	18,9	12,3	0,1	28,8	0,04	23,3	0,9
	Orange	196	87	1	0,3	8	1,2	12,4	29	0,1	57	0,08	38,1	2
	Raisin	-	81,2	0,7	0,1	14,4	2	7	10	0,3	3,2	0,07	2	0,7
	Tomate	77,2	94,1	0,8	0,2	2,2	3,2	10,1	8,1	0,1	15,5	0,04	22,7	1,2
	Concombre	48	96,5	0,6	0,2	1,5	6,5	12	14	0,2	3,7	<0,04	10	0,7
	Courgette	64,9	93,8	0,9	0,3	1,4	39	21,8	20,3	0,3	2,9	<0,05	32,8	1,5
	Épinard	102	91,8	2,8	0,5	0,9	322	76	127	2,3	14,3	0,01	98	2,4
	Haricot vert	91,2	92	1,3	0,3	1,7	261	13	42,7	0,8	3,1	0,05	20,5	3,3
	Salade verte	56,8	96,1	1	0,1	1,5	23,6	10	20	0,4	1,9	0,04	55,3	1,3
FÉCULENTS	Farine de blé	1 470	13,6	10,4	1,1	71,5	1,9	24,9	19,5	0,9	0	0,1	24,7	2,9
	Haricot blanc	489	65,4	9	0,3	15,9	6	60,7	55,2	1,7	0	0,1	81	6,3
	Pâte complète	541	67,5	4,5	0,9	23,4	<5	36	22	0,9	<0,5	0,07	10,5	3,3
	Pomme de terre	336	78,3	1,8	0,3	16,4	39	17,3	5,8	0,3	2,9	0,07	31,1	1,8
	Riz blanc	615	63,9	2,9	0,4	31,8	<5	7,1	14	0,04	<0,5	0,03	9,9	0,8
LÉGUMINEUSES	Lentille	449	71,2	8,6	0,3	14,1	2	35,6	26,2	1,4	1,5	0,1	181	6
	Pois chiche	532	68,7	6,8	2,6	16,1	216	27,5	41,2	1,15	0,1	0,03	36,5	5,4
	Haricot blanc	397	72,4	7,2	0,5	11,8	-	25,7	68,3	2,9	0	0,09	65	6,8
	Pois cassé	508	65	8,5	1	14	6,3	20,9	24,7	1,9	0	0,13	118	10,6

ANNEXE 6 Les tables de composition des aliments (3)

	Pour 100 g de	Énergie (kJ)	Eau (g)	Protides (g)	Lipides (g)	Glucides (g)	Sodium (mg)	Magnésium (mg)	Calcium (mg)	Fer (mg)	Acides gras saturés (g)	Acides gras polyinsaturés (g)	Vitamines	
													A (µg)	D (µg)
Viandes et charcuteries, produits de la pêche, œufs (VPO)	Bœuf steak	541	69,1	27,6	1,9	Traces	63,7	28,9	7,1	2,3	0,9	0,05	-	-
	Foie de veau	579	67,7	17,8	3	9,7	81,5	21,5	6,5	4,5	1	0,78	10 500	2,5
	Poulet	794	62,4	29,8	7,8	0	71	27	14	1	2,2	1,6	28	0,1
	Saucisson sec	1 730	30	24,2	34,5	2,4	1 900	32	14,4	1,3	11,3	3,7	Traces	0,5
	Pâté de campagne	1 280	52,2	14,7	25,5	4,7	762	17,2	20,1	6,1	10	3,4	4 200	0,2
	Poisson gras	826	63,5	23,6	11,5	Traces	51,5	21,4	9,2	0,4	3,1	3	5	8,7
	Crevette	448	72,2	19,3	1,33	4,1	387	61	240	2	0,3	0,5	<2	<0,5
	Œuf	557	76,5	13,5	8,6	0,5	124	14	41	1,7	2,8	1	61,5	1,1

	Pour 100 g de	Énergie (KJ)	Eau (g)	Protides (g)	Lipides (g)	Glucides (g)	Sodium (mg)	Magnésium (mg)	Calcium (mg)	Fer (mg)	Vitamines			
											C (mg)	B1 (mg)	A (µg)	D (µg)
Produits sucrés ou sucrés et gras	Sucre blanc	1 690	0,3	0	0	99,7	2,2	1,6	3,7	0,07	0	0	0	0
	Chocolat au lait	2 310	0,6	7,4	34,3	52,9	102	62,6	227	1,2	0,05	0,1	79,5	0
	Confiture de fraise	1 110	37,3	0,4	0,7	64	-	6,1	10,4	<0,1	2,6	0	0	0
	Miel	1 390	18	0,5	0	81,3	4,1	4,3	7,9	0,2	0,8	0	0	0
	Biscuits secs	1 880	4,3	6,8	15,1	69,7	334	15,3	4	2,1	0	0,2	0	0
Boissons sucrées	Jus de fruits	175	88,9	0,5	0,1	8,6	2,2	8,9	50,1	0,1	31,6	0,05	0	0

ANNEXE 7 Évolution de l'appareil digestif chez l'enfant

Développement	Âge	Alimentation
• L'enfant a environ 20 dents. • La flore intestinale est proche de celle de l'adulte.	24 mois	→ Aliments présentés sous forme de morceaux. → **Digestion** possible des légumes secs en purée.
• Apparition des premières molaires.	10-18 mois	→ Aliments présentés sous forme de petits morceaux.
• L'enfant est capable de mastiquer à la suite de l'apparition des premières incisives latérales. • Sécrétion des protéases.	8-10 mois	→ Aliments présentés moulinés. → Digestion possible des protéines.
• Apparition des premières dents. L'enfant peut envoyer les aliments de l'entrée de la bouche vers le fond au moyen de la langue. • Le lait ne couvre plus les besoins énergétiques, qui augmentent.	6 mois	→ L'alimentation peut être plus épaisse. → Début de la diversification alimentaire : introduction d'aliments autres que le lait.
• Sécrétion en quantité suffisante de l'amylase.	3-4 mois	→ Digestion possible de l'amidon.
• Absence de dent. • Estomac petit, œsophage court. • Reins immatures. • Système digestif immature.	0-6 mois	→ Alimentation exclusivement liquide. → Repas en petites quantités fractionnés sur la journée. → Alimentation pauvre en minéraux. → Alimentation pauvre en protéines.

ANNEXE 8 Équilibre d'un repas

Pour bien équilibrer un menu, quatre choix doivent être effectués et l'on doit suivre une obligation : boire 1 à 2 L d'eau par jour.

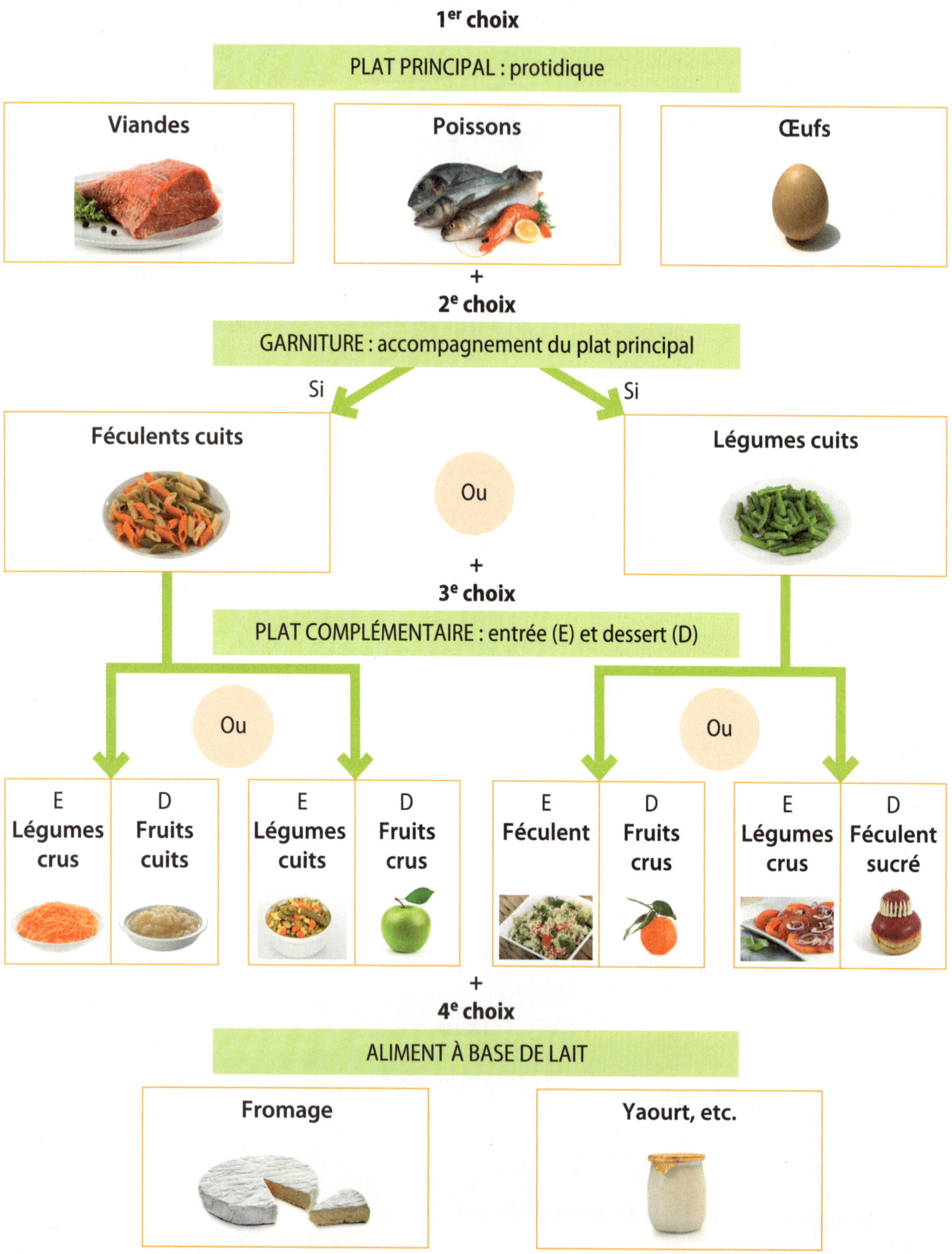

ANNEXE 9 Adolescence et conséquence sur l'alimentation

L'adolescence est une période de croissance rapide : en cinq ans, l'adolescent acquiert 15 % de sa taille d'adulte et 45 % de sa masse squelettique. Les jeunes doivent faire face à un corps qui change avec la puberté. Le regard qu'ils posent alors sur ce corps est remis en cause, voire totalement bouleversé. À cet âge, le poids constitue une composante centrale et l'alimentation une préoccupation pour beaucoup.

- Développement de la masse osseuse. → Augmentation des besoins en calcium, vitamine D et phosphore.
- Augmentation de la masse maigre (muscles, os, viscères). → Augmentation des besoins en fer et protéines.
- Augmentation du volume sanguin, croissance des tissus et doublement du volume des organes. → Augmentation des besoins énergétiques. → Augmentation de l'appétit, en particulier chez les garçons.
- Changements hormonaux, apparition des menstruations chez les filles. → Augmentation des besoins en fer.
- Modification du corps : augmentation du gras corporel chez les filles (localisé sur les hanches et les cuisses), augmentation des muscles chez les garçons, bras et jambes grandissent plus vite que le reste du corps. → Modification de la perception de l'image de soi. Parfois, obsession d'une minceur idéalisée, apparition des problèmes d'**anorexie** ou de **boulimie**.

Les recommandations nutritionnelles

Manger de tout en quantité raisonnable. Faire 3 ou 4 repas par jour et éviter le grignotage.

Ne pas oublier le petit déjeuner.

Matières grasses et produits sucrés : limiter la consommation.

Pain, céréales, pommes de terre : à chaque repas et selon l'appétit.
Viandes, poissons, œufs : 1 à 2 fois par jour.
Fruits et légumes : au moins 5 par jour.
Lait et produits laitiers : 3 à 4 fois par jour.

Bouger tous les jours : au moins l'équivalent d'une demi-heure voire d'une heure de marche rapide chaque jour.

ANNEXE 10 Vieillissement de l'appareil digestif

MODIFICATIONS PHYSIOLOGIQUES ET PHYSIQUES	CONSÉQUENCES
• Diminution de l'appétit. • Diminution de la sensation de soif. • Modification de la perception du goût et baisse de l'odorat.	→ Risque de **dénutrition** et de sous-alimentation. → Risque de **déshydratation**. → Préférence pour les goûts sucrés et difficulté de perception de certaines saveurs.
• Problèmes bucco-dentaires.	→ Difficultés de mastication.
• Diminution du flux salivaire et des sécrétions acides de l'estomac.	→ Ralentissement de la **digestion**.
• Ralentissement du transit intestinal.	→ Tendance à la constipation.
• Difficulté pour se déplacer.	→ Isolement social et alimentation inadaptée.

L'Organisation mondiale de la santé (**OMS**) définit une personne âgée à partir de 60 ans.
Les plus de 60 ans sont de plus en plus nombreux en France : ils représentent aujourd'hui en moyenne 20 % de la population.

Se préparer à l'examen

Le professeur de biotechnologies intervient dans tous les blocs en mobilisant des compétences et des savoirs associés spécifiques dans tous les modules. Les savoirs associés font l'objet d'un questionnement dans chaque épreuve associée à un bloc. Il est donc nécessaire pour chaque épreuve d'identifier les savoirs associés qu'il convient de réviser.

1 Les épreuves du domaine professionnel du Bac pro ASSP

Sous-épreuve E31 Bloc 1 Accompagnement de la personne dans une approche globale et individualisée

• CCF en centre en terminale • Durée : 45 min • Coefficient 4

FINALITÉ DE L'ÉPREUVE

L'épreuve permet :
- d'évaluer les compétences mises en œuvre lors de la participation à la réalisation d'un projet individualisé prenant appui sur une période de formation en milieu professionnel ;
- de vérifier l'exactitude des connaissances et l'aptitude à les mobiliser dans un contexte donné ;
- d'évaluer la capacité d'analyse et de réflexion.

MODALITÉS D'ÉVALUATION

L'épreuve doit permettre de vérifier que le candidat est capable :
- d'identifier, recueillir et analyser les besoins et attentes de la personne, de sa famille et son entourage ;
- de présenter et justifier la conception, le suivi, la mise en œuvre et l'évaluation du projet individualisé ;
- de décrire des activités d'acquisition ou de maintien de l'autonomie et de la vie sociale en adéquation avec les besoins répertoriés et en lien avec le secteur professionnel concerné ;
- de se placer dans une posture professionnelle, dans le respect de ses limites de compétences.

Elle prend appui sur un dossier élaboré par le candidat (10 à 15 pages) au cours d'une période de formation en milieu professionnel (PFMP) ou lors d'une activité professionnelle d'une durée minimale de quatre semaines.

L'épreuve s'organise en deux temps :
- la présentation du dossier par le candidat, à l'aide d'un support numérique (15 minutes maximum) ;
- un entretien avec les membres de la commission d'évaluation (30 minutes). Au cours de cet entretien, le candidat est amené à justifier et à approfondir les éléments présentés dans le dossier. Il permet également de vérifier la maîtrise des savoirs associés relatifs au bloc 1, en lien avec le dossier et la présentation.

COMPÉTENCES ÉVALUÉES

1.0 Adopter une posture professionnelle adaptée.

1.1 Accueillir, communiquer avec la personne, sa famille, son entourage.

1.2 Participer à la conception, au suivi, à la mise en œuvre et à l'évaluation du projet individualisé, du projet de vie en lien avec l'équipe pluriprofessionnelle.

1.3 Concevoir et mettre en œuvre des activités.

Sous-épreuve E32 Bloc 2 Soins d'hygiène, de confort et de sécurité

• CCF en PFMP en terminale • Durée : 2 h • Coefficient 4

FINALITÉ DE L'ÉPREUVE

L'épreuve permet d'évaluer les compétences mises en œuvre en milieu professionnel lors de soins d'hygiène, de confort et de sécurité auprès de personnes adultes non autonomes, de distribution de repas ou de collations, d'accompagnement.

MODALITÉS D'ÉVALUATION

L'évaluation est réalisée par le tuteur sur l'ensemble de la période de formation en milieu professionnel. Elle porte sur des activités :
- de soins d'hygiène et de confort auprès d'une personne adulte non autonome ;
- d'accompagnement à la mobilité ;
- de service de collations et de distribution des repas ;
- de surveillance de l'état de santé ;
- de maintien de l'hygiène de l'environnement de la personne.

En fin de PFMP, un bilan portant sur l'ensemble des activités réalisées est mené par le tuteur et le professeur de spécialité. Ce bilan est complété par :
- la présentation du raisonnement clinique concernant une personne dont l'élève aura pris soin durant la PFMP (10 minutes) ;
- l'interrogation de savoirs associés mobilisés dans la prise en charge des soins à la personne et relevant de l'unité U32 (10 minutes).

La proposition de note de l'évaluation en milieu professionnel est établie conjointement par le tuteur et un professeur ou formateur de la spécialité.

La sous-épreuve s'appuie sur les savoirs associés de l'unité 32 (bloc 2).

COMPÉTENCES ÉVALUÉES

2.1 Réaliser les activités liées à l'hygiène, au confort de la personne et à la sécurisation.

2.2 Surveiller l'état de santé de la personne et intervenir en conséquence.

2.3 Assurer l'hygiène de l'environnement proche de la personne et veiller au bon état de fonctionnement du lit, des aides techniques, des dispositifs médicaux dans l'environnement de la personne.

2.4 Distribuer des repas équilibrés conformes aux besoins de la personne, installer la personne et accompagner la prise des repas.

Sous-épreuve E33 Bloc 3 Travail et communication en équipe pluriprofessionnelle

• CCF en PFMP et en centre de formation En fin d'année de première ou en terminale • Durée : 2 h • Coefficient 4

FINALITÉ DE L'ÉPREUVE

Elle permet d'évaluer les compétences mises en œuvre en milieu professionnel lors d'activités réalisées en équipe pluriprofessionnelle.

MODALITÉS D'ÉVALUATION

Deux situations d'évaluation : l'une se déroule en centre de formation, l'autre évaluation a lieu au cours d'une période de formation en milieu professionnel. Elles sont d'égale valeur.

La sous-épreuve s'appuie sur les savoirs associés de l'unité 33 (bloc 3).

Évaluation en centre de formation

L'évaluation prend appui sur un dossier (6 à 8 pages) élaboré par le candidat au cours d'une PFMP. Il y présente :
- un dysfonctionnement (origine, modalités de signalement à illustrer par un document professionnel, conséquences possibles, proposition d'actions correctives) ;
- l'équipe de bionettoyage observée (rôle et compétences de chacun, mode de communication utilisé, mode d'animation utilisé, planning d'activités en précisant les critères pris en compte, les points de vigilance, exemples d'actions dans un plan de formation).

Le dossier fait l'objet d'une lecture par les professeurs de spécialité qui rédigent trois questions de savoirs associés relatifs au bloc 3 et en lien avec le contenu du dossier.

Le candidat sera amené à répondre à ces questions, par écrit, sur un temps fixé par l'équipe pédagogique (maximum 30 minutes).

Situation d'évaluation en milieu professionnel

Un bilan portant sur l'ensemble des activités réalisées et des compétences mobilisées est mené par le tuteur et le professeur de spécialité. L'entretien avec le candidat permet également de vérifier la maîtrise des savoirs associés relatifs au bloc 3.

La proposition de note de l'évaluation en milieu professionnel est établie conjointement par le tuteur et un professeur de la spécialité.

La sous-épreuve s'appuie sur les savoirs associés de l'unité 33 (bloc 3).

COMPÉTENCES ÉVALUÉES

En centre de formation	En milieu professionnel
3.3 Participer à la démarche qualité et à la prévention des risques professionnels. 3.3.1 Participer à la mise en œuvre de la démarche qualité définie dans la structure. 3.3.2 Repérer des anomalies, des dysfonctionnements, des évènements indésirables dans les activités menées. 3.3.3 Compléter une fiche d'évènement indésirable. 3.3.4 Participer au suivi des actions correctives suite aux anomalies, aux dysfonctionnements, aux événements indésirables. 3.4 Coordonner et conduire une équipe de bionettoyage.	3.1 Gérer ses activités en interagissant avec l'équipe pluriprofessionnelle, dans une posture professionnelle adaptée. 3.2 Traiter et transmettre des informations en intégrant les différents outils numériques. 3.3 Participer à la démarche qualité et à la prévention des risques professionnels. 3.3.5 Participer à la mise en œuvre de la politique de prévention des infections associées aux soins. 3.3.6 Participer à la mise en œuvre d'une démarche de prévention des risques professionnels. 3.3.7 Contribuer à l'évaluation de nouveaux matériels et équipements. 3.5 Participer à l'accueil, à l'encadrement et à la formation de stagiaires, à l'accueil des nouveaux agents, des bénévoles.

Sous-épreuve E2 | Bloc 4 Conception d'action(s) d'éducation à la santé

• Ponctuelle en terminale • Durée : 42 h • Coefficient 4

FINALITÉ DE L'ÉPREUVE

L'épreuve permet :
- d'évaluer les compétences mises en œuvre lors de la conduite d'une action d'éducation à la santé ;
- de vérifier l'exactitude des connaissances et l'aptitude à les mobiliser dans un contexte donné ;
- d'évaluer la capacité d'analyse et de réflexion.

MODALITÉS D'ÉVALUATION

À partir d'un contexte professionnel donné et d'un dossier technique, le candidat doit :
- identifier des besoins sur des aspects simples de santé à partir de données et/ou concevoir ou proposer un outil de recueil de besoins ;
- argumenter le choix d'une thématique d'action d'éducation à la santé en adéquation avec les besoins repérés et le public concerné ;
- proposer une ou des actions à mettre en place ;
- concevoir une action (objectifs, modalités, lieu, partenariats ...) ;
- justifier le choix d'un support ou concevoir une maquette de support pour l'action retenue ;
- proposer la ou les techniques d'animation retenue(s) pour la réalisation de l'action ;
- analyser un bilan de l'action menée ou rédiger un bilan à partir d'éléments fournis et proposer des mesures correctives le cas échéant.

Le sujet fourni au candidat est accompagné d'un dossier technique, de 20 pages maximum. Il comporte également des questions de savoirs associés en lien avec le contexte professionnel donné et la thématique de l'action d'éducation à la santé. Les limites de connaissances sont celles du référentiel.

COMPÉTENCES ÉVALUÉES

4.1 Analyser les besoins d'un public dans un contexte donné.

4.2 Concevoir une action d'éducation à la santé.

4.3 Mettre en œuvre et évaluer l'action d'éducation à la santé.

L'épreuve s'appuie sur les savoirs associés relatifs à l'unité U2 (bloc 4).

2 Des exemples de questions de savoirs associés par épreuve et spécifiques à l'enseignement de BSE

Dans chacun des ouvrages par bloc, vous trouverez un exemple de sujet reprenant les savoirs associés. Nous vous proposons ici d'avoir un aperçu des questions pouvant être demandées par l'enseignant de biotechnologie santé environnement lors des différentes épreuves.

Sous-épreuve E31 Bloc 1 Accompagnement de la personne dans une approche globale et individualisée

SAVOIRS ASSOCIÉS ENSEIGNÉS PAR L'ENSEIGNANT BSE À REVOIR POUR CETTE ÉPREUVE

Nutrition-alimentation

Les indications alimentaires : allergies alimentaires - intolérance alimentaire

Les questions reprennent les savoirs associés du bloc 1 et sont dépendantes du projet individualisé que vous avez mis en place et présenté dans votre dossier.

- Définir une allergie alimentaire.
- Pour une allergie donnée, citer des exemples d'aliments pouvant contenir l'allergène.
- Expliquer les mesures à mettre en place et à respecter pour la personne allergique.
- Définir une intolérance alimentaire.
- Expliquer les mesures à mettre en place et à respecter pour la personne intolérante au gluten.

Sous-épreuve E32 Bloc 2 Soins d'hygiène, de confort et de sécurité

SAVOIRS ASSOCIÉS ENSEIGNÉS PAR L'ENSEIGNANT BSE À REVOIR POUR CETTE ÉPREUVE

Techniques professionnelles

L'hygiène professionnelle : tenue professionnelle-précautions standard et complémentaires – impact environnemental des activités de soin, de service.

L'entretien de l'environnement proche de la personne : techniques d'entretien et de bionettoyage – matériels et appareils d'entretien des locaux et des équipements – techniques de stérilisation – tri du linge – principes d'organisation des circuits dans les locaux.

Les techniques de services des repas, des collations : formes de distribution des repas et collations – matériels et appareils de remise en température – modes de distribution des repas et collations : service à table, service au lit – Installation et aide à la prise des repas – matériels d'aide aux repas.

Nutrition-alimentation

Les indications alimentaires : différents régimes prescrits – textures adaptées aux besoins.

Le comportement et les habitudes alimentaires : qualité organoleptique.

La qualité sanitaire des aliments : toxi-infections alimentaires (TIA).

Les questions reprennent les savoirs associés du bloc 2. Les questions sont en lien avec les savoirs associés mobilisés lors de la prise en charge des soins à la personne.

- Expliquer la technique du bionettoyage que vous avez réalisée avant de pratiquer le soin.
- Justifier la fréquence de bionettoyage.
- Indiquer les modalités du tri du linge.
- Préciser le devenir du linge contaminé.
- Expliquer comment vous allez signaler le linge contaminé.
- Expliquer la procédure que vous avez mise en place pour la réalisation du soin.
- Lors de la distribution du repas, préciser la forme de distribution.
- Donner la différence existant entre forme directe et forme différée.
- Expliquer la fonction globale du chariot de remise en température.
- Justifier son entretien.
- Expliquer la technique de la prise alimentaire au lit.
- Définir les fausses routes et expliquer comment les éviter.
- Citer le matériel d'aide au repas adapté à la personne que vous avez présentée.
- Présenter les conditions d'utilisation et l'intérêt de ces matériels pour la personne et pour le personnel.

SAVOIRS ASSOCIÉS ENSEIGNÉS PAR L'ENSEIGNANT BSE À REVOIR POUR CETTE ÉPREUVE

Techniques professionnelles

L'entretien de l'environnement de la personne : concepts de propreté, d'hygiène – facteurs et méthodes intervenant dans les opérations de nettoyage – dégradations et salissures – contrôles des opérations et des résultats – éléments de connaissances communs aux différentes techniques d'entretien – classification des locaux selon le risque infectieux - matériels et équipements à entretenir – produits de nettoyage et de désinfection – stockage et rangement des produits et matériels d'entretien – aménagement des locaux et des espaces – facteurs d'hygiène et de confort des locaux pour le bien-être de la personne.

La santé au travail – l'ergonomie : adaptation de l'environnement de travail et enjeux de la prévention des risques professionnels (service des repas, entretien des locaux).

La coordination d'une équipe de bionettoyage : fonctionnement d'une équipe – conduite de réunion.

Les questions reprennent les savoirs associés du bloc 3 et sont dépendantes du contenu du dossier que vous présenterez sur les activités relatives au dysfonctionnement et à l'équipe de bionettoyage observée lors de l'évaluation en centre mais aussi lors de l'entretien en PFMP où l'on vérifiera la maitrise des savoirs associés.

- Expliquer la différence entre propreté et hygiène.
- Expliquer ce qu'est le bionettoyage.
- Indiquer un contrôle à mettre en place pour vérifier la propreté.
- Indiquer un contrôle à mettre en place pour vérifier qu'un bionettoyage a été correctement réalisé.
- Justifier le matériel que vous utilisez pour la réalisation d'un bionettoyage.
- Nommer le ou les produits à utiliser lors d'un bionettoyage.
- Expliquer l'entretien du lit et justifier selon le matériau.
- Définir les zones à risques en milieu hospitalier.
- Préciser les différents protocoles d'entretien à mettre en place selon les zones à risques et justifier votre réponse.
- Préciser les risques encourus pour la personne réalisant l'entretien des locaux.
- Proposer des mesures de prévention pour éviter ces risques.
- Indiquer la procédure à mettre en place lors de l'entretien de la chambre d'un patient contaminé et lors du départ du patient.
- Indiquer les conditions de rangement des produits d'entretien.
- Expliquer les mesures simples à mettre en place pour respecter le confort de la personne, en argumentant.
- Expliquer comment identifier un dysfonctionnement sur un appareil.
- Préciser les étapes à suivre pour communiquer sur un dysfonctionnement observé.

SAVOIRS ASSOCIÉS ENSEIGNÉS PAR L'ENSEIGNANT BSE À REVOIR POUR CETTE ÉPREUVE

Techniques professionnelles

L'adaptation de l'environnement de la personne : aménagement des locaux et des espaces - agencement et équipement des locaux pour l'accessibilité, la sécurité.

Nutrition-alimentation

Les sources nutritionnelles : différents constituants alimentaires et leurs rôles-groupes d'aliments.

L'alimentation rationnelle : besoins nutritionnels et apports recommandés – influence de l'âge, du mode de vie, de l'activité, de l'état physiologique ou pathologique – alimentation du nourrisson, de l'enfant – alimentation des adolescents, adultes, personnes âgées – équilibre alimentaire.

Les comportements et habitudes alimentaires : éducation alimentaire - troubles de l'alimentation

Les questions reprennent les savoirs associés du bloc 4 et sont dépendantes de l'action d'éducation à la santé mise en place à partir du contexte professionnel présenté. En voici quelques exemples selon le thème abordé.

- Répertorier les risques existants pouvant entraîner une chute dans l'aménagement des locaux dans la situation professionnelle présentée.
- Proposer des solutions à mettre en place dans un logement pour éviter les chutes.
- Expliquer les recommandations d'aménagement en matière d'accessibilité pour des personnes âgées.
- Citer les constituants alimentaires à privilégier pour éviter des fractures chez les personnes âgées.
- Savoir nommer les groupes alimentaires auxquels appartiennent les aliments proposés.
- Citer les constituants alimentaires qui sont majoritairement apportés par les différents groupes alimentaires.
- Expliquer le surpoids et l'obésité en donnant les moyens pour les mettre en évidence.
- Justifier l'intérêt de l'éducation alimentaire.
- Citer au moins quatre actions de prévention de lutte contre l'obésité ou le surpoids et les justifier.
- Énoncer les conséquences d'une surconsommation de lipides et glucides.
- Citer les conséquences d'une carence en calcium sur l'organisme.
- Nommer les groupes alimentaires qui en apportent majoritairement.
- Proposer une adaptation des repas pour pallier cette carence.
- Définir la dénutrition.
- Présenter les signes de la dénutrition.
- Citer les effets et les conséquences de la dénutrition sur l'organisme.
- Proposer des mesures de prévention de la dénutrition.
- Proposer des adaptations de l'alimentation en cas de dénutrition.

3 Quelques pistes et outils pour la préparation du dossier support de l'épreuve E33

L'épreuve E33 est présentée en détail dans le livre Bloc 3 de Delagrave. Vous trouverez ici des outils et pistes pour vous aider dans la collecte des informations supports du dossier.

1. Se rapprocher de son tuteur de stage et/ou responsable de structure et présenter le travail à réaliser

Votre enseignant vous aura donné une trame précise du dossier à élaborer.

2. Demander l'autorisation de récolter les données

3. Identifier les personnes ressources

Selon la taille de la structure, il peut y avoir plusieurs acteurs à rencontrer, mais si la structure est petite, une même personne peut se voir confier plusieurs rôles. Par exemple vous pouvez rencontrer les personnes suivantes :

Le responsable qualité de la structure

qui vous renseignera :
- sur la démarche qualité mise en œuvre dans le ou les services ;
- sur les dysfonctionnements, les anomalies, les évènements indésirables (EI) déjà rencontrés ;
- sur les documents professionnels mis en place au sein de la structure (suivi et gestion des EI, fiches d'EI....)

Le responsable de l'équipe de bionettoyage

qui vous renseignera sur :
- les personnes de l'équipe : rôle et compétences ;
- les fiches de poste ;
- l'organisation : planning d'activités... ;
- la communication interne : nombre et type de réunions, leur organisation, les thèmes abordés....

4. Récolter les informations nécessaires à la réalisation de votre dossier

Deux possibilités :
- vous pouvez être témoin au cours de votre stage d'un dysfonctionnement que vous pourrez rapporter dans votre dossier ;
- sinon et, **uniquement si le responsable de la structure vous en donne l'autorisation**, vous pourrez accéder au recueil des fiches d'évènements indésirables.

Dans les deux cas, vous devrez demander à votre tuteur et/ou responsable de structure l'autorisation de faire apparaitre ces informations, que vous aurez anonymisées, dans votre dossier.

Des exemples de dysfonctionnements pouvant être observés (voir également fiche 50)	
Prestations hôtelières – Propreté, hygiène des locaux – Linge : propreté, intégrité – Restauration : intoxication, régime... – Rupture de stock	***Organisation*** – Absence (usager /personnel), difficulté de recrutement – Activités /sorties non programmées, déprogrammées. – Non-respect de procédures – Matériels : outils dégradé, absence de matériel.
Défaillance technique – Téléphonique, informatique – Panne électrique – Panne d'ascenseur – Chauffage, ventilation, climatisation – Coupure d'eau – Défaut de maintenance d'un matériel ou équipement	***Sécurité des biens et des personnes*** – Bris d'objet – Circulation – Contamination par des liquides souillés – Accident/circulation (voies, parkings) – Accident avec machines et outillages – Blessure avec outil, manutention de charge, chute – Nuisances thermiques – Contact avec produit chimique ou projection – Ventilation insuffisante

LES VERBES D'ACTION DANS LES CONSIGNES

Dans une consigne, les verbes d'action indiquent le travail à effectuer. Il faut donc commencer par les repérer et les compter (le nombre de verbes précise le nombre de réponses à donner) afin d'organiser sa rédaction.

1 Reconnaître pour retenir et restituer l'information

Citer : faire une énumération concise.

Définir : donner la signification d'une expression, d'un mot en utilisant une formule précise et concise.

Énoncer : formuler quelque chose de façon concise, précise et organisée.

Énumérer : énoncer successivement les éléments d'un ensemble, lister, dénombrer.

Identifier : retrouver pour une personne, un élément, les signes qui la ou le caractérisent.

Indiquer : désigner quelque chose ou quelqu'un de façon précise.

Recenser : dénombrer, inventorier des éléments, des personnes, des choses pour en dresser un état.

Repérer : découvrir un élément, une personne, une information... dans un texte ou sur un document.

2 Comprendre afin de traiter l'information

Décrire : exposer, détailler quelque chose ou quelqu'un en détaillant par un écrit ou par la parole.

Préciser : donner plus de renseignements, de netteté par rapport à une information, définir de façon plus précise.

3 Appliquer en mobilisant les connaissances

Classer : ranger, ordonner par catégorie dans un ordre précis.

Déduire : donner la conséquence logique de quelque chose.

Illustrer : utiliser des exemples pour appuyer une idée.

Montrer : indiquer, expliquer, faire connaître par une description, une mise en évidence, un signalement.

Présenter : annoncer, puis expliquer en donnant des précisions.

4 Analyser en identifiant les éléments pour les mettre en relation

Analyser : dégager l'essentiel d'un texte ou document pour en faire un résumé ou faire ressortir des causes, des conséquences ou bien une évolution.

Argumenter : justifier ou appuyer une idée, en proposant des faits, des caractéristiques ou des éléments chiffrés.

Caractériser : indiquer le ou les caractère(s) distinctif(s) de quelqu'un, quelque chose, d'une structure, d'une situation... Mettre en évidence les traits dominants.

Commenter : expliquer et développer (voire juger) un texte en s'appuyant sur l'analyse du document, de la situation...

Comparer : étudier en parallèle des choses, situations, organismes, structures... pour faire ressortir les différences et les points communs.

Expliquer : faire comprendre en fournissant des éléments, en justifiant.

Interpréter : donner une explication, une signification à des propos, des écrits, des situations.

Justifier : apporter des preuves, des arguments pour appuyer une réalité, un propos.

5 Évaluer pour estimer en utilisant des critères

Évaluer : apprécier ou estimer des valeurs, apprécier l'écart entre les objectifs fixés, les attendus et les résultats obtenus.

6 Créer afin de concevoir une idée ou une méthode

Proposer : identifier une ou plusieurs possibilité(s), idée(s), méthode(s).

Crédits photographiques

Couverture : ph © Shutterstock

Adobe stock : p. 21, 24, 25, 30 (b.), 31, 34 (d.), 37, 38, 41, 42 (g.), 43, 44, 45, 47, 50, 51, 52 (h.), 54, 55, 59, 62, 64, 65, 66, 69, 71, 75, 76, 77, 78, 81, 82, 83, 88, 89 (g.), 92, 95, 97, 98, 99, 101, 102, 105, 106 (h.), 107, 108 (h.), 111, 112, 113, 117 (m.), 118, 119, 120 (h.), 131, 132, 133, 135, 138, 139, 142 (h.), 143, 144, 145, 146, 147, 149, 150, 151,153, 157, 159, 160 (h.), 161, 162, 163, 164, 166, 170, 173, 177, 179, 182, 185, 187, 190 (m.d.), 194, 196, 197, 198, 200, 201, 202, 209, 215 (m.), 227, 230, 232, 233, 250, 252 (h.), 253, 254, 256, 259 (g.), 264, 266 (h.), 268, 269, 272, 274, 275, 276, 277, 278, 279, 282, 289, 297, 300, 301, 304, 307, 310, 316, 317, 318, 323, 328, 329, 330, 334, 335, 339, 340, 341 (h.d.), 346, 347

Stock photos : p. 30 (h.), 36 (h.), 136, 170 (h.g.), 171, 321, 339 (m.b.), 341

Shutterstock : p. 58, 321

Amélie Benoist/**BSIP** ; Chassenet/**BSIP** : p. 135 (h.) ; Laurent/Daniel/**BSIP** : p. 334

Auteurs : 106 (b.), 106 (m. m.), 142 (b.)

Delagrave : p. 245, 246, 249, 251, 320

Valpibio : p. 26 ; **Manuel des Précautions Standard**, Unité cantonale HPCi Vaud, www.hpci.ch/ps : p. 32 ; **Hygiène et nature** : p. 34 (g.) ; **O'Cedar** : p. 36 ; **Glassex** : p. 42 ; **Delcourt** : p. 48 (h.), 214 (d.) ; **EWT** : p. 48 (m.) ; **Miele** : p. 52 (m.) ; **Technisol** : p. 56 (g.) ; **Cleanequipment** : p. 56 (d.) ; **Kärcher** : p. 57 ; **Loxos SAS France** : p. 68 ; **Eyrein Industrie** : p. 70 ; **Primus Laundry/DR** : p. 80 ; **Adisson** : p. 89 (d.) ; **Champenois Collectivités - Heegeo** : p. 96 ; **Thempson** : p. 100, 107 (m. d.) ; **CC BY-SA 3.0** : p. 102 (h.) ; **© 3M** : p. 103, 104 ; **CPIAS Occitanie** : p. 108 (m.) ; **Plazur** : p. 109, 110, 119 ; **Groupe Barbier** : p. 109, 110, 119 ; **Cartospé packaging** : p. 109, 110, 119 ; **Manutan** : p. 109 (h. d.) ; **Le Petit Fournisseur** : p. 110 (g.), 117 (b.), 119 ; **Euraf** : p. 110 (d.) ; **Technibox** : p. 113 (m. d.) ; **Carrosserie industrielle** : p. 113 (m.g.) ; **Trackdechets** : p. 115 ; **HAD Lorient** : p. 116 ; **©Syndicat mixte Bil Ta Garbi - AgenceMak2Com** : p. 120 ; **www.hygiene-standard.com** : p. 123 ; **Oxypharm** : p. 124 ; **© CPIAS Pays de Loire – Colines - Visuel Original** : p. 130 ; **Socamel technologies** : p.140 ; **CNISAM** : p. 141 ; **Identités** : p. 156 (m.d.), 160 ; **Patterson Medical** : p. 156 (b.d.) ; **Tousergo** : p. 156 (b.g.) ; **Nutridays** : p. 159 (b. d.) ; **© infographie - Sante.lefigaro.fr** : p. 167 ; **Nactalis Nutrition Santé** – www.delical.fr : p. 172 ; **Campbells food service** : p. 181 ; **© Nestlé Health Science** – www.nestléhealthscience.fr : p. 184 ; **Santé publique France** : p. 188, 294 (g.), 312 ; **www.fourniresto.com** : p. 190 (b.d.) ; www.quoidansmonassiette.fr/DR : p. 192 ; **Elidis** : p. 212 ; **Malta Informatique** : p. 214 ; **© Isover** : p. 215 (b. g.) ; **Ademe** : p. 216, 219 ; **Choisir.com** : p. 217 ; **Sclessin productions** : p. 233 ; **Prosens** : p. 241 ; **Ruedelhygiene.fr** : p. 242 ; **Soligerm** : p. 244 ; **Action-Pin** : p. 246 ; **Sanipousse** : p. 248 ; **Sitex** : p. 252 (m.) ; **Abyssnaut** : p. 260 (g.) ; **Starwax** : p. 262 ; **Bastide** : p. 266 (b.) ; **www.legout.com** : p. 280 ; **www.lasantedanslassiette.com** : p. 288 ; **seniormedia.fr** : p. 294 (d.) ; **Modilac** : p. 309 ; **cuisinezpourbebe.fr** : p. 315 ; **Kellogg** : p. 324 ; **Vegecantines** : p. 326 ; **Cherry For Life Science (Universal Medical Group)** : p. 336 (g.) ; **© Simple Happy Kitchen – AVM Association Végétarienne de Montréal - DR** : p. 336 (d.) ; **European Food Information Council** – www.eufic.org : p. 342 ; **Citrage** : p. 244 (g.) ; **CompuGroup Medical** : p. 353 ; **Mangerbouger.fr/Santé publique France** : p. 356 (d.) ; **Alimentsmag.fr** : p. 356 (g.) ; **Ameli.fr** : p. 358 ; **Nutrisens** : p. 359 ; **FFAB (Fédération Française Anorexie Boulimie)** – Sites web : toutsurlestca.fr / linktr.ee/ffabtca / ffab.fr – Création : Comquest / Crédit photo : Khosrork – iStock.com : p. 364

Certifié PEFC
Ce produit est issu de forêts gérées durablement et de sources contrôlées
PEFC/18-31-280
www.pefc-france.org

IMPRIM'VERT — Votre imprimeur agit pour l'environnement

Achevé d'imprimer en Italie en mars 2023 par l'imprimerie L.E.G.O. S.p.A. - Numéro éditeur : MAGSI20220809 - Dépôt légal : mars 2023